习近平新时代中国特色社会主义思想的河南实践
系列丛书

THE PRACTICE OF STRENGTHENING AND INNOVATING SOCIAL GOVERNANCE IN HENAN

加强和创新社会治理的河南实践

陈东辉 ◎ 主 编

张 侃 李三辉 ◎ 副主编

社会科学文献出版社
SSAP
SOCIAL SCIENCES ACADEMIC PRESS (CHINA)

“习近平新时代中国特色社会主义思想的河南实践”系列丛书（第三辑）编委会

前 言

习近平总书记和党中央对河南工作高度重视和寄予厚望。党的十八大以来，习近平总书记先后五次亲临河南视察，作出了一系列重要讲话和重要指示，为河南发展指方向、定目标、明方略、绘蓝图。全省上下深入学习贯彻习近平新时代中国特色社会主义思想和习近平总书记对河南工作的重要讲话、重要指示批示精神，砥砺奋进、实干笃行，全面推动习近平总书记重要讲话、重要指示批示和党中央各项决策部署在河南落地落实、见行见效，中国式现代化建设河南实践稳步推进，为全面建设社会主义现代化国家贡献河南力量。

“习近平新时代中国特色社会主义思想的河南实践”系列丛书由河南省社会科学院研创。该系列丛书充分展示了河南贯彻落实习近平新时代中国特色社会主义思想的具体举措和成功经验，既是推动学习贯彻习近平新时代中国特色社会主义思想主题教育走深走实的重要步骤，又是以习近平文化思想为指引落实 2023 年河南兴文化工程文化研究计划的重要抓手，同时也是为锚定确保高质量建设现代化河南、确保高水平实现现代化河南“两个确保”奋斗目标，实施“十大战略”凝聚强大精神力量的重要参考。

“习近平新时代中国特色社会主义思想的河南实践”系列丛书（第三辑）包括《传承弘扬红旗渠精神的河南实践》《制造业高质量发展的河南实践》《农业强省建设的河南实践》《加强和创新社会治理的河南实践》《深度融入“一带一路”建设的河南实践》《中华文明探源的河南实践》6 部。该系列丛书围绕习近平总书记关于河南工作的重要讲话、重要指示批示精神，深刻领会习近平新时代中国特色社会主义思想的精髓要义和丰富内涵，旨在系统梳理和展示习近平新时代中国特色社会主义思想在河南的生动实践，不断总结新经验、探索新路径，奋力推进中国式现代化建设河南实践，向着“两个确保”目标勇毅前行，交出争先出彩的过硬答卷。

目　录

第一章　总论：进入新时代的社会治理与河南的实践探索

党的十八大以来，中国特色社会主义现代化建设事业的战略谋划不断清晰明确，统筹推进经济、政治、文化、社会与生态文明建设，成为新时代中国特色社会主义的“五位一体”总体布局。毋庸置疑，社会建设是党和人民的重要事业，也是“五位一体”总体布局的重点方面，其所涉及的民生改善、社会治安、社会事业发展、社会关系协调等领域，深度关联民生福祉和经济社会高质量发展成色。事实上，社会建设发展的基础是社会治理，社会治理的良性运行也推进了社会建设进程。一直以来，社会治理都是治国理政的关键领域，也是国家治理的重要基石。新时代以来，河南的经济社会发展取得了显著成就，人民群众对美好生活的需求也随着社会发展阶段跃进和水平提升而日益多样，社会治理的内涵与外延跟随实践在拓展，这也就给现代化河南建设中的社会治理效果和效能提出了全新的要求。加强和改进新形势下的社会治理，不仅需要满足人民日常生存的基本需求，还要更多地从就业、教育、健康、社会保障等公共服务方面着力，用现代化的社会治理方式去解决发展中的问题，以现代化社会治理实践的深化去践行公平公正和维护社会秩序。

第一节　社会治理：新时代河南现代化建设的重要议题

治理有效和平安有序，是群众安居乐业、人民生活幸福美好的基本前提，也是社会主义现代化建设的基础支撑。2019 年，习近平总书记视察河南时强调，“河南安则天下安”。这就要求，走好河南“奋勇争先、更加出彩”新征程，需要树立大安全观，贯彻落实总体国家安全观，以河南一域之稳定为全国大局之稳定尽责任、做贡献。《中共河南省委关于制定河南省国民经济和社会发展第十四个五年规划和二〇三五年远景目标的建议》，展望了河南于 2035 年基本建成“四个强省、一个高地、一个家园”的现代化河南远景目标，以高水平平安河南建设和实现治理现代化，保障河南建成幸福美好家园。2021 年 10 月，河南省第十一次党代会提出了“确保高质量建设现代化河南、确保高水平实现现代化河南”的奋进目标，明确部署了“推进治理体系和治理能力现代化，加快建设更高水平的平安河南”目标任务，从而为经济社会高质量发展、人民群众幸福安康、现代化河南建设创造良好的社会环境。不难理解，提升河南社会治理体系和治理能力现代化，不仅是现代化河南建设大局的重要内容，也是其治理基础和保障支撑。

一　创新社会治理是推进河南高水平社会建设的内在要求

社会治理是社会领域建设的重大任务，关系民生事业发展与民生福祉，关系河南现代化建设全局。习近平总书记深刻指出，创新社会治理，要以最广大人民根本利益为根本坐标，从人民群众最关心最直接最现实的利益问题入手。[①] 这就要求我们从实现“人民群众对美好生活的向往”的根本旨归来看待“加强和创新社会治理”，更进一步说，从切实保障和改善民生着手来做好社会治理工作。比如，聚焦解决“一老一小一青壮”群体的现实难题，需要从社会管理机制改革、社会政策体系完善等方面着力，理顺政府主导顶层规划、社会力量协同、个体积极参与的治理体系，相对应地健全完善养老服务体系、促进基础教育优质均衡发展、推进高质量充分就业，从抓实全生命周期的民生工作来践行以人民为中心的发展思想，真正推动群众“急难愁盼”问题的解决。

不难发现，社会治理是实践性议题，是深度嵌入人民群众日常生活的现实操作，直接影响教育发展、就业质量、法治建设、生态环境治理、居民收入水平、医疗健康发展、社会保障体系构建等民生社会建设的各个方面。相应地，加强和创新社会治理，要随着社会实践变化和时代发展，持续调整社会治理体制机制、优化社会治理体系、改进社会治理方式，把更优化的治理模式、更有效的治理方法、更有力的治理手段运用到维护人民

① 曾峻：《社会治理现代化水平大幅提升》，《人民日报》2022 年 7 月 15 日。

群众的合法权益、兜牢民生基本保障底线、满足人民对高品质生活的期待上。以社会治理体系优化与有效运转来推动社会公共事务管理，在创新社会治理和民生保障改善中推进社会建设，促进美好社会发展。新时代新征程，奋力推进现代化河南建设伟大事业，必须加强和创新社会治理，花更多精力、下更大力气推进河南高水平社会建设，以广大群众民生福祉的日益增进、生活品质的日渐跃升、美好生活需要的不断满足，充分展现现代化河南建设的终极价值意义与目标指向。

二　创新社会治理是推动更高水平平安河南建设的必然选择

安全是发展的最基本前提，没有稳定的社会秩序和安全发展环境，谈不上经济社会良性运行，更迎不来百姓安居乐业与地区繁荣发展。事实上，河南省一直将平安河南建设当作重点工作任务来抓，一方面，围绕打击违法犯罪、维护社会治安、调处社会矛盾纠纷等现实难题与紧迫问题，下大力气推进司法体制改革、法治社会建设、法治环境营造；另一方面，河南省积极推进社会管理体制改革，不断健全城乡基层治理机制体系，推动社会治理模式和方式创新，完善社会治理平台建设与优化，夯实了平安河南建设的制度体系基础。毋庸置疑，无论是开展社会治安综合治理、公共安全治理，还是抓好社会矛盾风险防范、推进网络综合治理体系建设、提升城乡基层治理现代化，都是更高水平推进平安河南建设的基本内容和工作方向，也是进一步加强和改进社会治理的着力点。

具体来看，在优化治理体系以维护社会良性运转方面，河南跟随时代变化不断健全发展社会治理体系，推动自治、法治、德治“三治结合”走向自治、法治、德治、数治“四治融合”，更好地健全完善社会治理运行体系，提升城乡社会治理效率和水平，维护社会秩序稳定。在化解社会矛盾与防范社会风险方面，河南持续扎实开展“零上访、零事故、零案件”平安单位（村、社区）创建活动，不间断开展“平安守护”专项行动，创造性践行和发展新时代“枫桥经验”，持续融合网格化管理、强化志愿服务、构建智治平台等一系列基层社会治理新手段，通过良法、公序良俗、文明创建等方式守正义、促善治，极大提升了基层社会治理成效与平安“成色”，最大限度地将各类风险和矛盾问题防范在源头、化解在基层，有力地推动了平安河南建设。新时代新征程，奋力推进现代化河南建设伟大事业，必须加强和创新社会治理，持续强化建设更高水平的平安河南，确保社会治理有效与活力有序，从而以新征程的安全发展格局保障社会主义现代化河南建设大局。

三　创新社会治理是助推河南经济社会高质量发展的运行基础

历史已经证明，发展是解决我国一切问题的基础与关键。党的二十大报告明确指出，“发展是党执政兴国的第一要务”“高质量发展是全面建设社会主义现代化国家的首要任务”。[①] 坚持高质量发展也是河南“十四五”乃至更长时期经济社会发展的主线，是解决河南所面临的各类社会现实问题、风险矛盾，实现跨越提质的主渠道，更是实现现代化河南建设目标的基础路径。而社会治理作为影响一个地区经济社会发展的重要手段，其治理质量与水平高低也深刻影响着本地区经济社会高质量发展的层级与水平。从某种程度上来说，社会治理不仅是现代化河南建设的基本内容、重要手段，更是河南经济社会高质量发展的运行基础、现代化河南建设的前提支撑。

从实践上看，河南通过持续加强和改进社会治理体制机制，形成了“党委领导、政府负责、民主协商、社会协同、公众参与、法治保障、科技支撑”的社会治理体系，健全了共建共治共享的社会治理机制，打造了人人有责、人人尽责、人人享有的社会治理共同体，以制度建设保障了治理效能的发挥，筑牢了经济社会高质量发展中的治理根基。通过持续健全完善社会治理体系，河南坚持党全面领导社会治理、抓牢基层基础，在治理实践中广泛凝聚各方治理力量参与社会事务管理，基本建立和形成了“党组织统一领导、政府依法履责、各类组织积极协同、群众广泛参与”的治理力量格局，健全完善了自治、法治、德治相结合的城乡基层治理体系。同时，在数字社会治理实践中扩展了“数治”，发展了党组织引领下的自治、法治、德治、数治相融合的治理体系，增进了政府、市场、社会、居民间的良性互动，极大地推动了社会治理体系和治理能力现代化，有力支撑了经济社会高质量发展的实践运行。新时代新征程，奋力推进现代化河

---

① 《高举中国特色社会主义伟大旗帜 为全面建设社会主义现代化国家而团结奋斗：在中国共产党第二十次全国代表大会上的报告》，《人民日报》2022 年 10 月 26 日。

南建设伟大事业，必须加强和创新社会治理，持续夯实河南经济社会高质量发展的运行基础，以健全完善的社会治理制度、合理优化的社会治理体系、协同共治的治理模式、精准有效的治理方式，不断优化河南高质量发展的制度环境、治理运转环境，筑牢河南高质量发展根基与治理基础。

四　创新社会治理是加快建成幸福美好家园的客观需要

过上幸福美好生活是人类社会的永恒主题和孜孜以求的梦想。当前，新形势下的社会主义现代化河南建设已经开启，《河南省国民经济和社会发展第十四个五年规划和二〇三五年远景目标纲要》明确了“一个家园”的建设目标。2021 年 10 月，河南省委书记楼阳生在省第十一次党代会上再次强调，要不断创造高品质生活，促进全体人民共同富裕，到 2035 年基本建成幸福美好家园。[①] 可以说，“幸福美好家园”标定了现代化河南社会建设的价值追求和目的导向，是人民群众获得感、幸福感与安全感的集中体现。然而，幸福美好家园不会凭空出现或轻易建成，它涉及社会大系统内的各个方面，其中社会治理的成效是一个关键因素，因为幸福美好家园的建成和运行必定植根于良好的治理基础之上。社会治理有效运转，才能政令通畅、民生增进、社会稳定、和谐有序，这些都是幸福美好家园的基本元素，也是促成幸福美好家园实现的有益因子。

换言之，加强和创新社会治理既是建设幸福美好家园的基础，也是内在要求。随着新时代条件下的社会主要矛盾的深刻变化，在发展中平衡与保障人民群众日益增长的美好生活向往成为治国理政的核心主线，体现到治国实践中考验的是基层治理成色，其在公共服务提供、发展成果共享、社会空间共建、生活品质提升上是否能适应人民群众的生活要求、满足人民群众的美好期待。要达到此目标，运行于经济社会发展实践中的社会治理制度体系、治理方式手段、治理模式方法等，都需要适时依据社会发展形势变化做出调整，加快构建起与现代化河南建设、保障幸福美好家园建设目标相协调的社会治理机制，夯实人民群众畅享美好生活的治理基础，

---

① 《高举伟大旗帜牢记领袖嘱托 为确保高质量建设现代化河南 确保高水平实现现代化河南而努力奋斗——在中国共产党河南省第十一次代表大会上的报告》，河南省人民政府网，2021 年 11 月 1 日，https://www.henan.gov.cn/2021/11-01/2338346.html。

让民众在认同社会治理的同时增进获得感、幸福感、安全感。新时代新征程，奋力推进现代化河南建设伟大事业，必须加强和创新社会治理，瞄准全面建成幸福美好家园的目标，着力在建机制、提能力、强手段等层面提升治理效能与水平，从而以高水平治理助推幸福美好家园建设，以高水平治理促进人民群众美好生活向往的日益实现，不断提升现代化河南建设的人民“底色”与幸福“成色”。

第二节　新时代河南加强和创新社会治理的实践特征

2012 年，党的十八大召开，中国特色社会主义建设进入了新时代，社会建设和社会治理也面临新的机遇和挑战。新时代以来，伴随着经济社会结构深刻变革与社会发展阶段转型，河南与时俱进，加强和创新社会治理，不断推进社会治理体系和社会治理能力现代化，助推河南经济社会快速发展并取得显著成绩，使全体人民的生活质量水平大幅提高，共享改革发展成果，走出了具有河南特色、时代特征的社会治理之路。从实践上看，着眼于现代化河南建设大局，河南在加强和创新社会治理上未曾停止过革新提升，围绕以人民为中心做好社会建设、健全社会治理体系、加强基层治理制度建设等方面进行了实践探索，积极从意识理念、机制体系、多元协同、方式方法等层面系统提升社会治理效能，涌现出了一些社会治理创新模式，形成了一定的治理实践经验。

一　坚持党的领导，注重强化党组织治理引领力

习近平总书记深刻地指出，党政军民学，东西南北中，党是领导一切的。[①] 坚持党的领导，是中国特色社会主义伟大事业取得胜利的根本保证。党的十九大报告指出，必须坚持党对一切工作的领导，确保党始终总揽全局、协调各方。2019 年 10 月，党的十九届四中全会也明确强调，要坚持和完善党的领导制度体系，健全总揽全局、协调各方的党的领导制度体系，

① 《决胜全面建成小康社会 夺取新时代中国特色社会主义伟大胜利——在中国共产党第十九次全国代表大会上的报告》，中国政府网，2017 年 10 月 27 日，http：//www.moe.gov.cn/jyb_xwfb/xw_zt/moe_357/jyzt_2017nztzl/2017_zt13/17zt13_zyjs/201710/t20171031_317898.html？eqid=e42106fb00338eab00000004645fa64b。

把党的领导落实到国家治理各领域各方面各环节。[①] 党的二十大报告也深刻指出，坚持中国共产党领导是中国式现代化的本质要求[②]，坚持和加强党的全面领导是新时代新征程必须坚持的重大原则。历史实践已经证明，推进中国社会治理实践只有在党的坚强领导下才能不断发展完善、不断取得新成绩、保持正确的前进方向。

新时代以来，河南始终坚持和加强党对经济社会发展事业各领域各环节的领导，先后就“加强和完善城乡社区治理、城乡社区协商、乡镇政府服务能力建设、基层治理体系和治理能力现代化”等工作出台文件，一以贯之地将党的领导深入贯彻，始终强调发挥党组织领导核心作用，以党的统一领导来推进社会治理体系健全完善，并基本形成了党组织领导、政府依法主导、各方力量共同参与的治理机制，既提高了党的执政能力，又真正确保了社会治理方向正确、合力汇聚、效能提升。特别是，在做好农村工作和推进乡村治理方面，无论是河南省的历年省委一号文件，还是河南省出台的《关于推进乡村振兴战略的实施意见》《河南省乡村振兴战略规划（2018—2022 年）》《河南省“十四五”乡村振兴和农业农村现代化规划》等文件，都一再明确要加强党对“三农”工作领导，坚持大抓基层基础、强化党对农村基层治理的领导，以党组织领导下的现代乡村治理体制，保障乡村振兴和农业农村现代化的实现。不难理解，为了更好地护航河南社会治理新征程实践，党的领导和党的建设需一如既往地坚持且加强，不断强化各级党组织的领导力，健全党组织领导下的治理体系。[③]

二　践行人民至上，以人民为中心推进社会建设

让人民生活幸福是“国之大者”。2012 年 11 月 15 日，习近平总书记面对中外记者，以“人民对美好生活的向往，就是我们的奋斗目标”宣示了新时代的终极追求。党的十九大在科学分析社会主要矛盾及其变化的基础

---

① 《中共中央关于坚持和完善中国特色社会主义制度 推进国家治理体系和治理能力现代化若干重大问题的决定》，中国政府网，2019 年 11 月 5 日，https：//www. gov. cn/zhengce/2019-11/05/content_5449023. htm? ivk_sa = 1024320u&wd = &eqid = eaf71f3d00065c00000000066475aa87。

② 《高举中国特色社会主义伟大旗帜 为全面建设社会主义现代化国家而团结奋斗：在中国共产党第二十次全国代表大会上的报告》，《人民日报》2022 年 10 月 26 日。

③ 李三辉：《将党的建设贯穿乡村治理全过程》，《学习时报》2021 年 9 月 10 日。

上，提出了“人民日益增长的美好生活需要和不平衡不充分的发展之间的矛盾”是我国新时代的社会主要矛盾。[①] 这些历史性变化进一步明确了社会治理的核心要义与价值方向，为推进新时代社会治理找到了着力点、落脚点，坚定了以人民为中心是加强和创新社会治理的根本遵循，也标定了社会治理为了谁、依靠谁、谁评判的根本问题。

党的十八大以来，河南省坚持贯彻“人民至上”理念，坚定践行以人民为中心的发展思想，推动人口大省民生持续改善，全省社会建设与社会治理成效显著。在贫困治理方面，河南全省牢记习近平总书记“让人民过上好日子”的殷殷嘱托，积极主动全力打好精准脱贫攻坚战，通过坚持精准扶贫、精准脱贫基本方略，使拥有53个贫困县的贫困人口大省，在2020年实现了贫困县全部摘帽、建档立卡贫困人口全部脱贫，[②] 河南的脱贫攻坚取得了历史性成就，也为全国贫困治理事业做出了河南贡献。在民生社会事业发展方面，河南坚持发展为了人民、发展成果人民共享，聚焦群众“急难愁盼”问题发力施策，以发展经济与政府促进推动高质量就业，抓实抓好就业供需两端；以基础教育均衡发展、提质高等教育、深化职业教育等举措推进全省教育事业发展；以做好“一老一小一青壮”工作全周期守护民众生活，着力推动社会保障扩面提标；以黄河流域生态保护和高质量发展为引领，推进全省生态环境保护与绿色发展。在推进社会治理现代化方面，河南坚持高标准创建“零上访零事故零案件”平安单位（村、社区）活动，以扎实开展社会综合治理高质量推进平安河南建设，以深入推进“四治融合”社会治理体系建设，不断提升城乡社会治理效能。总体来看，河南的社会治理实践牢记为人民服务的宗旨、贯彻群众路线和人民评判导向，持续推进社会体制改革和高水平社会建设，紧抓人民群众最关心最直接最现实的就业收入、教育、医疗健康、养老保障、生态环境等问题，以

---

① 《决胜全面建成小康社会 夺取新时代中国特色社会主义伟大胜利——在中国共产党第十九次全国代表大会上的报告》，中国政府网，2017年10月27日，http://www.moe.gov.cn/jyb_xwfb/xw_zt/moe_357/jyzt_2017nztzl/2017_zt13/17zt13_zyjs/201710/t20171031_317898.html? eqid=e42106fb00338eab00000004645fa64b。

② 《牢记嘱托谱新章 中原出彩铸辉煌——党的十八大以来河南省经济社会发展成就综述》，河南统计局网站，2022年9月1日，https://mp.weixin.qq.com/mp/appmsgalbum? __biz=MzA5MDE4NTA2OA==&action=getalbum&album_id=2568904448472006657&scene=173&from_msgid=2665706959&from_itemidx=1&count=3&nolastread=1#wechat_redirect。

社会治理创新推进人民群众需求的不断满足，带领人民创造美好生活。

三　持续深化改革，推进社会治理体制机制创新

新形势下，我国经济社会结构、社会主要矛盾、内外发展环境等都发生了重大变化，原有的一套社会治理体制和治理体系无法完全适用于新的社会形势与时代趋势，需要与时俱进地持续开展社会治理体制改革。党的十八大以来，尤其是党的十八届三中全会提出国家治理体系和治理能力现代化的改革总目标以来，不断提升社会治理现代化成为社会领域的重大课题，也成为治理实践改革的基本方向。新时代的河南，人口规模庞大，城乡人口流动更加频繁，传统的以属地为原则的社会治理模式难以很好地做好社会管理服务；经济社会发展强劲，“两新”组织不断涌现，传统的治理体系尚未能对其进行足够有效的治理引导；数字社会实践深刻发展，传统的城乡基层社会治理方式方法与技术手段难以精准地开展社会事务治理；等等。

为了更好地做好新时代社会治理工作，河南省客观分析当前社会治理基本形势与问题，深入开展社会治理体制与机制改革，不断健全社会治理领域的重要基础性制度，使社会治理体系更加适应新形势经济社会发展，促进了既充满活力又安定有序的社会发展状态展现。在教育发展领域，河南大力推进义务教育均等化、发展普惠性学前教育、强化高等教育发展等，极大地促进了教育公平制度建设工作。在医疗卫生领域，河南全面推进健康中原建设，持续深化医疗卫生体制改革，着力补齐全省公共卫生体系短板，接续推进国家区域医疗中心建设，不断健全完善基本医疗保障制度。在人口发展方面，河南围绕做好“一老一小一青壮”谋划人口发展，不断优化人口生育政策、建设生育友好型社会、积极应对人口老龄化，下大力气推进人口均衡协调发展。在社会治理方面，河南坚持大抓基层大抓支部鲜明导向，推进“三治结合”走向“四治融合”，以“五星支部”建设强化基层基础建设，推动了城乡社会治理体制的日益完善。新时代新征程，推进现代化河南建设事业、提升社会治理现代化水平，必须跟随时代形势变迁接续推进社会治理体制改革，以更加健全完善的社会治理制度、更加优化匹配的社会治理体系、更加精准高效的社会治理方式，展现治理成效、推进社会建设。

四　推动协同共治，构筑共建共治共享治理格局

党的十八大以来，我国的社会治理无论在治理理念，还是治理体制机制上，都发生了深刻变化。一个很重要的特征，就是反映到治理主体格局上的多元化治理主体或治理力量，而构筑共建共治共享的治理格局也成为实践的基本主线。党的十八届三中全会通过的《中共中央关于全面深化改革若干重大问题的决定》提出，要创新社会治理体制，改进社会治理方式，鼓励和支持社会各方面参与。党的十九大报告鲜明提出，要打造共建共治共享的社会治理格局，完善党委领导、政府负责、社会协同、公众参与、法治保障的社会治理体制。党的十九届四中全会再次强调，要坚持和完善共建共治共享的社会治理制度，建设人人有责、人人尽责、人人享有的社会治理共同体。党的二十大报告也指出，要完善社会治理体系，健全共建共治共享的社会治理制度。显然，随着时代跃进而不断调整的社会治理制度，不仅带来了新时代社会治理理论的丰富发展，也推进了社会治理共同体的建设，共建共治共享的社会治理现代化体制获得了确立和健全。

新时代以来，河南省始终高度重视社会治理制度建设，认真践行共建共治共享治理理念，综合运用系统治理、依法治理、综合治理、源头治理等手段，不断推进社会治理方式创新，完善了党委领导下的协同共治治理体系。从实践上看，河南各地在党组织统一领导下大力推进了“多元共治”的社会治理模式，治理主体架构基本形成了“一核多元”；在治理方法上，省内各地结合实际，运用自上而下与自下而上相结合、线上与线下相结合的统合手段，促进了自治、法治、德治、数治的紧密融合。在社会治理专业化与社会化提升上，河南省高度重视社会组织的发展，不断拓展社会力量参与社会治理的机制体系、渠道途径和运行效度，同时省内各地在政府购买社会服务方面都出台了系列举措办法，推动了政府、市场、社会职能的厘清，积极培育了各类合作社、协会以及其他社会组织。此外，河南还出台相关举措着力培养了一批专家型社会治理工作干部，不断提高社会治理工作人员的专业素质。走好河南新征程中的社会治理之路，必须要持续加强和改进社会治理，确立多元协同的治理理念，以善治的根本共识为基础，在党的坚强领导下不断健全社会治理体制，让政府、社会、市场、个体等主体各司其职、各尽其责，广泛汇聚社会力量参与社会治理。

第三节　新时代河南加强和创新社会治理的逻辑思路

社会治理是治国理政的重要内容。观察社会实践的历史演进可以发现，无论是中央精神要求，还是河南实践探索，加强和创新社会治理、维护社会大局稳定都是一项极为重要的工作安排。新时代新征程，实现治理有效、社会运行有序，不仅关系社会治理现代化和社会建设质量，也关乎现代化河南建设全局。加强和创新社会治理、提升社会治理现代化是一个系统工程，旨在现代条件下实现善治，最大限度激发各种社会力量协同参与社会治理的积极性和创造性，发挥各治理主体在公共事务治理、社会现实难题破解等方面的合力作用，共同推进共建共治共享社会治理格局的构筑进程。具体来说，有以下几个方面的基础性工作，需要在推进新时代社会治理中去实践并着重做好。

一　充分把握加强和创新社会治理的时代变迁与价值逻辑

党的十八大以来，中国特色社会主义发展进入新时代，加强和创新社会治理也被党和国家提到了新的高度，不断推进社会治理现代化成为基本的目标导引，统一于社会主义现代化国家建设总目标。不可否认，现今的社会发展状态，其治理的时代底色、社会基础、治理形势等都发生了重大变化，也正是聚焦于此，国家接续在社会领域推行了一系列体制机制改革，实施了乡村振兴、城乡融合、基层治理现代化等重大战略举措。推进新形势下社会治理不断走向深入、稳步前行、呈现成效，我们需要考虑这样几个重要的因素：一是我们正处在新时代新征程，社会治理的内在基础、社会结构、社会秩序等都已急剧动迁，新时代社会基本矛盾、经济社会关系结构等都发生了重大变化；二是新时代社会是一个多元主体合作治理的社会；三是社会治理模式创新要植根于各地社会发展实际的多样性、差别化、阶梯性，不同的城乡社区在区位、交通、资源、功能定位等方面存在差异，其治理策略、发展路径和进度必然无法同步或一致；四是社会治理现代化是一个历史接续并与时俱进优化的实现过程。新时代新征程，不断提高社会治理现代化水平、呈现治理效果效能，将与实现现代化河南建设目标的历程紧紧相随，实现现代化河南建设目标要求新时代社会治理实现现代化，同时不断提升的社会治理现代化也将为经济社会高质量发展提供基础保障。为此，我们要进一步厘清几个重要价值情境问题。一是辩证理解古今中外的关系问题。开启于西方的现代化提供给我们的是模式借鉴，解决中国问题需结合具体实际，要克服用西方标准进行简单衡量的思维做法。中国传统社会并不缺乏现代性因素，社会治理现代化并不是对过去的简单抛弃、与传统的完全相斥，而是传统与现代有益因素的统合互促，与之相对立的是落后的思维方式和行为方式，在社会治理制度、组织、技术、文化等方面不断创新改善。二是把握社会治理问题的普遍性与特殊性。问题与发展相伴共生，社会治理指向解决经济社会发展进程中的现实问题，如何逐步完善治理体系、充实治理内容、创新治理手段、改善公共服务、提升秩序安全等，都是需要破解的难题。做好新时代河南的社会治理，必须关注省内广阔区域的差异性、特殊性，城乡社会治理从来不存在普适的四海皆准的运行模式，但符合各地具体实践和实际形势的基层治理途径都能在坚持治理的普遍性规律和特殊性操作中寻得。①

二 不断强化党对社会治理领域的全面领导

历史地看，百年中国社会治理变革，百年中国社会发展巨变，如果要找寻其中的成功秘籍，必定集中指向中国共产党的领导。顺利推进党和国家各项工作的根本保障也在于坚持党的全面领导地位不动摇。新时代，无论是开展治理实操行动，还是标定治理实践方向，坚持党的领导尤其要抓好各级党组织的政治领导功能是最关键环节，能够为社会治理的推进方向做好切实护航，以党建引领促进社会治理各项工作有序展开，从根本上保障社会治理稳定有序。回望基层治理实践和城乡发展成就，可以发现一个基本定律，党的基层组织建设强而有力，当地的发展程度、建设水平就高；反之，则发展落后。因此，为更好地推进新时代河南社会治理，需一如既往地坚持和加强党的领导和党的建设，把党的领导贯穿于基层社会治理全域，② 发挥党组织的政治引领和协调各方的领导作用，最大限度地发挥各大

① 李三辉：《乡村治理现代化：基本内涵、发展困境与推进路径》，《中州学刊》2021年第3期。

② 李三辉：《将党的建设贯穿乡村治理全过程》，《学习时报》2021年9月10日。

治理主体在社会治理过程中的合力作用，共同推进构筑共建共治共享的社会治理格局。一是要增进党组织的政治领导力。突出党组织的政治功能，做好汇聚民意民心、增强社会认同的政治工作。要从政治大局考量社会治理实践，用政治慧眼来把握民意诉求、社会形势发展、治理问题变化，找准社会治理多元主体的利益“最大公约数”。二是要强化党组织的组织领导力。切实做好党组织领导下的基层民主建设，不断规范自治组织建设，提升基层民主自治的制度化、规范化、程序化。同时，规范引导各类社会组织的培植发展，不断优化社会力量参与社会治理的工作机制，提升协同共治效能。三是增强党组织的行动引领力。基层党组织要持续增强党的理论知识学习、夯实党建理论功底，用自身行动来贯彻落实党的路线方针政策，影响广大群众树牢政治方向。要始终践行以人民为中心的发展理念，不断强化宗旨意识，教育引导广大干部切实为基层群众谋幸福、纾民困，不断提高基层党组织的政治担当和行动影响力。

三　着力推进治理方式变革以健全社会治理机制体系

加强和创新社会治理，需要不断完善社会治理制度机制以逐步促进治理体系效能的提高。基于我国的国情和河南社会治理实践操作，始终坚持党对社会治理的全面领导是最基本和最核心的治理逻辑，完善社会治理制度机制也一定是不断健全党组织领导下的社会治理体系，吸纳不同社会力量去共同创新治理方式、推进社会治理质效。应当看到，构建社会治理机制体系，无论是从本质指向上还是操作实践上，都不是一个简单的叠加组合，而是一个复杂的系统优化，无论是治理实践的理念先导与价值思维，还是制度设计与运行体系，或是治理结构与方式方法，都应当与时俱进地进行现代化转向。也就是说，推进新形势下的社会治理工作，需要首先从优化治理机制上着力，不断健全党组织领导下的社会治理运行体系，推动社会治理方式变革，拓展社会力量参与社会事务管理的覆盖面和纵深度，构建自治、法治、德治、数治“四治融合”的社会治理体系，营造共建共治共享的治理局面。一是要以更新治理理念为先导，着重从制度建设层面来厘清理顺城乡社会治理的机制和体系设置，提升治理的科学民主与协同化的程度。二是要侧重社会治理的过程管理与效果，将自治、法治、德治等治理思想融合于治理实践以求取得最大治理效果，吸纳各种治理和监督保障力量来搭建治理方式创新融通的共治平台。三是要统合治理技术手段，强化数字赋能社会治理，大力推进城乡基层信息化建设和大数据管理，构建数字社会治理新体系，让社会治理不断走向智能化、精细化与便捷化。

四 持续打造“一核多元”主体治理格局

本质上看，社会治理是一个复杂的系统工程，重在实践操作，这就需要治理主体强大有力从而更好地推进治理工作的开展，系统内主体元素也就成为关键一环。因为无论是具体实施各类治理方式、采用各种治理技术手段，还是达到治理高效高质的预期目标，都需要治理主体去行动。透过中国共产党领导的百年社会治理实践，可以很直观地看到，中国社会治理主体结构一直处在变动调整之中，其大致趋势是由较单一的权力结构越来越走向多元分散。事实上，无论是考察国外社会治理模式，还是分析国内城乡治理实践，都很容易发现，治理体系中的主体构成是多元化的。而治理主体多元化又是社会治理现代化的一个重要指标，现代社会治理是包括政府、市场与社会组织在内的多元主体的合作共治。换言之，推进新时代社会治理现代化，尤其是加强社会治理能力建设，首先就要坚持多元主体共同治理，不断提升各治理主体的能力，增进多元主体协同共治。具体来说，就是要不断打造中国共产党领导与若干主体参与治理的“一核多元”治理主体格局。一是要明确各类主体的权责边界，强化党组织领导社会治理的核心地位。各级党组织要自觉担当社会治理现代化的政治责任和领导角色，以强化制度权威、提升组织力为核心增强基层党组织凝聚力，将党的政治优势转化为治理能力。二是要搭建多方议事协商平台，有限政府的职能权限要明确，转变政府与治理对象间的主客体划分，重点以强化和促进公共服务为抓手，推进政府管理与社区自治有效对接。三是要探索创新党对行政组织、自治组织、群众组织、新社会阶层的领导方式，确保党对社会治理的领导无空白地带、无缺位错位，以党委、政府、社会、市场的关系理顺集聚社会共治力量，增强社会治理能力。

第二章 健全城乡社区治理体系

城乡社区治理是国家治理体系的“末端”，也是社会治理的基础平台。城乡社区治理水平的高低关系到人民群众的安居乐业，关系到社会大局的和谐稳定，更关系到国家的长治久安。党的十八大以来，以习近平同志为核心的党中央对社会治理提出了一系列新概念、新思想、新要求，将城乡社区治理放在了国家治理体系中更为重要的战略位置，加强和创新城乡社区治理是新时期推进国家治理体系和治理能力现代化进程的必由之路。要围绕群众所需所盼，深入推进城乡社区治理现代化建设体制机制创新改革，以社区体制机制改革创新为突破口，持续增强城乡社区自治和服务功能，不断提升城乡社区治理的现代化水平，将城乡社区建设成为环境优良、健康文明、安定和谐、充满生机的幸福美好家园。

第一节 加强城乡社区治理现代化建设的重大意义

城乡社区治理在社会治理体系中具有不可替代的基础性作用，加强城乡社区治理现代化建设，应立足于城乡社区在社会治理体系中的功能地位，系统把握新形势下党中央对城乡社区治理的新要求、新论断，全面认识加强城乡社区治理现代化的重要意义，为深入开展社区治理现代化建设实践、助推社会治理现代化进程提供理论参考。

一 城乡社区在社会治理体系中的功能定位

改革开放以来，伴随着社会转型、经济转轨，中国社会结构发生了深刻变化。传统的政府一元管控型治理模式逐步瓦解，政府与社会的关系从“管制—服从”向“合作—互动”转变，并在新的社会格局中逐步形成了“政府—市场—社会”三元共治的新格局。城乡社区是联系政府、市场、社会三方力量的重要纽带和平台，它连接着国家与居民、政府与市场、企业与居民、单位与个人，兼有治理和服务的双重功能。明确城乡社区的功能定位是推动社会治理体系现代化建设的必要前提。

城乡社区是创新社会治理的基石。社区生活是社会生活的缩影，社区与社会的关系体现为微观与宏观、局部与整体的关系。城乡社区治理体制创新既是基层社会治理体系创新的重要一环，也为更大范围内的社会治理创新提供了有力借鉴。城乡社区是社会治理的出发点和落脚点，城乡居民是社区治理的最终受益群体。只有广大民众共享经济社会发展的成果，百姓才能安居乐业，社会才能和谐稳定，国家才能繁荣富强。

城乡社区是维护社会和谐稳定的第一防线。社区既是人民群众生活的家园，也是社会和谐稳定的重要基础。在城乡基层社会结构发生深刻变化的新形势下，社区在社会建设中的基础性作用更加显著，承担的社会服务和社会管理的任务更加繁重，维护社会和谐稳定的功能也更加突出。我国社会转型期的一系列既有的和潜在的不稳定因素，都更多地反映和发生在社区，社区已经成为各种社会矛盾的产生地、集中地和爆发地，同时也应该成为化解社会矛盾的前沿阵地。只有加强城乡社区治理现代化建设，搞好矛盾纠纷排查调处，努力把矛盾化解在社区，才能从源头上维护城乡的社会稳定。因此，社区是社会稳定的第一道防线，是维护城乡社会稳定的“减压阀”，社区维稳功能的强化，为城乡社会的和谐发展奠定了坚实的基础。

城乡社区是政府转变职能的重要平台。随着行政管理体制改革的逐步深化，一些政府不该管、管不了的事项正逐步交由社会组织承接，越来越多的社区社会组织承接政府转移的相关职能。我国社会结构转型的一个重要结果，就是大量的“单位人”成为“社会人”。在这种形势下，来自基层的社会组织，能够充分发挥其组织灵活、功能多样、了解居民的优势，越来越多承接政府下移的相关职能，更好地满足居民群众的多样化服务需求。社区社会组织也在为居民提供服务的过程中不断提升服务能力和社会影响力。

城乡社区是实施公共服务的基本场所。满足居民的生活需要，为居民提供优美、舒适、方便的生活环境，是城乡最基本的功能。近年来，随着医疗、养老、就业等民生关切的制度改革深入推进，人民群众生活环境和生活水平不断改善。城乡居民对社区发展的关注度和参与度越来越高，而且对社区的服务和管理、居住环境、文化娱乐、医疗卫生等方面提出多层次、多样化的要求。推动社区建设，拓展社区服务，提高生活质量，已成为广大城乡居民的迫切要求。通过多元服务满足社区的需要，把更多更好的公共服务用于城乡基层，既实现了社会治理重心下移的目标，又充分发挥了社区作为党密切联系群众的桥梁纽带作用。

城乡社区是实现基层民主的重要基础。人民民主是社会主义的生命。随着社会主义民主制度的不断健全和广大群众民主意识的不断增强，城乡社区居民依法行使民主权利，自主管理自我服务的愿望也日益迫切。社区居民自治是城乡居民群众依法直接管理社会基层公共事务的一种民主形式，是社会主义民主在基层的广泛实践。积极推进社区民主自治，保障人民享有更多更切实的民主权利，有效巩固基层政权组织，是确保人民当家做主的重要保证。随着我国民主政治进程的推进，城乡社区作为我国实现基层民主的重要载体，必将会显示出强大的生命力。

二 新形势下党中央对城乡社区治理的基本要求

党的十八大以来，以习近平同志为核心的党中央站在党和国家事业发展全局的高度，明确提出加强和创新社会治理的重大战略思想。在国家重要政策文件中，关于社会治理的思想不断成熟完善，逐渐形成了具有中国特色的社会治理新思想、新论断、新要求。党的十八届三中全会通过的《中共中央关于全面深化改革若干重大问题的决定》首次提出“创新社会治理体制”，要求完善党委领导、政府负责、民主协商、社会协同、公众参与、法治保障的社会治理体系，成为新时代社会治理体系建设的基本遵循。党的十九大报告明确提出，打造共建共治共享的社会治理格局，加强社会治理制度建设，完善党委领导、政府负责、社会协同、公众参与、法治保障的社会治理体制，提高社会治理社会化、法治化、智能化、专业化水平。党的十九届四中全会再次强调，必须加强和创新社会治理，完善党委领导、政府负责、民主协商、社会协同、公众参与、法治保障、科技支撑的社会治理体系。党的二十大报告进一步提出，完善社会治理体系，健全共建共治共享的社会治理制度，提升社会治理效能，建设人人有责、人人尽责、人人享有的社会治理共同体。多年来，社会治理制度不断取得创新突破，社会治理体系日益完善，我国社会治理的基础性制度框架已经基本形成。

城乡社区治理是社会治理体系的基础和主体，是国家治理体系和治理能力现代化建设在基层的重要实践。党的十八大以来，随着党和国家对社会治理规律性认识的加深，城乡社区治理的战略地位不断被提到新的高度。党的十九届五中全会通过的《中华人民共和国国民经济和社会发展第十四个五年规划和2035年远景目标纲要》将“社会治理特别是基层治理水平明显提高”列为“十四五”规划时期经济社会发展的主要目标之一，并要求“健全党组织领导的自治、法治、德治相结合的城乡基层社会治理体系，完善基层民主协商制度，建设人人有责、人人尽责、人人享有的社会治理共同体”。以习近平为代表的党中央领导人也多次在重要场合谈及城乡社区治理的重要性，做出了“社区是城市治理体系的基本单元，我国国家治理体系的一个优势就是把城乡社区基础筑牢”“社会治理的重心必须落到城乡社区，社区服务和管理能力强了，社会治理的基础就实了”“健全城乡社区治理体系，及时把矛盾纠纷化解在基层、化解在萌芽状态”等重要论述，为夯实城乡社区治理基础，推进城乡社区治理现代化建设提供了方向指引。

加强和创新社会治理，推动中国式现代化建设，离不开城乡社区治理的基础支撑。在新形势下，在国家治理体系和治理能力现代化建设整体框架下推进城乡社区治理现代化建设，党和政府对城乡社区治理提出了新的要求。要充分发挥基层党组织的引领作用和基层政府的主导作用，推动社会治理重心向基层下移；要通过政策和制度安排，加强基层群众性自治组织规范化建设和协商民主机制建设，支持、推动、保障社区居民依法自治；要通过各种形式的政府购买服务和公益服务项目，引导市场力量、社会力量以及居民积极参与社区建设和公共服务；要着力解决好人民群众最关心最直接最现实的利益问题，不断完善基本公共服务体系，提升基层公共服务能力和水平；要通过加强信息化建设，推动大数据等现代科技手段在社区治理中的应用，推动社区治理数字化转型；等等。这些都是党和政府对城乡社区治理提出的新要求，需要我们在新时代做出新探索。

三　加强城乡社区治理现代化建设的现实意义

（一）加强城乡社区治理现代化建设有助于凝聚社会治理合力

在传统社会，国家是一种统治型、管控型和统辖型的治理形态，政治权力被高度集中于国家机构和军队等，国家通过对基层社会实行严格控制、强力统治，以此来实现对社会的有效管理。现代社会是一个多元、开放、复杂、充满不确定性的社会，在此背景下，现代国家面临着如何更好地满足人民日益增长的美好生活需要等问题，而政府能力有限、难以应对各种复杂情况是其面临的重大挑战。在这样的背景下，必须把政府和社会各方力量组织起来，形成合力。为此，一方面，要有效整合政府、市场和社会等各种力量和资源；另一方面，要更加尊重基层社会主体的地位和作用，把基层群众自治组织、市场主体等多元主体都吸纳到政府主导下的合作共治体系中来。在这一过程中，社区作为最小"单元"，既是社会成员开展自治活动的主要载体和平台，也是整合各方力量和资源实现共治共享的基本单元。正是由于城乡社区在这一过程中具有独特的地位与作用，并充分发挥了其基础性功能——把不同利益诉求、不同生活方式、不同价值观念等各种力量组织起来并加以整合，从而形成推动社会治理的最大合力。

（二）加强城乡社区治理现代化建设有助于推动市域治理现代化

城市是一个国家政治、经济、文化和社会生活的中心，是国家发展战略的重要支撑，其发展程度与城市现代化水平密切相关。在党的十九届四中全会审议通过的《中共中央关于坚持和完善中国特色社会主义制度 推进国家治理体系和治理能力现代化若干重大问题的决定》中，"城市治理"被置于"推进国家治理体系和治理能力现代化"一章中，足见其重要性。党的二十大报告也提出加快推进市域社会治理现代化，提高市域社会治理能力。通过市域治理实现城市治理现代化是我国城市发展的客观需要，也是建设中国特色社会主义现代化强国的必然要求。当前我国已进入城镇化快速发展阶段，城市数量不断增多，规模不断扩大，人口和经济活动高度集聚，各种利益关系复杂，各类矛盾多发频发，社会结构转型加速，这些都对城市社会治理提出了新挑战。城市社区和农村社区都是城市的主体组成部分，是市域治理现代化建设的重要载体，推进市域治理现代化最终还是要落脚到城乡社区上来。通过加强城乡社区治理现代化建设，推动城市的公共服务向基层延伸，社会管理重心向基层下移，持续完善基层民主自治制度、城乡社区协商制度等，不断巩固夯实市域治理的根基，增强城市发展的内生动力，以城乡社区的和谐有序健康发展助推市域治理现代化的实现。

（三）加强城乡社区治理现代化建设有助于实现城乡一体化发展

随着新型城镇化和农业现代化的不断推进，城乡之间已经实现了空间上的联系，但农村地区在经济发展水平、基本公共服务和综合治理方面与城市还存在明显差异。社区是城乡发展的基础，也是城乡交往互通的重要桥梁，城乡社区治理现代化建设是促进城乡协调发展的重要保证。一方面，通过城乡社区治理现代化建设可以加强城市与农村之间的交流和合作，促进知识、技术、服务等资源的整合共享，促进农村社区教育、文化、科技等方面的蓬勃发展，不断缩小城乡差距；另一方面，加强城乡社区治理现代化建设，可以促进基本公共服务的普及和提高，改善农村地区交通、环境、卫生、文化等方面的整体环境，提高农村地区的发展活力和吸引力，形成城乡协调发展的强大动力，进而推动区域经济和社会的全面进步。

第二节　河南推进城乡社区治理体系建设的实践探索

近年来，河南省委、省政府高度重视城乡社区治理体系建设，按照推进国家治理体系和治理现代化的部署要求，把社会治理创新和社区建设纳入经济社会发展总体规划，围绕创新基层治理体系这条主线，扎实推进城乡社区建设，做到“六个结合”，走出了一条具有河南特色的城乡和谐社区发展的新路径。

一　坚持政府管理与居民自治相结合，促进行政管理与社区自治有效衔接

（一）加强基层党建，提升社区党组织建设水平

习近平总书记曾指出，党的基层组织是确保党的路线方针政策和决策部署贯彻落实的基础。[①] 党的十八大以来，河南省高度重视基层党组织建设，坚持以基层党建统领城乡社区治理，积极构建“纵向到底、横向到边、上下贯通、条块结合”的组织体系和工作网络，促使社区党组织充分发挥

① 《贯彻落实新时代党的组织路线 不断把党建设得更加坚强有力》，《求是》2020年第15期。

领导核心作用，激发社区党员队伍的生机活力，为加强和创新城乡社区治理、做好新形势下群众工作提供了坚实的组织保证。一是强化基层党组织建设。河南省各地依据“社区建到哪里，党组织就建到哪里，党组织的战斗力就显现在哪里”的总要求，主动适应基层社会群体结构的新变化，持续创新基层党组织设置方式，及时在新经济组织、新社会组织、新就业群体中建立党组织，实现党组织有形覆盖和有效覆盖。如洛阳市探索建立强村带动型、产业互助型、易地搬迁型、村企联建型、村社联建型、融合共建型六种类型的农村联合党委；郑州市在城市街道普遍建立“街道党工委—社区大党委—网格党支部—楼组党小组”四级组织体系，让党建的触角延伸到基层治理的每一个角落。二是强化党组织带头人队伍建设。河南省将基层党组织带头人的选择培育列入党的组织建设的重要工作，坚持高标准的选人导向，在村（社区）“两委”换届中注重选拔政治素养过硬、业务能力突出、时刻为人民着想、能吃苦奉献的干部，定期组织开展村（社区）党组织书记的全员培训，组织其他的基层党组织书记开展普遍轮训，不断提高社区党组织带头人的能力素质。

（二）加强规划引领，完善城乡社区治理的顶层设计

近年来，河南以城乡社区治理作为加强社会治理创新的出发点和落脚点，将其纳入全省社会治理的大局，与经济社会同步谋划、同步部署、同步推进，持续完善城乡社区治理的顶层设计。党的十八大以来，河南省先后出台了《关于加强新形势下城市社区建设的若干意见》《河南省社区治理创新专项行动方案》等十余个文件，为全省城乡社区治理工作开展奠定了制度基础；2019 年，河南省出台《中共河南省委、河南省人民政府关于加强和完善城乡社区治理的实施意见》，明确了河南省加强和完善城乡社区治理的总体要求，这是河南省委、省政府出台的第一个关于城乡社区治理的纲领性文件；2022 年，河南省人民政府办公厅印发《河南省“十四五”城乡社区服务体系建设规划》，从完善服务格局、增强服务供给、提升服务效能、加强数字化建设、加强人才队伍建设等方面做出了安排部署，这些文件的出台是河南省全面落实中央关于城乡社区治理决策部署的重要举措，为新形势下开创河南省城乡社区治理新局面提供了政策遵循。

（三）加强制度建设，强化对城乡社区居民自治的政策引导

在推进城乡社区治理现代化建设中，河南省始终将制度建设作为重要内容，积极稳妥推进社区治理体制机制改革。聚焦基层群众性自治制度的完善，河南省先后出台了《关于加强和改进城市社区居民委员会建设工作的实施意见》《关于加强城乡社区协商的实施意见》等重要文件，深入推进基层群众性自治组织的规范化建设，对民主选举、民主决策、居民监督、民主协商等制度进行进一步改革完善。坚持深化放权赋能改革，河南省明确了社区治理主体的职责定位，理顺了政府、社会与社区三者的关系。在城乡社区普遍建立党群服务中心，向社区下放部分事权，鼓励支持社区进行自治管理模式的创新探索，加强政府对社区居民自治运行过程中居民自我管理、教育、服务等方面的监督、指导、服务，推动政府行政管理功能与社区自治功能的有机衔接。

二　坚持政府引导与社会共建相结合，实现多元主体协同共治

（一）加强社区组织领导体制建设

早在2015年，河南省就建立了省社区建设工作联席会议制度，由分管副省长担任召集人、26个省直部门为成员单位，明确工作职责，加强工作协作，形成了社区治理工作合力。各地市参照省里做法，建立健全了本级城乡社区建设工作联席会议制度，成立社区建设领导小组，区、街道、社区成立相应组织机构，明确了责任分工和目标任务，完善了定期沟通、定期分析研究工作等相关制度，形成了党委领导、政府负责、民政部门牵头、相关部门配合、社会力量协同、群众参与的社区治理工作格局，建立了以社区基层党组织为核心、以社区居民代表会议为民主决策机构、以社区议事协商会议为议事机构、以社区居民委员会为执行机构的社区治理新体制。

（二）培育和发展社区社会组织

党的十八大以来，河南省委、省政府坚持“培育发展和监督管理并重”的社会组织管理方针，加大对社会组织发展的培育扶持力度，引导社会组

织在创新社会治理、推进城乡社区现代化方面发挥有效作用。一方面，完善社会组织的政策法规。河南省以社区社会组织作为培育发展社会组织的重点方向，先后印发了《河南省民政厅关于大力培育发展社区社会组织的实施意见》《河南省培育发展社区社会组织专项行动实施方案（2021—2023年）》《河南省民政厅关于做好社区社会组织备案管理工作的通知》《河南省财政厅 河南省民政厅关于支持和规范社会组织承接政府购买服务的通知》等政策文件，引导、支持社区社会组织健康有序发展。另一方面，加强社会组织的监督管理。河南省建立健全社会组织登记审查机制、资金监管机制、社会组织自律机制，引导社会组织逐步完善自身内部运行机制，提高了社会组织自我管理、自我教育、自我监督及服务社会的责任意识和能力水平。强化社会组织监管执法，建立“五函一书”工作机制，对在年检、抽查检查、群众举报以及日常监管中发现问题的社会组织，向业务主管单位发“提醒函”，向行业管理部门发“问询函”，向有关管理部门和党建工作机构发“征求意见函”，向职能部门发“问题线索移交函”，向社会组织发“约谈函”和“责令整改通知书”，实现多渠道监管。[①]

（三）整合社会资源推动社区共建

在城乡社区现代化建设中，河南重视整合社会资源，广泛动员社会力量，积极参与社区建设与治理，形成共建共治共享的社区治理新格局。全省各地以社区网格化数据共享平台为载体，搭建政府、社区居委会、社会组织、辖区单位等多方主体协作平台，党员、社区工作者、专家学者、社区居民、志愿者等参与的社会支持网络，整合科技、文化、体育、卫生、环保、司法等部门资源，积极开展“六进”“八进”社区活动，合力推进和谐社区建设。通过建立社区党组织互联互建机制、社区建设联动机制，推动实现党组织联创、社会治安联防、环境卫生联治、困难居民联帮、矛盾纠纷联调、思想教育联做、文娱生活联欢、文明社区联建，达到“优势互补、资源共享、联合联创、共同发展”的目标。

---

① 河南省社会组织管理局：《民政工作这十年·社会组织篇》，《中国社会组织》2022年第19期。

三 坚持基础设施与服务载体建设相结合，实现社区全面可持续发展

（一）加强社区公共服务设施建设

近年来，河南省各地坚持以人民为中心，聚焦民生关切，着力补齐基层建设短板，统筹社区综合服务设施规划布局，推动社区公共服务设施提档升级，不断提升社区综合服务水平。一是开展社区服务设施标准化建设。自 2018 年起，河南省参照 2017 年印发的《河南省城市社区服务站服务大厅服务规范（试行）》，在全省持续开展规范化社区创建活动，要求城市社区参照“一有七中心”标准创建，即每个社区都要有坚强的党组织、民主的自治组织（居委会）、广泛的社会组织；每个社区都要配备完善的社区便民服务中心、社区综治服务中心、社区文体活动中心、社区卫生服务中心、社区老年人日间照料中心、社区儿童服务中心、社区志愿服务中心，在具备条件的农村社区也同步推进标准化建设。二是深入推进老旧小区改造工作。2019 年，河南省启动城镇老旧小区改造工作，对老旧小区的基础设施、住宅建筑、居住环境、配套养老托幼公共服务设施四个方面进行整治提升，补齐老旧小区供水、供电、燃气、热力、停车、通信等基础设施短板，有效促进了老旧小区居民生活环境的改善，小区内涵品质的提升和公共服务的优化。

（二）加强社区居民活动载体建设

河南省各地在完善社区公共服务设施基础上，加强社区活动综合体建设，搭建起社区居民参与社区建设、治理与服务的载体平台。一是创新社区服务综合体。如洛阳市以邻里中心建设为抓手打造社区服务综合体，聚焦“一老一少一青壮”群体，合理布局邻里中心功能业态，推动文化、体育、养老、医疗健康、教育和政务服务六大公共服务进社区，让群众享受家门口“一站式”便捷服务。[①] 信阳市以社区党群服务中心为主体，居民小

① 《洛阳以邻里中心建设为抓手 着力打造社区综合服务体》，河南省人民政府网站，2023 年 5 月 4 日，https：//www. henan. gov. cn/2023/05-04/2735850. html。

区、楼宇商圈园区等党群服务驿站为补充，建设“红色家园综合体”，推动社区资源聚合，增强社区服务功能。二是深入开展“星级社区”创建活动。2022年以来，河南省民政厅以打造“共建共享星”“为民服务星”“健康养老星”“平安和谐星”“数字智慧星”的“五星”社区为目标，深入开展“五星”社区评定工作，推动全省各地积极创建特色鲜明、内涵丰富、环境优美、设施一流、居民满意的新型社区，经过上报、审核、评估等环节，确定了郑州市金水区花园路街道通信花园社区、许昌市建安区新元街道镜湖社区、焦作市东方红街道办事处和平街社区等100个社区为河南省首批“五星”社区，打造了一批城乡社区治理的河南样板，通过发挥示范引领和辐射带动作用，助力提升全省社区管理服务整体水平。

（三）加强社区信息化基础设施建设

随着大数据、云计算、人工智能、5G等新一代信息技术的广泛应用，加快推动传统基础设施改造升级、完善社区信息化基础设施是新形势下加强和创新社区治理的重要内容。早在2012年，《河南省人民政府办公厅关于印发河南省社区服务体系建设规划（2011—2015年）的通知》就提出要实施“社区服务信息化建设工程”，加快推进城乡社区公共服务综合信息平台建设。2022年出台的《河南省“十四五”城市更新和城乡人居环境建设规划》也明确了“统筹城乡新型基础设施建设”的具体目标。近年来，河南省把社区信息化建设作为完善社区治理服务体系的重要抓手，依托智慧城市建设、城市更新行动，推动城乡基础设施和公共服务设施提档升级，促进5G、千兆光网、新型城域物联专网等在城乡社区的深度覆盖。省内智慧城市试点郑州市、开封市、南阳市、焦作市解放区、洛阳市涧西区等地均积极开展信息化建设，促进了“互联网+社区服务”深度融合。如南阳市采取互联网科技企业与多家物业企业合作的方式开发智慧社区项目，构筑了一个企业投入资金建设平台，物业公司、业主、商家多方受益的新型智慧社区生态。洛阳市依托互联网、物联网、移动通信网等现代技术建设了居家养老服务信息平台和老年人养老需求数据库，逐步形成了“一个网站、五个子平台”的架构（居家养老服务网站、24小时呼叫平台、养老服务调度平台、远程物联医疗平台、服务支付平台、服务监管平台），实现了养老需求与服务商家的精准对接。

四　坚持社区治理与社区服务相结合，推动社区治理服务水平同步提升

（一）推动社区治理与服务精细化

党的十八大以来，河南省为了加强基层民主政权建设，推动社会治理重心向基层下移，在城乡社区全面实施网格化管理，寓管理于服务，促进管理服务深度融合，构建社会治理的“精细化模式”。各地将辖区“分片包块”、划分网格、明确职责，运用大数据、云储存、移动通信等技术建立网格化管理信息平台，将与社区管理和服务有关的信息数字化，通过系统平台对每个网格实行动态监测、自动识别和提前预警，确保大至每条街道、每户居民，小至每盏路灯、每个垃圾箱，都有专门的工作人员负责，推动社区管理与服务全面覆盖、无缝对接。近几年来，各地不断深化基层社会治理改革，创新网格化管理实践，优化网格设置、细化网格职责、整合网格资源，实现了网格管理精细化、网格服务精准化、社区运行信息化、基层秩序规范化。如郑州市探索实践党建引领网格化基层治理，通过建强基层党组织带动多元主体协同治理，把党组织优势充分转化为基层治理效能；开封市实施“网格化管理+数字化治理”，依托“一中心四平台”建设，推动百姓诉求快速响应，民生问题高效处置，工作效率全面提升。

（二）推动社区管理与服务市场化

在河南全面深化改革进程中，为了改变政府“大包大揽”的传统治理模式，推动政府职能转变，构建服务型政府，河南省运用市场手段，大力推进政府向社会力量购买服务工作，先后出台了《河南省政府购买社会工作服务实施办法》《河南省人民政府办公厅关于推进政府向社会力量购买服务工作的实施意见》《河南省政府购买养老服务实施办法（试行）》等相关文件，规范政府购买服务的主体、服务对象、购买方式、购买程序、绩效管理等内容，鼓励支持政府部门采取购买服务方法，通过公开招标、项目委托等形式向服务型企业、社会工作服务机构、公益慈善组织等社会力量购买服务。近年来，河南省政府购买社会服务机制日益健全、购买服务规模不断扩大，购买服务主体由省级、市级政府向街道、社区拓展，购买服

务范围覆盖居家养老、妇女援助、济弱扶贫、助残扶幼、拥军优抚、心理援助、文化娱乐等各个方面。各类社会组织充分发挥自身优势，以社区为平台，开展了针对性强、专业性高、内容丰富的服务活动，既提高了政府部门工作效率，扩大了公共服务供给，又激发了社会组织发展活力。

（三）推动社区管理与服务数字化

近年来，河南省用充分信息化手段为社区管理与服务工作赋能增效，加强数字政府建设，完善社区网格化管理模式，形成了以社区综治中心为载体，以全科网格为单元，以社区治理各方力量为主导，以信息系统为支撑的数字化治理体系。各地政府指导基层整合社区公共服务资源，开发社区管理服务综合信息平台，推动社区信息平台与市、区、街道政务服务平台互联互通、数据共享，构建社区公共服务综合受理窗口，推行“前台一口受理、后台协同办理”，打造“一站式”管理服务新模式，将政府各职能部门的管理与服务延伸到每个社区、每个居民。另外，郑州市、开封市、南阳市等地还以智慧城市试点建设为契机，加快推进智慧社区建设，通过加强社区信息基础设施建设，开发智慧应用系统平台、移动终端等，拓展社区智慧化服务功能，为社区居民提供更加高效、便捷、精准、专业、多元的社区服务。

五　坚持城市社区与农村社区建设相结合，推动城乡统筹协调发展

（一）统筹城乡社区基础设施建设

河南省是农业大省，辖 17 个地级市，158 个县（市、区），1791 个乡镇，45648 个行政村，农村社区数量众多、差异明显，与城市社区相比也存在较大差距。一直以来，河南省都高度重视城乡社区基础设施建设工作，各地以县（市、区）为单位，制定城乡社区服务设施建设年度规划，合理确定社区服务设施的数量、选址布局、建设方式、功能划分，按照每百户不低于 30 平方米的标准配建城乡社区综合服务设施。[①] 2018 年，河南省在

① 卢松：《河南城乡社区建设迈向规范化智慧化》，《河南日报》2018 年 4 月 17 日。

城市主城区启动“一有七中心”规范化社区创建工作，以此为契机，河南省同步推进乡村社区规范化建设，推动乡村社区服务设施布局优化和乡村社区服务功能拓展。2022 年，河南省第十一次党代会提出“科学编制实用性村庄规划，持续整治农村人居环境，建设美丽乡村”，并发布《河南省村庄规划编制和实施规定》，推动城市社区基础设施向乡村覆盖，全面实行乡村建设规划许可制度，强化乡村建设活动的用地管理，全方位规范乡村建设，提升乡村宜居宜业水平。

（二）统筹城乡基层组织建设

近年来，河南省着眼统筹城乡发展，不断探索“城乡共创”的有效形式和载体，建立城乡基层党建与社区建设工作整体推进的长效机制，为深入推进新型城镇化战略，建设社会主义新农村提供坚实的组织保障。各地健全结对帮扶制度，大力开展城市社区与农村党支部，城市企事业单位与农村党支部，学校、科研院所与农村党支部的结对帮扶活动，促进城乡互动交流、优势互补；完善干部职工面向基层、服务农村制度，引导机关事业单位干部职工到农村挂职锻炼，助力乡村振兴发展；推行农村特派员制度，以金融助理员、经济特派员、科技特派员等名义，指导、带动农村经济发展。通过以城带乡、互联互通、结对共建，城市向农村输送信息、资金、人才等重要资源，农村为企事业单位项目拓展、人才成长成才提供广阔舞台，构建形成优势互补、相互促进、共同发展的新型城乡关系。

（三）统筹推动城乡公共服务均等化

城乡公共服务发展不均衡一直是影响河南省城镇化进程的重要因素，也是实现城乡深入融合发展要解决的关键问题。党的十八大以来，河南省将完善基本公共服务体系、推进基本公共服务均等化作为现代化河南建设的重要任务，建立健全城乡基本公共服务均等化的体制机制，加强城乡公共服务资源的优化配置，推动公共服务向农村延伸、社会事业向农村覆盖。2017 年，河南省印发《河南省“十三五”基本公共服务均等化规划》，明确了教育、卫生、文化体育、社会保险等公共服务领域的发展目标，为“十三五”时期推进基本公共服务体系建设发展提供了基本遵循。2022 年，河南省又陆续出台了《河南省“十四五”公共服务和社会保障规划》《河南省基本公共服务实施标准（2021年版）》，进一步健全公共服务和社会保障体系，以标准化促进基本公共服务均等化。在规划引领和政策推动下，河南省公共服务体系建设不断完善，城乡基本公共服务均等化取得了显著实效：覆盖城乡的普惠性学前教育公共服务体系基本建立，基础教育在全面普及基础上实现均衡化发展；就业形势保持稳定，就业结构不断优化，区域就业平衡发展、有序流动的就业格局基本形成；社会保障覆盖面进一步扩大，城乡居民养老保险、居民医疗保险顺利完成并轨，多层次社会保障体系基本建成。

六 坚持社区专业与志愿队伍建设相结合，为社区建设治理提供坚实保障

（一）加强居（村）委会干部队伍建设

近年来，河南高度重视培养城乡社区发展的“带头人”“领头雁”，不断强化城乡社区居（村）委会队伍建设，大力推进居（村）委会干部队伍的“多元化”。各地市从市直部门、县区各部门机关干部中，选派政治素质好、工作能力强的后备干部直接到社区（村）挂职锻炼，既有效满足了街道（乡镇）、社区（村）对党建、司法、社工、计生、财会等专业人才的需求，改善了居（村）委会队伍结构性老化的状况，又拓展了年轻干部培养选拔使用的新渠道。同时，以地辖市为主体面向社会公开招聘具备大专以上文化程度的社区工作人才，经过集中培训，一批优秀大学毕业生走上社区岗位，社区干部队伍在年龄、知识、能力结构等方面得到较大程度的优化。

（二）加强专职社区工作者服务队伍建设

专职社区工作者是指社区党组织成员以及城乡社区内从事党建、治理、服务工作的专职工作人员，是基层党建和基层治理的骨干力量。2022年，河南省出台了《关于加强全省城市社区工作者职业体系建设的指导意见》，在省级层面统筹推进社区工作者职业体系建设。各地市也结合发展实际，以党群服务中心、社会工作站等社区服务阵地为依托，建立健全选任聘用、教育培训、日常管理、激励保障等工作机制，不断完善社区工作者职业体

系，着力打造一支政治过硬、结构合理、素质优良、群众满意的社区工作者队伍。如郑州、开封、洛阳等市各自出台加强社区工作者队伍建设的实施意见，为推进本地社区工作者队伍建设提供政策保障；许昌市建立“三岗十六级”薪酬体系，打通社区工作者职业上升渠道，确保薪酬待遇随岗位等级晋升合理增长；等等。通过建立“进出有通道、履职有考评、待遇有保障、发展有空间”的社区工作者职业体系，加强社区工作者的选、育、管、用，使社区工作者招得来、留得住、有前途，不断提高社区工作者的职业荣誉感和社会认同度。

（三）加强社区志愿者队伍建设

在抓好专业社区工作者队伍建设的同时，河南省各地大力支持社区志愿服务队伍建设，鼓励各地组织开展多种多样的群众性自我服务活动和志愿服务活动，不断提高居民群众文明素质和城市文明程度。如洛阳市将社区作为城市文明创建的主战场，积极组建社区志愿服务队伍，以居民“心愿清单”为导向，开展个性化、定制化的志愿服务。近年来，成立邻里互助、文化文艺等社区志愿服务队伍 730 支，开展志愿服务活动 7200 多场①；开封市出台《关于进一步加强全市志愿服务队伍建设的实施方案》，加强包括党员志愿者队伍、文明单位志愿服务队伍、社区志愿服务队伍等在内的“六大”志愿服务队伍建设，并明确要求文明单位注册志愿者人数达到职工总数的 30%以上，社区注册志愿者人数要达到辖区人口的 8%，引导广大群众共同参与提升城市文明大行动②；长葛市探索建立“三个一”青年社区志愿服务模式，建立“大学生社区实践基地”，常态化开展“青春志愿、爱在社区”大学生实践活动，围绕社区“一老一小”等重点群体，开展特色青年志愿服务项目，将青年人打造成为创新基层治理，推动社区现代化建设的主力军。

---

① 王若馨：《社区志愿服务队伍数量质量双升级 定制化服务暖民心》，《洛阳日报》2022 年 10 月 14 日。

② 《开封市出台措施全面加强志愿服务队伍建设》，河南省人民政府网站，2013 年 6 月 22 日，https：//www. henan. gov. cn/2013/06-21/492318. html。

第三节　河南城乡社区治理创新的主要成就

多年来，河南省认真贯彻落实党中央以及省委、省政府关于加强和创新城乡社区治理，推动基层治理体系和治理能力现代化的部署和要求，深入推进城乡社区治理体制机制改革，广泛开展城乡社区治理创新实践，城乡社区治理现代化建设取得了突出成效，城乡社区面貌日新月异，社区组织架构日趋完善，运行机制日趋顺畅，治理服务水平不断提升，人民群众的获得感、幸福感、安全感更加充实、更有保障、更可持续。

一　河南城乡社区治理创新实践取得的成效

（一）基层党组织建设更加坚强有力

党的十八大以来，河南省按照党要管党、全面从严治党的总要求，深入实施基层党建质量提升三年行动计划，持续完善“基层党组织+社会组织+群众自组织”的组织体系，不断夯实党的组织基础，基层党的建设焕发新气象。

一是基层组织体系不断完善。在农村创新基层党组织设置方式，探索在农民专业合作社、家庭农场等新型经营主体中建立党组织；在城市街道社区建立健全党建网格化管理体系，形成全面覆盖的区域化党建大格局；在非公有制企业和社会组织中采取联合建、挂靠建等多种方式，实现党组织和工作有效覆盖。

二是基层党组织“战斗堡垒”作用不断加强。实施“强基固本”三年行动，推动基层减负增能；开展“百千万”示范行动，提高党支部标准化规范化建设水平。从 2019 年起，河南分三年评选基层党建省级示范村 600 个、市级示范村 3000 个、县级示范村 10000 个。健全软弱涣散基层党组织整顿常态化、长效化机制，累计排查整顿软弱涣散村党组织 4589 个。①

三是党员干部队伍整体素质不断提升。河南省坚持“抓头雁”“育先

① 刘一宁：《强基固本，河南省全面加强以新时代党的建设为根本的基层基础工作》，《河南日报》2020 年 11 月 10 日。

锋”，通过选优配强基层党组织带头人，加大党员规范管理，推动领导班子实现全面优化和党员干部队伍素质提升。2020 年 10 月至 2021 年 3 月，全省 5.1 万余个村（社区）全部完成换届选举工作，选举产生“两委”成员 30 余万人，一大批党性强、作风正，有能力、有情怀的优秀党员进入党组织书记队伍[①]，一支支精兵强干的党员干部队伍正在逐步形成，特别是 2021 年遭遇历史罕见特大洪涝灾害等重大考验，党员干部关键时候冲得上、危急关头豁得出，树立了对党忠诚、一心为民的良好形象。

（二）基层群众自治能力显著增强

近年来，河南省深化城乡村（居）民自治实践，深入开展基层协商民主建设，规范“小微权力”运行，推动全省基层群众性自治健康发展，群众的选举权、监督权、表达权、知情权得到有效保障。

一是城乡社区协商制度不断规范。河南省在全省村委普遍推行了“四议两公开”工作法，（社区）居委会普遍推行“一征三议两公开”工作法；在全国率先推动省人大立法，第一个实现村（居）务监督委员会的全省覆盖；95%以上的行政村、城市社区完成村规民约、居民公约修订任务[②]；全省各地也在创新协商形式、扩大协商主体、完善协商制度等方面开展积极实践，形成了焦作市解放区“334”楼院协商治理模式、安阳市“12345 同心圆”工作法、濮阳市“五位一体”社区协商机制、许昌市“1151”工作法、新乡县“村民代表提案制”、焦作市山阳区党群“五步”工作法等经验，城乡社区协商工作成效明显。

二是社区民主监督稳步推进。河南省贯彻党中央关于党风廉政建设的精神要求，在加强民主法治建设和基层权力监管方面展开了积极探索，形成了以漯河“阳光三权”、信阳“四中心一平台”、南阳“四督四查”为代表的新机制、新方法，通过规范“小微权力”的地方实践，厘清社区干部的权责边界，加强权力的运行监管，促使基层“小微权力”在阳光下运行，有效遏制了基层腐败的不良风气，扭转了基层干群关系，净化了基层的政

① 《河南民政——“四抓四促”让农村社区治理焕发勃勃生机》，中华人民共和国民政部网站，2023 年 3 月 23 日，https://www.mca.gov.cn/n152/n166/c41066/content.html。

② 卢松：《社区治理创新的河南实践 解决一批群众“急难愁”问题》，《河南日报》2018 年 4 月 8 日。

治生态。

三是居民参与水平快速提升。通过全面推广“四议两公开”“一征三议两公开”工作法，完善民主协商机制，真正实现了让村（居）民群众当家做主，激发了群众参与社区建设、社区治理的积极性和主动性，较好地解决了诸如老旧小区改造、土地征用、道路修建、宅基地审批等事项，带动和促进了基层各项工作的顺利开展。

（三）多元共治的治理新格局基本形成

一直以来，河南省持续推进城乡社区治理现代化建设，突出党建引领，政府主导，建立健全以基层群众性自治组织为基础，以居民群众为主体，以群团组织、社区社会组织、驻区单位为补充的社区治理体制，打造了共建共享共治的社区治理新格局，充分激发了社区自治的内生动力，凝聚了社区治理的最大合力。

一是社区治理主体实现多元化发展。目前，河南省各地总体上形成了党委领导、政府主导推动，居民群众参与，社会力量协同推进的工作模式。参与社区治理的主体包括村（社区）党组织、村（居）民委员会、村（居）务监督委员会、村（居）民小组、驻村（社区）单位，以及社区社会组织、农村集体经济组织、农民合作组织、业主委员会、物业服务企业、户籍居民代表、非户籍居民代表等。

二是社会组织的规模不断壮大。河南省通过加强社会组织党的建设，建立健全社会组织管理的行政管理机制、社会监督机制、社会组织自律机制，引导推动社会组织高质量发展。据不完全统计，河南省注册登记的社会组织数量超过 4 万余家，在河南省民政厅的引导下，各类社会组织充分发挥自身专业、资源、资金优势，在脱贫攻坚、社会治理、社区建设、环境保护、疫情防控、救灾减灾等领域发挥了越来越重要的作用。

（四）城乡社区基础设施环境持续优化

近年来，河南省贯彻落实乡村振兴战略，深入推进新型城镇化进程，统筹城乡一体化发展，持续加强城乡社区基础设施建设，推动了城乡人居环境整体改善，现代化社区、美丽乡村建设取得显著成效，人民群众高质量生活环境需求得到基本保障，社区公共服务水平稳步提升。

一是社区规范化建设深入推进。2018 年以来，河南省累计建成规范化社区 4500 个，社区服务中心 2047 个、社区服务站 4.6 万余个，城市社区综合服务设施实现全覆盖，农村社区综合服务设施覆盖率达 90.1%。加快推进以党群服务中心为基本阵地的城乡社区综合服务设施建设。①

二是社区养老服务设施日益完善，截至 2022 年，河南全省社区养老服务设施建成面积达到 418.7 万平方米。全省 673 个街道全部实现有 1 处综合养老服务设施，7334 个社区全部实现有 1 处养老服务场所，4 个试点城市完成了 10534 户经济困难的老年人家庭适老化改造。②

三是医疗卫生服务设施实现全面覆盖，河南省卫健委聚焦居民群众“急难愁盼”问题和卫生事业发展的短板弱项，加强社区卫生服务机构建设，助力提升居民群众健康服务水平。目前，全省有城镇社区卫生机构 1930 所、乡镇卫生院 2019 所，实现了城乡社区卫生服务全覆盖。

四是文化娱乐设施实现提档升级。为了满足群众日益增长的精神文化需求，河南省持续完善基层文化服务基础设施。在农村社区广泛建设乡村文化中心、文化广场、文化站等，提升村级文化娱乐、健身设施的配置率。在城市社区按照“一有七中心”要求建设群众文化服务中心，设置书画室、阅览室、文体活动室等，促进文化服务设施改造升级，为开展丰富的社区文化活动，丰富群众精神文化生活奠定了基础。

五是信息化基础设施快速普及。河南省各省辖市、83 个县（市、区）基本都建立了信息化平台，全省 1314 个乡镇（街道）和 2384 个城乡社区接入县（市、区）级以上政务服务平台，纳入信息化平台的公共服务项目共 4149 项、志愿服务项目共 2353 项、便民利民服务项目共 3502 项，平台承接民政、卫计、综治、社会保障、残联、公安等近 30 项政府公共服务职能，超过 500 万人次使用城乡社区信息化平台。

（五）城乡社区治理服务水平稳步提升

近年来，河南省认真贯彻习近平总书记关于社区治理工作的重要论述

---

① 《河南民政——“四抓四促”让农村社区治理焕发勃勃生机》，中华人民共和国民政部网站，2023 年 3 月 23 日，https：//www.mca.gov.cn/n152/n166/c41066/content.html。

② 《河南省大力推进居家社区养老服务设施建设 让“15 分钟养老服务圈”看得见摸得着》，河南省人民政府网站，2023 年 2 月 14 日，https：//www.henan.gov.cn/2023/02-14/2688497.html。

精神，把加强和创新社区治理作为夯实基层政权，推动基层治理现代化建设的重要内容，健全工作机制，完善政策体系，加大投入力度，同步推进城乡社区治理服务工作，取得了显著成果。

一是地方创新实践亮点频现。焦作市解放区、洛阳市涧西区、许昌市魏都区先后入选全国社区治理和服务创新实验区；焦作市解放区“334”楼院协商治理模式入选“2015 年度中国社区治理十大创新成果”；嵩县、汝州市、禹州市等县市先后入选全国农村社区治理实验区；新乡市红旗区“创新场景拓宽社区治理全新路径”、许昌市魏都区西大街道“解好‘三道题’交出基层社会治理新答卷”入选全国基层治理创新典型案例。这些典型案例的经验做法经过宣传推广，发挥了示范引领和辐射带动作用，推动河南省基层治理工作迈上新台阶。

二是社区综合服务体系日益完善。居家社区养老、未成年人保护、社会工作等专业服务水平稳步提升，157 个县（市、区）、673 个街道、7334 个社区的养老服务设施建成率达 100%，智慧养老平台入网老年人 1718 万人；建成 812 个乡镇未成年人保护工作站、7375 个儿童之家；[①] 建成 39 个县级社工服务中心、1033 个乡镇（街道）社工站、4817 个村（社区）社会工作室，为城乡社区群众提供养老托育、扶贫济弱、增能赋权、资源链接等专业服务，累计服务群众 3452894 人次。[②]

（六）社区工作者队伍不断壮大

2018 年以来，河南省结合社区（村）“两委”换届、扫黑除恶专项斗争、推进实施乡村振兴战略等重点工作，持续抓好区工作者队伍的选聘、培养、管理等工作，加强社区工作者的能力建设，推动社区工作者为民服务能力和综合素质不断提升。

一是社区工作者规模不断壮大。目前，河南省共有城乡社区工作者 31.8 万人，其中城市社区工作者 7.2 万人，每万名城镇常住人口拥有城市社区工作者 12.7 人。这些社区工作者分布在全省 4.7 万个村、4822 个城市

---

① 《河南民政——“四抓四促”让农村社区治理焕发勃勃生机》，中华人民共和国民政部网站，2023 年 3 月 23 日，https：//www.mca.gov.cn/n152/n166/c41066/content.html。

② 《初心如磐勇前行：河南实现省辖市社工机构全覆盖》，《河南日报》2022 年 10 月 13 日。

社区，长年守护着广大群众的生活家园。①

二是社区工作者成长空间不断拓宽。近年来，各地加强社区工作者职业体系建设，建立健全社区工作者考核晋升机制、激励保障机制，社区党组织书记、居委会主任“一肩挑”比例大幅度提升，社区工作者涨薪、晋升、入编成为现实，社区工作者的稳定性明显增强。近年来，近 400 名优秀社区党组织书记被录（聘）用为街道公务员和事业编制人员，38 名社区工作者被评为省优秀党员、省优秀党务工作者，17 名社区党组织书记当选省党代表、省人大代表,②，一支能力突出、素质优良、稳定高效的社区工作者干部队伍初步形成。

二　河南城乡社区治理创新的典型案例

在河南省城乡社区治理创新实践中，有些地方因地制宜，先试先行，寻求突破，社区治理创新取得了显著成果，形成了社区治理创新的优秀案例。总结分析这些案例的实践做法、主要特征，提炼创新社区治理的基本经验对全省其他地区的社区治理现代化建设有一定的示范作用。

（一）新乡市红旗区：创新场景拓宽社区治理全新路径

1. 案例介绍

新乡市红旗区位于新乡市的核心区域，是新乡市的政治、文化、金融中心。近年来，面对经济社会转型和城市化进程中产生的社会治理新问题，红旗区坚持以人为本的发展理念，立足“幸福红旗”“首善之区”建设目标，围绕基层治理提质增效推出了一系列创新举措，逐步形成了以高举“一面红旗”、建强“一个平台”、践行“三全服务”、营造“四大场景”为内容的“1134”社区工作法，使社区治理更加精细化、人性化、智慧化。

新乡市红旗区的社区治理创新探索可以概括为“党建+大数据+全科网格”基层治理工作模式，其主要做法有以下四个。一是强化社区党建引领。建强党的组织基础，成立 300 个小区党支部，完善“区—镇（街道）—社

① 《河南民政——“四抓四促”让农村社区治理焕发勃勃生机》，中华人民共和国民政部网站，2023 年 3 月 23 日，https：//www. mca. gov. cn/n152/n166/c41066/content. html。

② 《河南民政——“四抓四促”让农村社区治理焕发勃勃生机》，中华人民共和国民政部网站，2023 年 3 月 23 日，https：//www. mca. gov. cn/n152/n166/c41066/content. html。

区—小区—楼栋”五级组织体系；建立社区“大党委”，吸纳驻区单位、企事业单位党组织成员 139 名，开展党员干部“联包助”活动、机关组织与农村结对活动等，推动治理力量下沉基层，实现资源共建共享最优化。二是构建社区治理智慧模型。运用数字技术搭建公共服务平台，将行政审批、网上申报、政务公开、电子监察、公共服务等政务服务事项整合到一个门户网站上，实现一网通办、一网统管。创设智能服务平台“e 岗通”App，在社区率先试行，整合社区党建、社会救助等十多项职能，提高社区生活智能化水平。三是实行网格“全科管理”。规范网格设置，划分四级综合网格 611 个，专属网格 255 个，依托“e 岗通”智能服务平台，建立“全岗都通、全年无休、全覆盖走访”的“三全服务”制度，推动实现横向到边、纵向到底、全时覆盖、无缝衔接的全方位管理。四是注重社区场景营造。全力打造“幸福餐厅、温馨客厅、学习厅、议事厅”四大场景，满足居民群众居家养老、文化娱乐、交流互动等多样化需求。

2. 案例分析

新乡市红旗区的社区治理创新实践着力在基层自治、创新服务、完善机制上下功夫，通过高举党的领导“一面红旗”建强基层组织堡垒，凝聚社会治理合力；通过技术赋能搭建智慧治理综合平台，推动治理流程优化再造；通过夯实社区网格基础加强社区精细化治理，提升社区治理效力；通过社区场景营造丰富社区公共服务供给，推动自治、法治、德治、智治“四治融合”。红旗区的基层治理创新实践取得了显著成效，全区政治生态风清气正，党员干部担当尽责，营商环境显著进步，社会环境和谐稳定，基层治理进一步优化，人民群众获得感、幸福感、安全感明显增强。这启发我们要按照“党委领导、政府负责、民主协商、社会协同、公众参与、法治保障、科技支撑”的社会治理体系的总部署总要求，持续完善党领导下的基层治理体系，要坚持将党建引领贯彻基层治理全过程、全环节，不断夯实基层治理根基；要结合地区发展实际、坚持问题导向，注重守正创新，不断探索基层治理的新机制、新思路、新方法来破除基层治理难题；要充分发挥党委领导作用、政府主导作用、社会力量协同作用，不断激发群众自治的内生动力，推动大数据与治理深度融合，以德治滋养文明之风，以法治作为根本保障，全力构建共治共建共享的基层治理新格局。

（二）许昌市魏都区：探索构建“红色治理”新模式

1. 案例介绍

魏都区是许昌市的主城区，有700多个老旧小区、无主管庭院，基层治理任务繁重冗杂。2021年以来，魏都区以加强社区党组织建设为突破口，积极开展基层社会治理创新的实践探索，创新实施“党建引领、多方参与、共商共治”红色治理模式，加强“红色旗帜”引领，做深做细“红色服务”，持续完善“红色机制”，不断夯实基层治理基础，推动基层治理效能提升。

魏都区基层治理创新实践的主要做法有以下三个。一是强化党建引领，优化组织设置。调整小区网格划分标准，将原来的1063个庭院划分为270个小区网格。健全以小区党支部为核心，以业委会（院委会或物业管理委员会）和物业服务企业为“两翼”的“一核两翼”基层治理组织架构，完善“区委—街道党工委—社区党总支（党委）—小区党支部—党群中心小组”五级组织体系，推动实现党组织在网格全覆盖。二是健全工作机制，推动自治共治相融合。在城市社区和涉农社区（城中村、棚户区），分别建立“社区红色治理专班长—小区网格长—庭院长—楼栋长—单元长”五级工作体系和“社区红色治理专班长—居民组网格长—片长”三级工作体系，形成上下贯通、执行有力的自治机制。依托党群服务中心和居民议事厅，完善“红色治理”联席会议、周二议事日、党群工作联动等制度机制，畅通居民议事渠道；开展“双报到、双报告、双服务”活动，推动驻区单位与社区小区共驻共建，汇聚社会共治力量。三是丰富社区服务供给，满足居民多样化诉求。发挥居民自治组织、居民公约作用，持续开展“五好”党组织和“五星”小区争创活动，激发居民自治动力；发挥党员干部的先锋模范作用，开展认领“微心愿”“微诉求”等实践活动，推动党员引领群众自治；引入星光志愿服务队、晨曦社会工作服务中心等志愿组织，开展多样化、专业化的便民服务活动，丰富居民精神文化生活。

2. 案例分析

“红色治理”是许昌市魏都区主动适应城市社会群体结构和社会组织架构变化的积极探索，是推进基层治理体系和治理能力现代化建设的一项重要举措。“红色治理”通过坚持党对基层治理的全面领导，以加强基层政权建设和健全基层群众自治制度为着力点，全力开展“一核两翼”建设，建立五级党组织，将党的组织和工作延伸到社区治理的神经末梢；探索“党建+自治”，推行小区网格党支部与自治组织成员双向进入、交叉任职，形成小区网格党支部、业委会、物业服务企业等横向互动、共同参与的自治格局；落实“双报到、双报告、双服务”制度，推动社区、驻区单位、企业、社会组织党组织互联互动、共驻共建、协同治理。通过探索“红色治理”模式，魏都区在完善基层治理机制上开创了新局面，在提升基层治理能力上取得了新突破，在增强基层服务功能上迈上新台阶，在强化基层治理组织保障上取得了新成效。这启示我们，新时期加强和创新城乡社区治理，务必要不断健全完善“党组织统一领导、政府依法履责、各类组织积极协同、群众广泛参与，自治、法治、德治、数治相结合”的基层治理体系，通过健全机制、完善平台、做实服务，激发基层自治活力，增强基层治理动力，凝聚基层治理合力，不断提高群众的归属感、安全感、幸福感和获得感。

（三）南阳新野县：创新“三联多元”诉源治理模式

1. 案例介绍

新野县位于南阳市南部，是国家现代农业示范区、全国粮食生产先进县、全国一二三产业融合发展先导区。近年来，新野县高度重视基层社会矛盾纠纷的化解工作，在总结多年社会治理经验的基础上，创新社会矛盾诉源治理，建立了县、乡（镇或街道）、村（社区）三级联动的社会矛盾纠纷化解机制，形成了自下而上排查上报与自上而下分流调处相结合、诉讼与非诉讼形式相结合，分层递进、有机衔接、协调配套的多元矛盾纠纷化解体系，有力地预防化解了基层矛盾纠纷，维护了基层社会的和谐稳定。

新野县创新基层矛盾纠纷化解机制的主要做法有以下三个。一是依托村（社区）网格和“三理室”加强源头治理。新野县设置基础网格 3406 个，配备网格专干 271 名、专职网格员 3406 名，网格员在日常工作中履行排查整治隐患、化解矛盾纠纷等职责。[①] 对于网格员不能解决的矛盾纠纷，设立农村“三理室”，由主持人、当事人、“明白人”、见证人四类人员组

① 崔志坚：《创新诉源治理，打造多元解纷平台》，《光明日报》2023 年 4 月 8 日。

成，其中，“明白人”由本村阅历深、经验多、威信高的开明人士组成，见证人为矛盾纠纷涉及的基层职能部门工作人员。实现了让群众有地方说理、有“明白人”评理、有基层组织处理，努力将矛盾纠纷化解在基层。二是依托乡级一站式调处平台推动矛盾纠纷化解工作迁移。在乡镇（街道）一级平安建设办公室设立一站式矛盾纠纷调处化解平台，成员由法庭、派出所、司法所、信访办等部门的资深调解员组成，着力解决涉及法律法规的复杂矛盾纠纷，进一步提高矛盾纠纷化解率。三是依托县诉调对接中心织密解纷网络。由县政法委牵头，人民法院主导，联合公安、司法、卫健、民政等12个职能部门在人民法院诉讼服务中心设立诉调对接中心，强化“诉”与“调”的配合衔接。“接到立案申请后，诉调对接中心要进行分析研判。能现场调解的，当即调解；不能调解的，根据纠纷类型和特点，推送给交调委、医调委等专业调解组织，或乡级、村级调处平台。”①

2. 案例分析

近年来，伴随着社会经济结构转型和新型城镇化的快速推进，农村基层社会矛盾纠纷日益增加并且呈复杂化、多样化的趋势。长期以来，农村矛盾纠纷化解主要依靠村民调解委员会，在实践中存在调解主体单一化、调解方式机械化、矛盾调解与处理落实脱节化等现实问题，容易导致矛盾纠纷化解率低、矛盾反弹率高，甚至引发次生矛盾，已成为农村社会治理亟待破解的一个难题。基于此，新野县坚持以人为本、法治思维、依靠基层，建立了源头治理、依法治理、多元治理的矛盾化解机制，构建了农村矛盾化解“自治+德治+法治”的新格局。这一模式能够成功有三个方面的原因。一是以信息化应用赋能三级调处平台。依托基层网格化管理平台，以村“三理室”、乡一站式调处平台、县诉调对接中心为载体，构建三级联动、上下贯通的矛盾纠纷化解机制，实现了矛盾纠纷化解的常态化、便捷化、长效化。二是以专业化服务导引分工协作。以调解主体的多元化为基础，联动法院、公安、信访等多个职能部门，整合优化调解资源，打造了以“三理室”“明白人”、人民调解员、司法工作人员为主要力量的立体化、专业化调解队伍，为做好矛盾纠纷化解工作提供了重要保障。三是以闭环化管理增强化解质效。通过全科网格员积极开展矛盾纠纷排查，确保矛盾

① 崔志坚：《创新诉源治理，打造多元解纷平台》，《光明日报》2023年4月8日。

纠纷发现在早、化解在小；通过设立乡一站式调处平台解决矛盾纠纷的“疑难杂症”，尽力将矛盾化解在诉前；通过建立县诉调对接中心，充分尊重群众到人民法院解决纠纷的意愿，为群众诉前调解提供更多选择，形成了“源头预防—多元化解—关口把控”为核心的分层递进式矛盾化解体系。总的来说，新野县建立的矛盾纠纷多元化解机制，充分尊重农村群众崇尚法治、追求公平、向往和睦的朴实意愿，努力实现法、理、情的有机交融，坚持调解主体多元化、化解方式社会化、调处程序便捷化，有力地推动了农村基层治理法治化、社会化、智慧化进程。

（四）洛阳市孟津县：构建“1+3+1”乡村治理体系

1. 案例介绍

2019 年以来，为了贯彻落实乡村振兴战略，努力打赢脱贫攻坚战，孟津县着眼于乡村治理能力建设，探索构建了党建引领、“三治”并进、服务进村的“1+3+1”乡村治理体系，调动和激发了乡村治理活力，促进了乡村治理水平的提升。一是以党支部建设为核心夯实组织基础。开展基层组织生活专项治理、“五星”党支部创建活动，规范组织生活方式，建立健全党员领导干部基层党建联系点制度、农村党员积分管理和红线管理制度，整顿软弱涣散党组织，调动党员的积极性和主动性，切实增强基层党组织的号召力、凝聚力、战斗力。二是以民主议事为抓手加强村民自治。严格落实“四议两公开”工作法和“一事一议”制度，建立和完善“一约四会”，坚持“群众事、群众定”，促进民主决策、民主管理水平的提高。三是以机制创新为重点维护社会稳定。扎实开展“一村一顾问”工作、矛盾纠纷调处工作、黑恶势力打击工作，提升农村法治化水平，增强矛盾纠纷预防化解能力。四是以家风传承为关键弘扬传统文化。加强县、镇、村三级新时代文明实践场所建设，加快家风家训阵地建设，发扬优秀的村风民风，营造良好的社会风尚。五是以品牌带动为支撑优化服务质量。完善便民服务基础设施建设，建立健全“1+N”党员联户制度、党员为民服务代办制度、民意调查和反馈制度，构建了“有困难找党员、要服务找支部”服务体系。

2. 案例分析

孟津县的“1+3+1”乡村治理体系聚焦现阶段乡村治理短板，坚持党建引领，扎实开展服务工作，促进乡村自治、德治、法治“三治融合”，是乡村振兴战略下加强基层社会治理体系和治理能力建设的生动实践，对新时期提高乡村治理现代化水平有重要的启示意义。一是要坚持党建引领，优化乡村治理结构。基层党建是社会治理体系的统领和核心，要推动基层党组织规范化建设，搭建搭好载体平台，将党建与乡村治理紧密结合，在强化党建引领中发挥好村民的主体作用和其他治理主体的协同作用，努力构建“一核多元”的乡村治理结构。二是推动“三治融合”，完善乡村治理体系。要协调好自治、法治与德治的关系，以自治为基础，以法治为保障、以德治为支撑推进乡村治理体系的完善。要尊重群众的主体地位，调动村民参与公共事务的主动性和积极性，扩大基层民主；要树立法治观念，强化法律在维护村民权益、化解矛盾纠纷、生态环境整治方面的权威地位，切实提高基层执法水平；要注重以德治村，完善乡村民约、发扬乡贤文化，营造向上向善的乡村文化氛围。三是要健全服务机制，增强群众幸福感、获得感。做实做好服务工作、促进乡村公共服务均等化是完善乡村治理体系的重要内容。要不断加强乡村基础服务设施建设，丰富服务内容和方式，调动党员干部和群众志愿者为民服务的热情和活力，在提升服务水平中增强群众的认同感和满意度。

（五）焦作市武陟县：推行“五创三治”乡村治理模式

1. 案例介绍

2019 年以来，武陟县把加强和创新乡村社区治理摆在突出位置，在全县 347 个行政村开展以创建“支部建设、党风廉政、平安法治、乡风文明、美丽宜居”五类示范村为载体，以实现自治、法治、德治“三治融合”为目标的创新实践，探索出了一条“党建引领、支部推动、群众参与、共建共享”的基层治理新路径，其主要做法有以下三个。一是健全工作机制。出台了《关于在全县农村推行“五创三治”工作体系的实施意见》，每类示范村都明确了 10 项创建任务和考评标准。各村将老人代表协会、红白理事会、文艺团体等群众组织充分融合，成立由村“两委”干部、67~79 岁健康老人和群众代表参加的五个“三治”协商小组，建立了“人人有分工、事事有人管、遇事就协商、一月一研判”的工作机制。二是加强财政资金支持。县里每季度由乡村党组织开展一次示范村创建评定，县财政按全县 67~79 岁老人每人每年补助 200 元的标准列入专项预算。每成功创建一类示范村，为该村 67~79 岁老人每人奖励 10 元，单类示范村创建中有取消或问题影响情形的，相应扣减奖补资金。[①] 三是重点激发老年村民的主观能动性。利用留守在家的乡贤老人阅历丰富、威望高、了解村情、号召力强的优势特点，搭建老人参与村级事务管理、事务监督的平台，让老人带动家人、带动群众，形成村民广泛参与村务治理的良好氛围。自“五创三治”模式实施以来，武陟县全县党员群众已加入村五个“三治”协商组的达 15522 人，农村老人参与村务监督的有 48779 人。[②] 群众自治活力充分被调动起来，推动了乡村社区良性运行和有序治理。

2. 案例分析

武陟县的“五创三治”模式从当前农村“空心化”“老龄化”的现实背景出发，紧紧抓住“群众参与”这个主线，通过五类示范村创建活动，推动了乡村自治、德治、法治融合发展，实现了乡村党建、乡村经济、乡村治理、乡村生态全面发展。这从两个方面启示了我们：一是要坚持党建引领乡村治理，武陟县将党建引领贯彻“五创三治”整个过程和每个环节，在建章立制、协商治理、群众参与方面充分发挥党组织的领导作用和党员的先锋模范作用，不仅建强了党组织，还密切了党员与群众的关系，为开展乡村治理工作奠定了良好的组织基础；二是要充分激发群众参与的内生动力，“五创三治”模式将示范村创建与老人领取奖补挂钩，并赋予老人村务监督权，通过物质奖励和精神激励双管齐下，极大地激发了老年群体参与乡村治理的积极性，增强了荣誉感和责任感，推动老年群体带动其他群体共同参与乡村治理，实现民事民管、民事民办的乡村治理新局面。

第四节 河南实施城乡社区治理现代化建设的基本经验

回顾党的十八大以来河南省城乡社区的发展变迁，以及多年来城乡社区治理现代化建设取得的一系列重要成果，可以看出，新形势下加强和创

① 《群众的事情群众作主，武陟县乡村治理的“五创三治”探索》，《河南日报》2020 年 7 月 27 日。

② 《河南武陟“五创三治”：让乡村治理更有“温度”》，央广网，2020 年 7 月 6 日，http://hn.cnr.cn/hngd/20200726/t20200726_525181547.shtml。

新城乡社区治理，务必要顺应社会治理理念的变化，加强对社会治理规律性的认识，对城乡社区治理的实践做法进行总结、归纳、提炼，形成可复制、可推广的基层治理经验，进而推动城乡社区治理现代化建设向纵深发展。

一 坚持党建引领是加强和创新城乡社区治理的根本核心

坚持党的领导是中国特色社会治理体系最鲜明的特征，也是新时期加强和创新城乡社区治理，巩固党的执政基础的必然选择。在基层党组织统一领导下，推进党支部管理区域化、党小组活动常态化、党员联系群众普遍化，是加强和改进社区工作，推进社会治理创新的根本保证。从河南省的地方实践可以看出，基层党建水平与社会治理水平存在正相关的关系，即基层党建做得越好，引领功能越强，社区治理越有效。在中国，除了党组织之外没有任何社会力量能够在基层达到这样的引领和整合作用，这既是我国社区建设最基本的经验，也是河南推动社区建设的一条最根本的经验。因此，我们要把坚持党组织领导作为贯穿基层社会治理的一条红线，充分发挥基层党组织在政治、组织、服务方面的引领作用，增强基层党组织的政治领导力、社会号召力、组织战斗力，以党建引领各治理主体协同共治，激活社区居民自治的巨大能量，实现基层党建与社区治理同频共振、同向发力。

二 坚持多元协同是加强和创新城乡社区治理的主要手段

社区治理工作琐碎繁杂，仅仅依靠党组织和政府并不能形成强大的力量支撑。只有建立党委政府领导、民政牵头、相关部门配合、社会参与的运行机制，才能形成多元主体协同共治的工作格局，才能确保实现资源最优化和效益最大化。一是注重发挥基层群众性自治组织基础作用。社区自治是城乡社区治理的制度内核。社区居委会、村委会作为群众性自治组织，承担着维持社区秩序、提高社区居民生活质量的重要职责。要深入推进基层群众性自治组织规范化建设，不断完善基层民主的制度体系等，推动自治、德治、法治“三治融合”。二是统筹发挥社会力量协同作用。社会组织、驻区单位、驻区企业都是社区治理现代化不可或缺的重要力量，要积极引导和鼓励社会组织、驻区单位、企业参与社区治理，发挥社会力量在资源、资金方面的优势作用，推动社区事务的民主化和多元化发展。三是积极发挥居民群众主体作用。要积极调动居民群众的主动性和创造性，发掘积蓄在群众中的力量，让群众自觉地融入社区，参与社区的文体娱乐活动，支持社区的生态环境建设，维护社区的安全稳定，提高居民群众的“主人翁”意识。要扩大基层民主，健全意见和诉求表达机制，搭好用活载体平台，促进居民群众在社区决策、社区事务方面深度参与，实现民事民议、民事民管、民事民办，让居民在社区参与中增强对社区的责任感和认同感，把社区建设成为广大群众和谐美好的生活家园。

三 坚持以人为本是加强和创新城乡社区治理的出发点和落脚点

社会治理归根结底是对人的服务和管理。一切社会治理工作都是为广大群众谋利益的工作，一切社会治理的过程都是做群众工作的过程。因此，加强和创新城乡社区治理必须秉持“以人为本”的理念，将满足居民所需所盼，改善和保障民生作为社区治理的终极目标，最大限度地解决好居民群众最关切的利益问题，提高居民群众对社区的满意度和幸福指数。要深入社区、深入群众体察民情民意，依托网格化管理手段精准掌握群众利益诉求，围绕广大人民群众普遍关心的就业难、看病难、停车难等问题列出民生问题责任清单，推动城市治理的重心和配套资源向社区下沉，集中力量解决居民关心事、操心事和烦心事；要重视群众的自主力量，扶持发展居民带头人、社区内生组织、居民志愿者队伍，综合运用居民代表会、居民议事会、社区恳谈会等形式，组织群众说事议事主事，推动民事民提、民事民议、民事民办、民事民管；要推进政府基本公共服务向城乡社区均等覆盖，运用信息化手段搭建社区服务与治理于一体的综合服务平台，为群众提供更为方便、优质、快捷的“一站式服务”，使居民群众在接受服务中切实感受到权益得到保障、民生得到改善，秩序安全有序、心情更加舒畅。

四 健全治理机制是加强和创新城乡社区治理的关键环节

面对当前社会经济结构的深刻调整以及城乡社区发展环境的变化，社区治理体制机制也亟待改革突破。要顺应数字化、社会化、多元化的社会发展形势，深入推进社区治理体制机制创新改革，不断打破传统社会管理体制的桎梏，构建形成科学有效、共治共建共享的社区治理新格局。要推动社区减负增效，深入推进政府职能转变，厘清社区工作职责范围，严格社区工作事项准入，推动街道一级向社区下放事权财权，强化社区自治和服务功能。要完善社区治理结构，形成以社区党组织为核心，以社区自治组织为主体，以社区专业性服务机构为依托，社区群团组织、社会组织和驻社区单位密切配合，社区居民广泛参与的新型社区治理体系，引导社区多元主体在加强和创新社会治理中发挥积极作用；要完善社区自治机制，深化社区居民自治实践，充分发挥居民会议、居民委员会、居民小组在社区管理中的主体作用，切实保障基层群众的知情权、参与权、决策权、监督权，进一步夯实社会治理基础。

五　完善服务体系是加强和创新城乡社区治理的重要内容

社区服务体系是指以城乡社区为基本单元，以各类社区服务设施为依托，以社区全体居民、驻社区单位为对象，以公共服务、志愿互助服务、便民利民服务为主要内容，以满足社区居民生产生活需求、提高社区居民生活质量为目标，党政引导支持、社会多方力量参与的服务网络及运行机制。完善社区服务体系不仅是加强和创新城乡社区治理的重要内容，也是保障和改善民生、维护社区和谐稳定的前提和保障。服务就是最好的治理，提高治理水平的过程本质也是提高服务水平的过程。要把完善服务体系作为加强和创新城乡社区治理的重要内容，寓管理于服务之中，聚焦群众最关注、最迫切的需求，着力破解社区治理中的难点、堵点、痛点，让社区居民切实感受到权益受到维护、需求得到满足，从而自觉接受管理、主动配合管理、积极参与管理。要促进政府公共服务、居民志愿互助服务、商业性便民服务向社区延伸，逐步建立面向全体社区居民，主体多元、设施配套、功能完善、队伍健全、机制合理的城乡社区服务体系；要推动社区服务的数字化转型，建立社区资源聚合的数据共享平台，推动城乡社区服务与居民多样化服务需求精准对接；要注重提高社区服务的针对性和实效性，注意掌握社区老年人、流动人口、残疾人、社区矫正人员等特殊人群的利益诉求，帮助他们提高生活质量和实现社会融入。

六　强化队伍建设是加强和创新城乡社区治理的基本保障

社区工作者身处城市基层改革、发展、稳定的第一线，直接面向社会、面向社区、面对群众，是推进社区各项事业和基层党的建设的重要力量。近年来，随着政府职能的转变，社会治理重心的下移，群众需求的多元化发展，城乡社区治理面临许多新问题、新挑战，对社区工作者的政策执行能力、组织策划能力、沟通写作能力、专业服务能力都提出了较高的要求。建设专业化、职业化的社区工作者队伍是新形势下加强和创新城乡社区治理的现实诉求，也是推进城乡社区现代化建设的重要保障。要加强对社区工作者的统筹管理，以县（区）为单位合理配置社区工作者数量，健全以公务员选拔、社会招聘为主渠道的社区工作者准入机制，支持交叉任职，宜兼则兼，确保社区工作者规模适度、结构合理、充满活力；要按照专业化、职业化要求选优配齐社区工作者，制订社区工作者培训计划，开展经常性、专业性教育培训活动，鼓励社区工作者考取社会工作者职业资格证书，逐步扩大社会工作师和助理社会工作师在社区工作人员中的比例，提高社区工作者的专业素养和综合能力；要完善社区工作者的薪酬保障体系，稳步提高社区工作者的待遇水平，落实更加行之有效的激励措施，依法保障社区工作者的合法权益；要打通优秀社区工作者向公务员、事业编制人员晋升的发展通道，探索对深耕基层的社区工作者给予特殊补贴，激发社区工作者归属感与职业荣誉感。

七　城乡统筹是加强和创新城乡社区治理的必由之路

城乡统筹是一种综合性的发展理念，旨在促进城市和农村的协调发展，实现城乡一体化。城乡统筹不仅关乎亿万农民的福祉、关乎社会的和谐安定，也关系到国家的长治久安。在我国城乡二元分割体制的影响下，城乡发展不平衡问题将持续存在，推动城乡统筹是一项长期而复杂的任务，积极开展农村社区建设创建活动，在城市郊区、经济较发达地区、已经城镇化的村和外来人口多的村，逐步实现社区化管理，把城市社区的基础设施、公共服务和管理经验向农村社区延伸，是实现城乡社区统筹发展的必然要求。要加强城乡资源的合理配置和优化布局，重点改善农村基础设施，提高农村公共服务水平，推动城乡基本公共服务均等化；要注重城乡社区之间的交流和互动，建立城乡社区间的合作机制和交流平台，促进城乡之间技术、资金、服务、人力资源等要素的合理流动，实现城市和农村的优势互补，促进城乡共同发展；要加强对城乡社区治理的政策支持和法制保障。

建立健全城乡社区治理的法律法规，鼓励和支持社区组织、市场组织和居民参与社区事务的决策和管理，保障社区自治和居民的合法权益。

第五节 新时代建设以人民为中心的城乡社区治理体系的河南路径

当前，河南省处于全面推进中国特色社会主义现代化建设的关键时期，在社会治理重心持续下移、基层社会结构发生深刻变化的新形势下，城乡社区在社会建设和党的组织建设中的基础性作用更加凸显，承担的社会服务和管理任务更加繁重，维护社会和谐稳定的功能更加突出。新时代加强城乡社区现代化建设，要坚持以人民为中心，以建设幸福美好家园为根本目标，以体制机制改革创新为突破口，不断完善城乡社区治理体系，充分调动基层党组织、基层政府、社区、社会组织、居民群众等多元主体力量，构建形成共建共治共享的城乡社区治理共同体。

一 把握根本，进一步发挥基层党组织的领导核心作用

中国共产党是社会主义事业的领导核心，加强和创新城乡社区治理是党在新时期领导的社会建设事业的重要组成部分。加强和改进基层党组织的领导，健全以社区党组织为核心的社区组织体系，强化党组织自身建设，充分发挥党员的先锋模范作用，是推进城乡社区现代化建设强有力的政治保障。

（一）始终坚持党组织在社区治理中的领导地位

在社会治理体制改革创新的背景下，党建引领社区治理不仅是新时期社区治理和基层秩序构建的重要依托，也是巩固党的执政地位、完善党在基层执政方式的现实需要。要紧紧围绕基层党组织这一领导核心，强化党组织的统筹功能，把握社区发展的正确方向，确保社区重大事务决策的科学性、合理性；强化党组织的自我服务功能，引导社区自治组织发挥作用，动员社区居民参与社区治理；强化党组织的民生服务功能，抓住服务群众这个重点，寓领导与管理于服务中，努力提高社区服务质量和水平；强化党组织的文化导向功能，通过各种途径宣传党的基本理论、路线、方针和

政策，使广大居民群众形成对党的基本理论、路线、方针和重大政策的理解和认同，培育居民主体意识，弘扬良好的社区道德风尚，增强社区建设的凝聚力。

（二）加强社区党组织自身建设，以党建带动社区建设

充分发挥党组织在社区建设中的领导核心作用，推动城乡社区有效治理，关键在加强党组织自身的建设，不断增强社区党组织的战斗力、感召力、凝聚力。一是创新党组织设置方式，推动基层党组织全覆盖。社区党建要顺应形势发展需要，积极调整基层党组织的设置，努力探索新的组织生长空间和新的组织架构，推动党组织向小区楼院、村民小组、"两新"组织等治理"微"单位延伸，实现党组织的全覆盖。二是健全区域党组织联动机制。完善基层党建的运行体系，推进"区（县）—街道（乡镇）—社区（村）"三级党组织联建联动，深化推广"社区大党委"工作机制，建立健全党建联席会议、党建共建会议，促进社区党建、单位党建、行业党建互动、互联、互通。三是加强党员干部能力建设。上级党组织要选拔推荐党性觉悟高、工作能力强的优秀党员干部担任社区党委领导班子。加强社区党员干部教育管理，持续强化党员干部的政治意识、身份意识、服务意识，增强责任感和使命感，让党员干部成为社区治理体制改革的"先驱者"，带领群众开展社区治理创新探索的"领头羊"，团结群众、服务群众的"贴心人"。

二　转变职能，进一步发挥政府在社区治理中的主导作用

长期以来，我国的社区建设是由政府发起到政府主导的过程，尽管随着市场和社会力量兴起，政府不再是统管一切的单一力量，但在提供基本保障、培育社会力量方面，政府依然是市场和社会无法取代的角色。要加快建设服务型政府，以政府职能转变为突破口，推动政府在政策引导、服务供给、资金管理、监督管理方面发挥更重要的作用。

（一）以职能转变推动城乡社区减负增效

一方面，要深化"放管服"改革，厘清政府行政事务、政府委托事务与社区自治事务的边界，实现由政府主导向引导、疏导的转变，由行政命

令向协调、沟通的转变，政府指令向购买服务的转变，最终实现由全能政府向有限政府、服务政府平稳过渡。另一方面，进一步明确各级政府在社区治理领域的主要职责，即为社区发展提供政策支持、财政支持、工作支持，帮助社区加强组织建设、制度建设和能力建设，不断提高社区主体自我管理、自我教育、自我服务的能力。

（二）以政策法规保障城乡社区建设

制定完善政策法规是政府在社区治理中发挥主导作用的重要体现。加强城乡社区治理的制度体系建设，制定配套的行政法规、行政规章，确保社区治理有法可依，为推动社区可持续发展提供有力的法律和政策保障。一是要细化推动政府公共服务覆盖到城乡社区的政策，让人民群众享受到基本的公共服务，让各级政府的惠民利民政策真正落实到社区，落实到群众。二是要完善有利于发挥市场机制、共建机制、志愿机制作用的政策，使政府从过去包揽一切事务的状态中解脱出来，为社会组织参与社区管理和服务拓展更大的空间。三是要制定和完善向城市老旧小区、村改居社区、新型农村社区、贫困地区等倾斜的政策，促进城乡社区平衡发展。

（三）以加大投入支撑城乡社区建设

面对当前城乡社区发展的资金“瓶颈”，应建立以基层政府财政投入为主，相关部门筹集为辅，居民和社会力量自愿捐助为补充的多渠道融资机制，为社区发展提供可持续的规范的资金来源。一是健全社区经费保障机制。依据“权随责走、费随事转”工作原则，严格推行社区公共服务准入制度，属于基层政府及职能部门职能范围的事项，不得转嫁给社区居委会承担；依法需要社区居委会协助的事项，基层政府应为其提供必要的经费和工作条件。二是加强社区资金的使用效率。基层政府要加大对社区治理、社区建设方面的支持力度，统筹使用各级各部门投入城乡社区的各类资金，建立社区经费的合理增长机制，不断提高社区运转经费的补助标准，发挥财政基金的最大效益。三是拓宽社区治理资金的筹集渠道。可通过招商引资、慈善捐助、设立社区基金会等方式，鼓励和支持企事业单位、社会团体和居民个人投资建设社区和参与社区文化、商业等配套服务，充分利用社会资源，加大社区建设的开发力度。

三　完善机制，进一步发挥社区治理的基础平台作用

长期以来，以社区居委会、村委会为代表的群众性自治组织是城乡社区治理的基础主体，承担着开展民主自治建设、提供公共服务、维护社区秩序等重要职能。要进一步强化群众性自治组织的职能作用，健全社区自治机制、完善社区共治机制，推动社区自治与共治融合发展。

（一）完善城乡社区自治机制

社区居民自治是加强和创新社区治理的基础，也是推动实现政府行政管理和居民自我管理有效衔接和良性互动的必然要求。要深化基层民主建设，不断健全和完善党组织领导下的群众性自治机制，创新居民议事厅、社区恳谈会等居民自治的实践形式，切实提高社区居民对事关社区发展的重要决策、重要事项的知晓度和参与度。要推动基层政府职能转变向纵深开展，通过深化“放管服”改革和运用数字技术手段，助推政府管理结构向扁平化发展，进一步优化整合管理资源，降低管理运行成本，推动人力下沉、物力下放、财力下投，给予城乡社区自治更多的自主权。

（二）健全城乡社区多元协同共治机制

建立健全以社区党组织为核心，以社区自治组织为主体，以社区专业性服务机构为依托，社区群团组织、社会组织和驻社区单位密切配合，社区居民广泛参与的“一核多元协同共治”新型社区治理体系。强化社区党组织的领导作用和党员先锋模范作用，示范带动社区建设发展；加强社区自治组织建设，在协调社区内部事务，保障居民民主权利，参与社区决策和管理方面承担职责；推动社区群团组织、社会组织、自治组织与党组织紧密配合，共同开展社区服务活动、解决社区矛盾问题；加强驻社区单位的参与，为社区提供资源支持、专业技术、社会服务等方面的帮助，促进社区治理的协同发展；鼓励社区居民广泛参与社区治理，激发他们的自治意识和主人翁精神。

四　深化服务，进一步发挥社区利民惠民基石作用

加强社区服务体系建设、促进社区服务水平提升既是满足社区居民美

好生活需要的必要途径，也是现阶段社区治理创新的重要着力点。要加快推进社区服务体系建设，推动社区服务设施更新升级，完善社区服务功能，拓宽社区服务范围，提升社区服务质量，打通社区治理的“最后一公里”，让社区成为群众享受美好生活的温馨港湾。

（一）健全政府购买服务机制，增加社区服务供给方式

一是进一步完善政府购买服务的政策体系，合理制定政府购买服务目录，对于需求较大的社区养老、助残、低保等服务项目适当增加购买比例，规范政府购买的采购流程，健全政府购买的竞争机制、监督机制、评价机制等，引导市场主体、社会力量参与购买政府服务，推动社区公共服务供给主体的多元化。二是建立健全社区、社会组织、社会工作“三社联动”机制，大力支持慈善公益机构、社会工作服务机构承接政府购买的社区服务岗位或服务项目，并派遣专业社会工作者入驻社区开展专业服务，促进社区服务的专业化、常态化。

（二）丰富社区服务内容，满足群众多元化诉求

进一步加强社区服务载体建设，依托社区工作站、党群服务中心或社会服务机构开展丰富多彩的社区服务活动。一方面，要面向全体居民广泛开展劳动就业、医疗卫生、社会保障、计划生育、社会治安、矛盾调解、政策宣传、文体教育等社区服务；另一方面，要围绕老年人、残疾人、未成年人、低保对象、优抚对象等特殊群体的需求，开展居家养老、济贫扶弱、心理援助、法律救济等服务活动。要坚持普惠性、针对性相结合，不断优化社区服务内容、创新社区服务形式，推动社区公共服务的广覆盖。

（三）搭建智慧服务平台，提高服务精准化水平

一是加强社区信息化建设，充分应用互联网、大数据、云计算等信息技术，搭建社区公共信息服务平台或打造微信小程序、智能社区 App 等移动终端，推动社区服务信息平台与上级综合服务平台互联互通，实现基层党建、政府管理、社区治理、社会资源“多网融合”。二是完善社区治理的数据库建设，建立居民家庭、社会组织、驻区单位、社区活动，特别是社区困难群体、特殊群体的电子档案，加强社区服务人群、服务机构、服务

对象等信息的数字化管理，为社区无缝隙的管理服务提供支撑。三是通过社区大数据信息的收集、管理、应用、共享，促进社区各治理主体的交流互动、协同合作，精准对接居民的服务需求，为居民群众提供个性化、定制化服务，提高社区服务的科学化、智慧化水平。

五 培育组织，进一步发挥社区社会组织的协同作用

社会事业开放的重要标志是主体的多元化，而主体多元化的标志是社会组织的兴起。在社会深度转型期，公共服务的政府单一供给机制已经难以为继，而社会组织具有的凝聚人心、反映诉求、专业服务等优势已成为政府治理的重要补充力量。应大力扶持发展社区服务性、公益性、互助性社会组织，逐步构建政府服务机制同社会服务机制互联、政府服务功能同社会服务功能互补、政府力量同社会力量互动的公共服务供给网络，不断满足居民群众多元化、专业化、个性化的服务需求。

（一）加强社会组织制度建设和政策支持

一方面，加强社会组织的制度建设。制定和完善社会组织相关的法律法规和制度体系，通过立法明确社会组织的权益、义务和社会责任，通过制度规范社会组织的机构设置、组织章程、业务流程，为社会组织提供更加稳定和可靠的发展环境。另一方面，政府应逐步取消对社会组织进入社区的政策性障碍，为社会组织提供便利的注册、申报和运营条件，降低社会组织的办事成本。还可以从财政、税收、准入登记等方面对其提供政策及资金上的支持，鼓励其获得在社区内开展活动的持续资源，实现政府、社区、居民与社会组织的良性互动与良好合作。

（二）加强社会组织自身能力建设

一是加强社会组织党建工作。努力扩大社会组织的党组织覆盖面，探索社会组织属地化、区域化管理新模式，将党的建设融入社会组织登记、管理、运营、评估全过程，以党建引领确保社会组织沿正确的方向发展。二是加强社会组织专业能力建设。政府可以组织开展培训班、研讨会等活动，为社会组织管理和服务人员提供专业的培训指导，帮助社会组织提升管理水平和服务能力。此外，也可以搭建社会组织之间的合作交流平台，

促进社会组织之间的互动、学习和共同成长。同时，鼓励社会组织与高校、专业机构等建立合作关系，共同开展研究和服务项目，提升社会组织的专业性和创新性。三是深入开展社会实践活动。社会组织要利用自身优势在社区内广泛开展养老、托育、助残、救助、文体等实践活动，在实践中创新服务内容，提高服务质量，努力打造自身特色品牌项目，提高社会组织的美誉力和社会影响力。

（三）优化社会组织参与社区治理机制

为了更好地发挥社区社会组织的协同作用，需要优化社会组织参与社区治理的机制，推动社会组织对城乡社区的深度融入和作用发挥。一是建立社会组织参与社区决策机制，设立社会组织代表参与社区居民委员会或居民代表会议的议事程序，让社会组织代表能够参与重要决策的制定和执行。二是建立社会组织与政府部门的沟通机制，加强双方的沟通协调频率和效率，引导社会组织积极参与社区公共服务供给，通过政府购买、项目委托等形式承接政府转移的服务职能，在推进社区自治、组织文体娱乐、开展志愿服务、化解社会矛盾方面发挥有效作用。

六　夯实基础，进一步发挥社区工作者队伍的支撑作用

社区工作者是城乡社区治理中的中坚力量，在促进社区和谐稳定、提升居民生活质量等方面发挥着越来越重要的作用。新时期，要妥善解决当前社会工作队伍面临的责重权轻、待遇不高、稳定性差等问题，务必将社区工作者队伍建设作为完善城乡社区治理体系的重要内容，着力强队伍、提素质、重关怀，不断提升社区工作者队伍的专业化、职业化水平，为更好地为广大群众服务，推进城乡社区治理现代化建设提供坚实保障。

（一）加强社区工作者队伍的组织管理

一是优化队伍结构。根据社区需求，合理配置社区工作者的人员数量和专业结构。建立健全择优选拔机制，推行从社区居委会成员直接选拔德才兼备、能力突出的人才进入“两委”班子。拓宽社区工作者选聘渠道，坚持社会招聘和定向招聘相结合，加大对年轻社区工作者的选拔力度，持续充实社区治理的骨干力量。

二是加强队伍管理。完善绩效评估机制，加强对社区工作者的管理和监督，引导社区工作者规范行为，提高社区工作者的工作质量和效率。

（二）加强社区工作者的培训与专业化建设

一是健全职业培训体系。为专职社区工作者制订年度培训计划，采取岗位培训、专业培训相结合的方式，涵盖理论知识、实践技能和职业道德等多方面内容，助力提升社区工作者综合能力，包括沟通合作能力、组织协调能力、解决问题的能力等，以适应复杂多变的社区工作环境。二是支持社区工作者参与继续教育。加强与高校、专业服务机构交流合作，鼓励社区工作者通过继续教育提升学历层次、增强专业技能、获取职业资格证书，不断提升社区工作者的学识水平和综合素养。

（三）健全社区工作者待遇保障机制和激励机制

一是合理调整薪酬待遇。参考事业单位薪酬体系，建立社区工作岗位与等级相结合的职业管理体系，根据工作量、贡献、职称等指标体系，合理调整薪酬结构，稳步提高待遇水平，确保社区工作者队伍的稳定性。二是完善激励措施。建立先进典型评选机制，对做出突出贡献的优秀社区工作者加大表彰力度，增强社区工作者的职业荣誉感和归属感。落实社会保险、免费体检、意外伤害等关怀措施，推动基层减负措施落实落地，为社区工作者队伍减轻工作负担和后顾之忧，调动和激发社区工作者干事创业的热情。三是拓宽职业发展通道。加大从社区工作者队伍中选聘公务员、事业单位管理人员的力度，积极推进优秀的社区工作者担任党代表、人大代表、政协委员等，为社区工作者成长成才提供广阔的空间和舞台。

第三章　创新社会组织治理

以社会团体、基金会和社会服务机构为主体组成的社会组织，是我国社会主义现代化建设的重要力量，是党和政府联系人民群众的桥梁和纽带，是国家治理体系和治理能力现代化的有机组成部分。党的十八大以来，河南省委、省政府及相关职能部门认真贯彻落实党中央关于社会组织建设的决策部署，积极开展社会组织改革，创新探索社会组织治理体系，奋力推进社会组织高质量发展，积极引导社会组织发挥服务国家、服务社会、服务群众、服务行业的积极作用，走出了一条具有河南特色的社会组织发展之路。

第一节　创新社会组织治理体系建设的重大意义

从党的十八大开始，中国特色社会主义进入了新时代，河南省的各项工作包括社会组织领域也站在了新的历史起点上。创新社会组织治理体系建设，既是河南响应时代变化要求做出的实践探索，也是河南谋划社会组织高质量发展的理性考量，还是河南为了本省经济社会发展做出的部署安排，对于建设社会主义现代化国家、落实以人民为中心的发展思想、提升社会治理能力现代化、参与国际交流合作具有重大意义，是谱写新时代中原更加出彩绚丽篇章不可或缺的一部分。

一　全面建设社会主义现代化国家的战略需求

党的二十大报告指出，从现在起，中国共产党的中心任务就是团结带领全国各族人民全面建成社会主义现代化强国、实现第二个百年奋斗目标，以中国式现代化全面推进中华民族伟大复兴。[①] 全面建设社会主义现代化国家，是一项系统工程，涵盖经济、政治、文化、社会、生态文明等各个方面。创新社会组织治理体系建设、推动社会组织高质量发展，对于推进经济、政治、文化、社会、生态文明等领域的高质量发展具有重要意义。

在经济建设方面，社会组织的推动力量不可小视。例如，行业协会商会类社会组织，作为我国社会主义市场经济体系不可或缺的重要组成部分，在国家经济建设中的作用和影响日益彰显。主要体现在行业协会商会在国家经济管理中的角色不可缺失，并且具备专业、信息、人才、机制等方面的优势，对服务经济发展的作用不可替代，助推经济发展的作用不断彰显。在政治建设方面，全过程人民民主是社会主义民主政治的本质属性，协商民主是实践全过程人民民主的重要形式，社会组织协商是协商民主的重要内容。社会组织作为协商主体参与公共事务和决策，可以代表民意，反映群众诉求，促进政治协商。在文化建设方面，社会组织是促进文化发展的重要力量之一。在现有的社会组织中，有相当一部分社会组织是文化类社会组织，不仅提供了多元化公共文化服务产品，满足人民群众的精神文化需求，还激发了全社会的文化创造活力，推动社会各界产出更多优异文艺作品，推动实现文化大发展大繁荣。在社会发展方面，社会组织的能量相当突出。目前，社会组织已分布在教育、科技、文化、卫生、体育等各个领域，满足了人民群众的全方位需求，有力地促进了和谐社会建设。同时，社会组织在相关部门的引导下积极参与脱贫攻坚、乡村振兴，自觉主动投身于公益事业，关心帮助困难群体，有效推动了社会发展。在生态文明建设方面，社会组织的作用十分显著。目前，我国环保类社会组织数量繁多，他们或者推动生态环境高水平保护，或者做好生态知识的普及工作，或者加强生态文化的推广宣传，或者选择其中的两三项同时进行，有力地促进了生态环境治理。

二 坚持以人民为中心发展思想的应有之义

习近平总书记曾经多次提出坚持以人民为中心的发展思想，“人民对美

---

① 《高举中国特色社会主义伟大旗帜 为全面建设社会主义现代化国家而团结奋斗：在中国共产党第二十次全国代表大会上的报告》，《人民日报》2022 年 10 月 26 日。

好生活的向往，就是我们的奋斗目标”。中国共产党是为民造福的政党，其性质是中国工人阶级的先锋队，同时是中国人民和中华民族的先锋队，宗旨是全心全意为人民服务，初心使命是为中国人民谋幸福、为中华民族谋复兴。创新社会组织治理体系建设、推动社会组织高质量发展，体现了党的性质宗旨与初心使命，是增进民生福祉、满足人民对美好生活的向往的重要途径之一。

社会组织种类繁多，在不同的领域发挥着为民造福的作用。在教育领域，民办教育机构的产生与经营可以有效弥补公办教育的不足，满足人民群众接受文化教育、职业技能教育的需求，提升学生的知识素养与能力水平。在体育领域，体育社会组织可以通过组织人民群众开展丰富多样的体育活动、健身活动，满足人民群众的日常运动健身需求，丰富人民群众的业余生活，提升人民群众的身体素质。在健康领域，民营医疗机构可以改善医疗健康服务水平，提供优质的医疗服务，满足部分群体的就医需求，保障人民群众的身体健康。在公益领域，社会组织积极参与关心关爱困难和特殊群体工作，向困难和特殊群体提供无偿或比较优惠的服务，向其捐赠物资，帮助其渡过难关。在文化领域，社会组织可以通过积极策划、组织与开展各种类型的艺术活动，提供各种各样的文化艺术作品与产品等，满足人民群众品质化、个性化、多样化的文化需求，涵养人民群众对美的认识、理解，提高创造能力。可以说，各种类型的社会组织在各自的领域发挥着满足人民群众日常生活需求、提升人民群众该领域能力、保障人民群众日常生活得以正常运转的重要作用。创新社会组织治理体系建设，能够让各种类型的社会组织更加突出地发挥其在各自领域的作用，进而满足人民群众对美好生活的需要，实现发展为了人民、发展依靠人民、发展成果由人民共享的目标。

三　提升社会治理能力现代化的重要内容

社会组织是参与社会治理的重要力量之一，是国家治理体系的有机组成部分。健全共建共治共享的社会治理制度，提升社会治理能力现代化，离不开社会组织主体性作用的充分发挥。创新社会组织治理体系建设、推动社会组织高质量发展，能够有效提升社会治理效能，开创社会治理的新局面。

第一，社会组织可以满足公众对公共物品与服务的多样化需求，填补政府在公共物品供给方面的不足。政府在公共物品和服务的供给上趋向于公共性与普遍性，无法满足民众快速增长且日趋多元复杂的需求，存在适用性不足、效率不高等缺陷。社会组织能够跟随环境的变化对自身的运作方式、行动策略进行调整，提供多样化公共物品和服务，具备公共物品与服务供给上的灵活性。社会组织类型多样，覆盖各个行业，能够与公众进行广泛、密切的接触，了解公众的需求，特别是了解缺乏利益表达机制的弱势群体的需要，满足公众的不同需求，具备公共物品与服务供给上的广泛性。社会组织依据本组织的特点、使命与愿景，招募并组成专业化的团队，推动社会组织在公共物品与服务供给上具有更高的效率和效能，特别是在需要由具备技术知识和专门技能人才提供公共物品的领域，专业化技能强的社会组织更能够发挥专业优势，为公众提供高质量公共物品与服务。第二，社会组织可以在政府与民众之间“牵线搭桥”，减少冲突发生，化解社会危机。作为政府部门与民众之间联系沟通的“桥梁”，在社会冲突发生之前，社会组织能够为公众提供情绪释放的平台，为利益受损阶层提供表达诉求的渠道，将冲突灭在源头处；在社会冲突发生之后，社会组织可以及时掌握矛盾纠纷的动态，通过心理疏导等方式稳定公众情绪、协调矛盾关系，避免冲突升级。第三，社会组织可以为政府建言献策，推动政府决策更加科学合理。社会组织贴近公众，能够了解群众当下的现实生活状态及生活困境，听取群众的意见诉求，反映给政府相关部门，并提出改善公众现有生活状况、帮助解决公众生活困难的意见建议，为政府部门制定政策法规提供参考。

四　参与国际交流合作的客观要求

当今世界是开放的世界，推动经济社会持续健康发展需要加强与国际社会的交流合作。习近平总书记曾经指出，民间组织是推动经济社会发展、参与国际和全球治理的重要力量。[①] 积极拥抱世界、融入世界，离不开社会组织的作用。创新社会组织治理体系建设、推动社会组织高质量发展，可以让社会组织“走出去”，积极参与国际和地区事务，发挥其在国际交流合作中的作用，为全球治理体系改革和建设贡献力量。

---

① 《习近平致首届丝绸之路沿线民间组织合作网络论坛贺信》，新华网，2017 年 11 月 21 日，http：//www.xinhuanet.com//politics/2017-11/21/c_1121988276.htm。

第一，社会组织可以为地方经济社会发展“牵线搭桥”。在对外开放的过程中，社会组织可以发挥政府和市场难以替代的优势，担当国际社会与地方的中介，促进两者之间的沟通联络，拉动当地经济社会的发展。第二，社会组织可以展示新时代的中国形象。社会组织与国际社会交流合作的过程也是一个展示中国负责任大国形象的过程。社会组织通过自身的实际行动以及交流沟通，讲好中国故事，传播中国声音，向世界展示新时代真实立体全面的中国形象，夯实国家关系的民意基础，推动构建新型国际关系，构建人类命运共同体。第三，社会组织可以培养专业化人才队伍。通过开展国际交流与合作，培养一批通晓国际规则、精通外国语言、熟悉国际惯例的社会组织人才队伍，积极参与国际上相关领域的活动，提升社会组织在该领域的影响力。

第二节　河南创新社会组织治理体系建设的实践探索

党的十八大以来，以习近平同志为核心的党中央高度重视社会组织工作，多次就社会组织的发展提出新思想、新论断、新部署、新要求。党的十八届三中全会提出“激发社会组织活力”，党的十九届三中全会提出“推进社会组织改革”“激发群团组织和社会组织活力”，党的十九届四中全会提出“发挥群团组织、社会组织作用”，“十四五”规划纲要提出“发挥群团组织和社会组织在社会治理中的作用”，党的二十大报告提出“引导、支持有意愿有能力的企业、社会组织和个人积极参与公益慈善事业”“加强新经济组织、新社会组织、新就业群体党的建设”等重要要求，为社会组织健康有序发展提供了根本遵循。河南省委、省政府及相关职能部门认真贯彻落实党中央的决策部署，围绕社会组织高质量发展目标，紧密结合新的形势要求和工作实际，强化社会组织管理服务创新，开展了一系列实践探索。

一　改革社会组织管理制度

社会组织管理制度规范了管理社会组织的机制、原则、方法及机构，是对社会组织实施管理的依据。健全完善的社会组织管理制度对于激发社会组织活力、促进社会组织健康有序发展、完善社会主义市场经济体制、加强和创新社会治理、激发社会活力等具有重要的现实意义和长远影响。

党的十八大以来，河南充分认识到改革社会组织管理制度的重要性和紧迫性，认真贯彻落实党中央的决策部署，在社会组织管理体制方面进行了一些创新、探索与尝试。2017 年 10 月，河南省委办公厅、省政府办公厅联合印发《关于改革社会组织管理制度促进社会组织健康有序发展的实施意见》，就加强和改进河南社会组织管理工作提出了意见。相关部门全面落实实施意见，扎实推进河南社会组织管理体制改革步伐。

（一）创新社会组织登记制度

2014 年，河南在前期社会组织直接登记试点工作的基础上，加快推动社会组织登记改革工作。2014 年 8 月，《河南省人民政府办公厅关于四类社会组织直接登记的通知》发布，规定行业协会商会类、科技类、公益慈善类、城乡社区服务类四类社会组织可直接向民政部门依法申请登记工作，并对登记程序与日常管理监督进行了明确。按照通知要求，各级政府职能部门原则上不再负责四类社会组织的前置审批工作，而是作为业务指导单位继续对已登记的社会组织进行工作指导，并通过制定导向性政策、实施资金扶持、转变职能、购买服务等方式，支持社会组织发展。随后，河南省民政厅贯彻落实省政府办公厅的部署安排，结合河南实际情况，制定并印发《河南省四类社会组织直接登记暂行办法》，详细说明直接登记社会组织的具体范围、条件及登记程序。洛阳、平顶山、濮阳等省辖市、省直管县（市）民政部门遵照省政府办公厅及省民政厅的制度文件，全面推行四类社会组织直接登记，有效激发了社会组织活力。

（二）有序开展行业协会商会与行政机关脱钩改革

中央办公厅、国务院办公厅印发的《行业协会商会与行政机关脱钩总体方案》指出，要理清政府、市场、社会三者关系，积极稳妥推进行业协会商会与行政机关脱钩，厘清行政机关与行业协会商会的职能边界，加强综合监管和党建工作，促进行业协会商会成为依法设立、自主办会、服务为本、治理规范、行为自律的社会组织。河南认真贯彻落实党中央、国务院的决策部署，深入推进行业协会商会与主管单位脱钩改革。2016 年，河南省委办公厅、省政府办公厅出台《河南省行业协会商会与行政机关脱钩实施方案》，明确规定各级行政机关、参照公务员法管理的单位要与其主办、主管、联系、挂靠的行业协会商会脱钩，实行机构分离、人员分离、资产分离、职能分离、党建外事等事项分离。2016 年，首批确定了 9 个全省性行业协会商会作为脱钩改革试点，当年已全部完成；2017 年，第二批确定 215 家全省性行业协会商会参与脱钩，截至 2018 年 5 月，完成脱钩改革任务的共有 202 家行业协会商会；2020 年 4 月，河南省发改委、省民政厅联合印发《河南省全面推开行业协会商会与行政机关脱钩工作方案》，要求 272 家行业协会商会与行政机关全面脱钩。目前，上述 272 家行业协会商会全部完成脱钩改革，有力促进了行业协会商会规范健康发展。此外，开封、三门峡、周口、济源示范区等地积极推开行业协会商会与行政机关脱钩改革工作，并取得显著成效。

（三）探索建立“五函一书”工作机制

在社会组织监管方面，河南明确社会组织的业务主管单位、行业管理部门等单位职责，凝聚合力，多渠道监管社会组织，探索建立“提醒函、问询函、征求意见函、问题线索移交函、约谈函和责令整改通知书”的“五函一书”工作机制。对于在日常监管、群众举报、年检、抽检中发现有问题的社会组织，向业务主管单位发提醒函，向行业管理部门发问询函，向有关管理部门和党建工作机构发征求意见函，向职能部门发问题线索移交函，向社会组织发约谈函和责令整改通知书，推动社会组织解决问题，提升社会组织质量。

二　加快社会组织培育发展

社会组织的培育与发展是打造高质量社会组织的前提，也是社会组织功能发挥的基础。十年来，河南认真贯彻落实党中央关于培育发展社会组织的决策部署，通过完善社会组织扶持政策，培育发展社区社会组织、抓好人才队伍建设、推进清廉社会组织建设等措施来加强社会组织的能力建设，助力社会组织充分发挥服务国家、服务社会、服务群众、服务行业的作用。

（一）完善社会组织扶持政策

近年来，河南不断加大对社会组织的扶持力度，推动形成完备的社会组织扶持政策体系。一是支持和规范社会组织承接政府购买服务。2015 年，河南省财政厅与省民政厅联合下发《关于支持和规范社会组织承接政府购买服务的通知》，明确加大对社会组织承接政府购买服务的支持力度，逐步扩大承接政府购买服务的范围与规模，同等条件下优先向社会组织购买民生保障、社会治理、行业管理和生态环境保护等公共服务项目。二是鼓励有条件的地区探索建立社区社会组织孵化机制，设立专项资金，成立孵化基地。郑州市金水区、二七区、管城回族区等地建设社会组织孵化基地，孵化培育优质社会组织。三是落实社会组织税收优惠政策。按照国家相关法律法规，给予符合条件的社会组织税收优惠政策，同时鼓励金融机构对符合条件的社会组织给予金融支持。四是在评优评先、承接政府职能转移和购买服务等方面，向在社会组织第三方评估中获得 3A 以上评估等级的社会组织倾斜。

（二）培育发展社区社会组织

在培育发展社会组织方面，河南加大对社区社会组织的扶持力度，推进社区社会组织健康有序发展。2020～2021 年，河南省民政厅先后出台《关于大力培育发展社区社会组织的实施意见》《河南省培育发展社区社会组织专项行动实施方案（2021—2023 年）》《关于做好社区社会组织备案管理工作的通知》等政策文件，为培育发展社区社会组织提出了意见，明确优先发展居民服务类社区社会组织，提出通过投入省级福利彩票公益金、无偿使用闲置宾馆等国有或集体所有资产、开展公益创投活动等方式，加大对社区社会组织的资金支持力度，支持社区社会组织承接政府购买服务，为社区社会组织发展提供专业支持等扶持政策。各相关部门按照上述政策文件的规定推进社区社会组织的培育发展工作。许昌、洛阳等地市认真贯彻落实党中央及河南省的要求，切实加大对社区社会组织的培育扶持力度，为社区社会组织的发展提供制度、资金保障。

（三）抓好人才队伍建设

人才是推动社会组织高质量发展的关键因素。河南将社会组织队伍建设置于重要位置，推进人才队伍建设，努力提升人才队伍素质。一是完善社会组织人才政策，将社会组织人才工作纳入省人才工作体系，在职业资格、注册考核、职称评定等方面执行与相关专业相同的政策，同时给予符合条件的社会组织专门人才以相关补贴。二是建立社会组织负责人培训制度。譬如商丘于2019年举办社会组织负责人能力建设培训班，对社会组织负责人的政治能力及专业能力素养进行培训，提升社会组织负责人的履职能力，使其发挥头雁引领作用，进而提升社会组织建设质量和管理水平。三是加强社会组织相关人员培训。河南省文化厅以及洛阳、濮阳、焦作等地市高度重视社会组织相关工作人员的培训工作，举办社会组织培训班，分别围绕社会组织的党建工作、生存策略、财务基础工作规范、日常管理等方面进行授课，提升其业务素养。

（四）推进清廉社会组织建设

清廉是社会组织健康发展的重要保证，也是清廉河南建设的重要内容。河南落实党中央清廉中国建设的部署要求，扎实开展清廉社会组织创建行动，培育发展清廉型社会组织。河南省民政厅联合四部门出台《清廉河南建设清廉社会组织创建行动工作方案》，明确了坚持党建引领、推进齐抓共管、健全科学体制、涵养廉洁文化四项重点工作任务，并成立清廉社会组织创建行动专班，负责规划与指导清廉社会组织创建行动、制定相应政策措施，组织协调创建工作的开展等。漯河、许昌、新乡等地研究制定清廉社会组织创建工作方案以及工作台账，积极推进清廉社会组织创建工作，助力锻造意志坚定、行为自觉的清廉社会组织。

三　严格社会组织管理监督

习近平总书记指出，要加强对各类社会组织的规范和引导，特别是要注意防范一些别有用心的人打着社会组织的旗号干非法勾当。党的十八大以来，河南认真贯彻落实总书记关于规范社会组织发展的讲话精神，在抓好社会组织培育发展的同时，不断完善监管措施，强化社会组织规范化建设，不断推进社会组织健康有序发展。

（一）加强社会组织综合监管

近年来，河南不断深化对社会组织体量大、隐患多等现实问题的认识，持续加强对社会组织的综合监管，编牢织密社会组织监管网。一是建立社会组织登记管理工作联席会议制度。推动省、市、县建立社会组织联合工作机制，充分发挥业务主管单位、行业管理部门以及相关职能部门的职能作用，在会商、审批、监督、风险防控等方面各司其职、协调配合，形成齐抓共管的局面。二是开展全省性社会团体、民办非企业单位年度检查。对社会组织党建工作、遵守法律法规和国家政策、财务管理等情况进行监督审查，确保社会组织依法运行。对于不接受年检、不按时参加年检以及未通过年检的社会组织，依法予以处理。同时，在检查的途径方法上，推动实行网上年检，为社会组织提供更加高效、便捷的服务。三是开展全省性社会团体、民办非企业单位“双随机一公开”抽查工作。2016 年，河南省民政厅印发《河南省社会组织“两随机一公开”检查审计工作规程》，规定随机抽取检查对象、随机选派检查人员对社会组织开展检查审计工作，并将工作流程和结果向社会公开。河南省民政厅以及郑州市、开封市、新乡市、周口市等地扎实开展社会组织“两随机一公开”抽查工作，督促问题单位整改，推动社会组织健康发展。四是扎实开展社会组织评估工作。由评估机构依据社会组织评估标准，从基础条件、内部治理、工作绩效和社会评价等方面对参评社会组织进行综合评价，拟定等级，并给予获得 3A 以上、4A 以上评估等级的社会组织相应的优待政策。

（二）防范社会组织领域风险

2012 年以来，习近平总书记曾不止一次在讲话中指出要提高防控能力，防范化解重大风险。河南认真贯彻落实习近平总书记的讲话精神，加强社会组织领域的风险防范，确保社会组织健康发展。一是开展清理“僵尸型”社会组织和社会团体分支机构专项行动。2021 年，河南省民政厅印发《河南省“僵尸型”社会组织专项整治行动实施方案》，在全省开展“僵尸型”社会组织专项整治行动，对存在撤销登记、吊销登记证书、符合注销登记情形的社会组织，分别采取撤销登记、吊销登记证书、注销登记的措施，对可以通过整改激活的社会组织提出整改方案。濮阳市、焦作市、平顶山市等地稳妥推进“僵尸型”社会组织专项整治行动，为社会组织高质量发展创设良好环境。二是打击整治非法社会组织。2021 年以来，河南省民政厅开展打击整治非法社会组织工作，对未经社会组织管理部门登记擅自以社会组织名义开展活动、被撤销登记或吊销登记证书后仍用社会组织名义开展活动、筹备成立期间开展筹备以外活动的社会组织进行打击整治，并公布举报方式，开通网上投诉举报系统，鼓励社会各界举报非法社会组织。三是治理行业协会商会乱收费现象。明确行业协会商会的会费标准应当规范和透明，整治重点领域行业协会商会偏高收费，畅通邮箱、网站等行业协会商会乱收费投诉举报渠道，查处违法违规行为。

（三）引导社会组织发挥作用

社会组织是推动社会发展的重要力量。近几年，河南积极引导社会组织发挥“助推器”的积极作用，动员社会组织在河南经济社会高质量发展中积极担当作为。一是引导社会组织助力脱贫攻坚。河南省民政厅通过对社会组织进行集中培训、在政策上给予支持、搭建贫困地区与社会组织之间的供需信息交流平台等形式，鼓励社会组织增强社会责任感，在消费、产业、教育、医疗等方面助力脱贫攻坚，并引导社会组织做好已脱贫地区巩固脱贫成果的帮扶工作。二是引导社会组织助力乡村振兴。河南省民政厅、省乡村振兴局联合印发《关于引导动员社会组织参与乡村振兴的实施意见》《河南省社会组织助力乡村振兴专项行动方案》，通过培育服务乡村振兴的社会组织、完善社会组织参与乡村振兴支持体系等方式，引导社会组织发挥自身优势，助力乡村振兴。三是引导社会组织参与社会治理。驻马店市、开封市等地积极引导社会组织参与市域社会治理，引导社会组织参与社区自治，满足群众需求；号召社会组织在疫情防控与防汛救灾等方面开展志愿服务、捐赠物资。周口市组织开展社会组织助力生态环境保护和治理活动与寒冬送温暖行动，推进社会组织有效参与社会治理。四是引导社会组织参与困难和特殊群体关心关爱工作。河南省民政厅及市县民政部门引导社会组织重点关注困难老年人、重度残疾人等困难和特殊群体，结合自身优势，积极开展帮扶救助、走访慰问、精神慰藉等活动，提供各类民生保障服务，充分发挥社会组织在服务群众方面的优势。

第三节　河南推进创新社会组织治理体系建设的主要成就

党的十八大以来，河南认真贯彻落实习近平总书记关于社会组织工作的重要指示批示精神，高度重视和支持社会组织发展工作，围绕社会组织的制度改革、培育发展、监督管理进行了一系列探索实践，推动河南省社会组织治理体系建设取得了显著成就。社会组织的数量和质量稳步提高，活力不断增强，发展环境不断优化，综合监管更加有效，在经济社会发展中发挥更加积极的作用，在社会治理中的重要作用得到进一步彰显和提升，已经成为高质量建设现代化河南的重要力量。

一　社会组织总体发展状况较好

从统计数据来看，河南省依法登记的社会组织数量呈快速增长态势。2012 年底，河南省登记注册的社会组织共有 21088 家。[①] 截至 2023 年 5 月，河南省登记注册的社会组织数量达到 50487 家。[②] 经过十年的发展，河南省社会组织数量增加了约 30000 个，增长率高达 139%，发展十分迅速。分类别来看，河南社会组织的三个类别——社会团体、民办非企业单位、基金会均在增长，但在增长速度方面存在差异。从 2012 年到 2023 年 5 月，社会团体登记注册数量由 11022 家增长至 14047 家，增长了 27%；民办非企业单位由 9989 家增长至 36289 家，增长率高达 263%；基金会由 77 家增长至 151 家，增长率达 96%。三类社会组织中，民办非企业单位的数量和增长率远远高于社会团体和基金会，呈现了超高速的增长趋势。

从质量来看，河南省社会组织的质量在提升。河南省各级民政部门在扎实有序地开展社会组织登记管理工作的过程中，坚持质量优于数量的发展原则，通过改革制度、扶持培育、加强管理监督等方式提升社会组织自身能力，使社会组织在志愿服务、社会捐赠、清廉建设等方面取得显著成绩，整体呈现较好的发展态势。

二　社会组织管理体制改革成效显现

近年来，河南在社会组织管理体制方面进行的登记制度、行业协会商会脱钩等创新与探索，激活了社会组织的活力，提升了工作效率，为社会组织发展提供了良好的环境、释放了巨大的发展红利，成效十分显著。

（一）社会组织登记管理更加便民高效

河南省在社会组织登记管理方面的改革，一方面为办事群众提供了便

① 数据来源：2013 年《中国统计年鉴》。

② 数据来源：河南省社会组织管理局官方网站。

利，另一方面提升了民政部门的工作效率。在社会组织事项办理地点方面，44 项相关政务服务事项入驻省政务服务中心，为社会组织提供“一站式”服务，提升了社会组织工作人员办事的便利度，实现了“数据多跑路、群众少跑腿”。在社会组织行政审批方面，对服务进行了优化，对社会组织的行政许可、行政处罚等的事实依据进行了明确，对办理时限进行了规定与压缩，缩短了办事时长，提高了服务效率。在社会组织年检方面，按要求参加年检是社会组织的义务，实行社会组织网上年检并在网上提供指导，为社会组织工作人员提供了便利，有效解决了社会组织“来回多次跑”的问题，减轻了社会组织工作人员的工作量，提高了年检的工作效率。

（二）行业协会商会能力有所提升

推进行业协会商会与行政机关进行脱钩，理顺了政府、企业、社会三者的关系，明确了政府和行业协会商会的职能，推动当前初步建立起政社分开、权责明确、依法自治的社会组织体制。行业协会商会在脱钩改革后获得了更多自主权，自身的活力得到激发，积极推动自身变革，促使市场化运作能力和服务能力得到显著提升，自身优势和功能作用日益显现，在对外合作、精准防疫、复工复产等方面发挥了极其重要的作用，实现了行业协会商会的高质量发展及其优势作用的充分发挥。

（三）社会组织监督管理更加有力

探索实行多部门、多渠道监督管理社会组织的制度机制，充分发挥了各相关单位或部门的作用，推动共建高质量社会组织。社会组织登记管理工作联席会议制度，推动形成社会组织的业务主管单位、行业管理部门以及相关职能部门齐抓共管的局面，多部门协同配合、共同发力，扎实推进社会组织在数量质量、化解各类隐患、自身建设等方面实现全方位发展。“五函一书”工作机制，实现了社会组织的业务主管单位、行业管理部门、有关管理部门和党建工作机构、职能部门及社会组织自身多渠道监管，促使社会组织及时整改自身问题，实现高质量发展。

三　社会组织领域风险得到防范化解

河南针对近年来社会组织领域存在的安全风险问题，扎实开展“僵尸型”社会组织清理行动、打击整治非法社会组织专项行动与行业协会商会乱收费专项行动，取得了显著成效，在一定程度上确保了社会组织领域安全稳定，促进社会组织健康发展。

（一）清理“僵尸型”社会组织和社会团体分支机构取得突出成绩

2021年，河南在全省开展“僵尸型”社会组织专项整治行动，相关部门向35家业务主管单位发函，商请协助做好清理工作。截至2022年6月底，共对1929家“僵尸型”社会组织做出了整改、撤销登记、注销登记等处罚，在一定程度上消除了“僵尸型”社会组织潜在的风险隐患。地市层面，焦作市、开封市等地民政部门按照民政部和省民政厅的部署开展“僵尸型”社会组织专项整治行动。其中，焦作市给予32家“僵尸型”社会组织撤销登记的处罚，开封市排查出60余家异常社会组织，按照规定给予两年以上不参加年检、长时间未举办活动的40余家社会组织撤销登记的处罚。2022年，在全省性社会团体分支（代表）机构专项整治行动中，清除、整改与激活了一大批不合规范的社会团体分支机构，社会团体分支机构的风险隐患得到一定化解。

（二）打击整治非法社会组织取得显著成效

2021年，河南省民政厅与22个省直部门联合开展打击整治非法社会组织行动，重点关注与打击带有“中国”“中华”等字样，或者以国家机关、事业单位下属机构等名义骗取钱财等的非法社会组织。截至2022年6月底，共处置省内非法社会组织253家，其中对46家非法社会组织予以取缔，引导36家社会组织进行登记，对157家非法社会组织进行劝散，14家社会组织自行解散。例如，省民政厅联合省公安厅向“河南美术联盟”这一非法社会组织下达《取缔决定书》，令其摘除牌匾、关闭网站、注销微信公众号；对“河南省易经研究院”予以取缔，禁止其负责人以此名义开展各项活动。

（三）治理行业协会商会乱收费取得突破性进展

2021年，河南省民政厅与发展改革部门、市场监管部门开展全省范围内行业协会商会乱收费情况的抽查检查工作，实施“五个一批”措施，减免一批收费、降低一批收费、规范一批收费、查处一批收费、通报一批收费，将降费减负政策落到了实处。据统计，此次专项清理整治工作共为企业减负 8182.84 万元，惠及企业 3.93 万家。[①] 许昌市等地切实做好行业协会商会乱收费治理工作，加大对行业协会商会涉企收费行为的清理整治力度。截至 2021 年 11 月，许昌市行业协会商会主动为经营困难会员企业纾困，共减免会费资金 114.2 万元，通过降低收费的方式为企业减负 59.33 万元。[②]

四　社会组织服务经济社会发展的作用充分发挥

在相关部门的引导下，社会组织扛起肩上的社会责任，主动担当，积极作为，采取多种形式助力经济社会发展。社会组织的优势和功能作用在实践中日益显现，在经济社会发展中的“助推器”作用得到充分发挥。

（一）多措并举助力脱贫攻坚

党的十八大以来，河南省注册登记的社会组织积极响应党和国家号召，参与脱贫攻坚工作，为河南全面打赢脱贫攻坚战做出了重要贡献。其主要参与方式如下：开展产业扶贫，带动贫困农民脱贫增收；开展脱贫技术培训，提升贫困农民工作技能；提供教育、医疗服务，助力解决贫困群体上学难、看病难问题；开展消费帮扶，助力贫困地区农副产品销售。例如，河南省服装行业协会引导服装企业在省内贫困地区开办服装加工厂，为 70 余万名农村妇女就近就地就业提供机会；河南省百联企业文化服务中心实施“爱心图书室公益捐赠计划”，在省内贫困地区捐建十余个爱心图书室，为 5000 余名贫困小学生读书创造良好条件。据统计，2017 年，河南省本级公益性社会组织共捐赠 17.92 亿元款项和物品，在贫困地区开展的各类扶持救助活动使 20 万名群众受益。[③] 2018～2020 年，河南省共有 8552 家社会组

① 《河南省民政厅开展“打治清培”系列行动 强化社会组织监管》，河南省人民政府网站，2022 年 6 月 29 日，https：//www.henan.gov.cn/2022/06-29/2477539.html。

② 《许昌市切实做好行业协会商会乱收费专项清理整治工作》，河南省人民政府网站，2021 年 11 月 3 日，https：//www.henan.gov.cn/2021/11-03/2340854.html。

③ 《社会组织参与脱贫攻坚正当时》，人民论坛网，2018 年 8 月 3 日，http：//www.rmlt.com.cn/2018/0803/524848.shtml。

织投入脱贫战场，开展近 7000 个扶贫项目，投入 50.77 亿元扶贫资金与 80.7 万人次帮扶人员[①]，助力河南脱贫攻坚战取得全面胜利。

（二）发挥优势助力乡村振兴

脱贫攻坚战取得全面胜利后，河南省的社会组织发挥自身优势，参与到乡村振兴这一伟大创举的实践中，在做好脱贫地区巩固脱贫成果的同时，实现巩固拓展脱贫攻坚成果同乡村振兴有效衔接，助力实现乡村振兴。主要的举措如下：组织河南省物流协会等 71 家社会组织与嵩县、台前、卢氏、淅川四个县结对子，开展帮扶活动，助力实现乡村振兴；郑州市机动车修配行业协会按照《郑州市社会组织助力乡村振兴专项行动方案》的要求，携带物资对新密市钟沟村的 20 户贫困户进行走访慰问。2022 年，河南省共有 3900 余家社会组织助力乡村振兴，提供支持资金 3.34 亿元。[②] 乡村振兴仍在路上，河南省积极召开社会组织助力乡村振兴相关会议，部署安排工作，确保社会组织助力乡村振兴取得实效。

（三）积极担当发展公益事业

河南省的社会组织通过募集公益资金、凝聚众多志愿者参与活动等方式，助力公益事业的发展。一是参与郑州“7·20”特大暴雨灾害防汛救灾工作。特大暴雨灾害发生后，6800 多家社会组织迅速行动，积极参与防汛救灾工作。据统计，社会组织在此次防汛救灾工作中累计出动救援力量 18 万人次，捐赠物资百万余件，捐款将近 100 亿元。[③] 二是关心关爱困难和特殊群体。河南省社会组织十分关心困难和特殊群体，主动向其送温暖、送关爱。例如，郑州市社会组织通过捐赠物资、选派人员下沉社区提供志愿服务等方式扶弱助困；河南省老龄产业协会等社会组织印发关心关爱困难和特殊群体的倡议书，动员涉老单位关心关爱困难和特殊群体等。

---

① 刘晓波：《社会组织如何精准助力乡村振兴》，《河南日报》2023 年 3 月 21 日。

② 刘晓波：《社会组织如何精准助力乡村振兴》，《河南日报》2023 年 3 月 21 日。

③ 侯文举：《民政工作这十年·社会组织篇》，《中国社会组织》2022 年第 19 期。

第四节 河南推进创新社会组织治理体系建设的基本经验

十年来，河南省围绕创新社会组织治理体系建设进行了大量实践，并取得了显著成就。全面考察河南省近十年来社会组织的发展历程，深入了解河南省近十年来创新社会组织治理体系建设的实践探索，可以总结出河南推进创新社会组织治理体系建设的三条基本经验，即坚持党建引领、坚持改革创新、坚持稳妥推进。这为今后河南创新社会组织治理提供了重要借鉴，也为其他省份社会组织治理体系建设提供了重要参考。

一 坚持党建引领，保证发展方向

习近平总书记指出，社会组织面大量广，加强社会组织党的建设十分重要。河南省深刻认识到社会组织党的建设在促进社会组织健康有序发展、推进国家治理体系和治理能力现代化、落实全面从严治党要求、巩固和扩大党的执政基础和群众基础等方面的重要意义，始终坚持党对社会组织的全面领导，加强社会组织党的建设，以党建引领社会组织高质量发展。

（一）党建工作全覆盖

河南省的民政部门在社会组织登记、年检、表彰等工作中，按照“党的组织全覆盖、党的工作全覆盖”的原则同步做好党建工作，实现社会组织登记管理与党建工作同频共振，使党建工作嵌入社会组织登记管理的全过程。社会组织登记成立时，明确其党建主管部门。对具备条件的社会组织，要求其成立党支部；对于不具备条件的社会组织，由上级党组织选派党建指导员来对党建工作进行指导。社会组织年度检查时，要求社会组织提交党建工作情况，对党建工作进行检查，应建未建党组织或党建工作不合格的，年检不予合格。社会组织“双随机一公开”检查时，对党建工作进行摸底排查，重点掌握社会组织负责人情况、党组织建设情况、党员情况、党的工作开展情况等。社会组织评估时，纳入党建工作这一重要评估指标，并将其置于优先位置。社会组织表彰时，同步对党建工作进行表彰。

通过在社会组织登记管理、监督检查中融入党建管理工作，督促社会组织切实落实党建工作要求，巩固强化提升社会组织党建工作能力，以党建引领社会组织高质量发展。

（二）强化党员队伍建设

党员队伍建设是河南省做好社会组织党建工作的重要内容。一方面，河南省深刻认识到党建工作第一责任人在党组织政治核心作用发挥方面的重要价值，抓好党组织负责人的审核管理与培训工作。打造坚强有力的党组织领导班子，选优配强党组织书记和党组织成员。在社会组织的年检、换届等过程中，严格审查党组织负责人，突出政治标准，努力锻造一支政治觉悟高、党组织与群众信任、工作能力强的负责人队伍。同时，加强对党建工作负责人的教育培训，定期举办培训班，邀请专家学者进行授课，引导其做好社会组织党建工作，积极开展党组织活动，提升履职能力。另一方面，河南省充分意识到党员在社会组织党建工作开展中的重要作用，加强对党员的教育培训。河南省相关部门定期举办社会组织党员培训班，加强对党员的思想教育，强化其党员身份意识。还通过组织知识竞赛、重温入党誓词等活动，增强党员的责任感，引导其积极参与党建活动。

（三）开展志愿服务活动

河南省的社会组织充分认识到志愿服务在帮助困难群体、促进社会和谐稳定、推进精神文明建设等方面的作用，广泛组织开展志愿服务活动。郑州市挑选几十家社会组织组建郑州市社会组织党员志愿便民服务团，走进社区为居民提供免费的按摩保健、理发、赠送药品等服务，电信诈骗、消防知识、垃圾分类等知识宣传服务，文明礼仪普及、蔬菜瓜果展示、文艺节目表演等展示类活动，以及心理咨询、农活咨询、法律咨询等咨询类服务。此外，郑州市的社会组织党员志愿者服务队，还走入社区特殊困难家庭，结对帮扶孤寡老人、残疾人等特殊困难群体，为社区居民的日常生活提供力所能及的帮助。三门峡市社会组织党组织积极承接政府服务，积极参与脱贫攻坚、乡村振兴等工作，组织开展群众性宣传教育活动，提供慈善救济、法律援助、志愿服务等公益服务，持续发挥社会组织在公益领域的功能作用。

二 坚持改革创新，释放发展活力

社会组织的发展进步离不开改革创新，改革创新是驱动社会组织事业高质量发展的动力与源泉。党的十八大以来，河南省各级民政部门抓住体制机制创新的“牛鼻子”，积极推进社会组织改革创新，在登记注册、行业协会商会脱钩、管理等方面推出一系列新举措、新办法，有效激发与释放了社会组织的发展活力，助推社会组织高质量发展。

（一）深入推进简政放权

简政放权是转变政府职能的关键之举，是激发社会组织发展活力最直接的改革举措，是促进社会组织高质量发展的重要一招。河南省深刻认识到简政放权的必要性与重要性，把简政放权作为社会组织改革的重要抓手和突破口。在社会组织登记管理方面，简化登记程序，减轻各级政府职能部门的工作量，使其不再负责四类社会组织的前置审批工作，而是可以直接向民政部门依法申请登记，避免登记门槛过高对社会组织发展的制约。实施行业协会商会与行政机关脱钩改革，各级行政机关、参照公务员法管理单位与其主办、主管、联系、挂靠的行业协会商会在机构、职能、财产、人员、党建等事项上实行分离，改变社会组织的“行政化”倾向，调动行业协会商会发展的内在活力，使其真正发挥自身价值。

（二）切实做好“放管结合”

“放”和“管”是政府职能转变的两个“轮子”，只有两个“轮子”同时转起来，政府的改革才能顺利推进。也就是说，放权不意味着放责，“放”和“管”必须统一。特别是放权越多，越需要把“管”放在突出位置，加强对事中事后的监管，实行“放管结合、放管并举”。河南省在社会组织改革的过程中，一方面，注重简政放权，最大限度地减轻对社会组织发展的制约；另一方面，不断加强对社会组织的综合监管，促进社会组织健康有序发展。建立社会组织登记管理工作联席会议制度，形成多方共管的局面；组织社会组织开展年检、“双随机一公开”抽查与社会组织评估工作，织牢社会组织监管网；开展专项清理整治活动，加强对社会组织领域的风险防范。正是在严格社会组织监督管理的背景下，社会组织的质量不断提升，整体呈现了较好的发展态势。

（三）持续优化服务举措

河南省各级民政部门深入贯彻落实党中央“优化提升政府服务”的精神，强化服务意识，积极落实“为民办实事”的理念，持续优化社会组织登记管理服务，为社会组织发展提供便利。在服务社会组织的载体上，不断创新，积极推进社会组织管理信息化建设，实行社会组织网上年检，工作人员登录指定网站即可享受便捷、高效的年检服务。对填报有误的材料，在系统上给予说明，或者电话告知，让数据多跑腿、群众少跑腿。在登记、年检等工作的开展上，给予社会组织一定的指导，切实解决社会组织工作人员在工作中遇到的疑难问题。特别是为年龄大、操作电脑困难的工作人员提供一定的帮助，给予一定的使用技巧指导。在相关事项的办理上，将事项办理的地点聚集在一处，为社会组织提供“一站式”服务，同时压缩办事时长，提高服务效率，提升社会组织工作人员的满意度。

三　坚持稳妥推进，确保安全稳定

在创新社会组织治理体系建设的过程中，河南省各级民政部门充分考虑中央的决策安排部署以及本省社会组织的数量、类型等发展现状，制定本省社会组织发展的意见、管理办法、条例等政策法规，积极稳妥有序推进社会组织登记管理改革，坚持抓好试点，坚持统筹兼顾，坚持重点突破，推进社会组织改革工作取得显著成效。

（一）发挥改革试点的示范带动作用

河南省社会组织在登记管理改革方面面临的情况比较复杂，涉及的面比较广，各种社会组织之间的差别也比较大。为此，在制定改革举措时，民政部门坚持大胆探索，试点先行，通过小规模试点积累经验，然后全面推开改革工作。在社会组织直接登记改革方面，2013 年河南省启动社会组织直接登记试点工作，90 多家规模和业务范围较小、业务主管单位不清的试点社会组织率先试行直接登记。在试点工作的基础上，总结经验，分析不足，拟定《河南省人民政府办公厅关于四类社会组织直接登记的通知》，正式实施四类社会组织直接登记制度。在行业协会商会与行政机关脱钩改革方面，2014 年河南省启动行业协会商会与行政机关脱钩试点，在郑州、新乡、平顶山、濮阳、安阳等地市试行行业协会商会“去行政化”，在机构、职能、资产、财务、人员等方面推动脱钩。随后，印发《行业协会商会与行政机关脱钩实施方案》，推广试点经验，全面推行行业协会商会与行政机关脱钩改革，推动更多行业协会商会“去行政化”。

（二）统筹推进各项工作高质量发展

社会组织治理体系建设涵盖社会组织的登记注册、日常管理、培育发展与综合监管等多个方面，河南省各级民政部门统筹处理好社会组织治理体系建设的各个方面，同步推进社会组织登记管理改革、培育发展与管理监督，构建科学、合理、优化的社会组织发展体系。在社会组织的登记注册方面，实行四类社会组织直接登记改革；在社会组织日常管理方面，推动行业协会商会与行政机关脱钩改革，建立社会组织登记管理工作联席会议制度，创新管理方式方法；在社会组织的培育发展方面，给予社会组织政策优惠、人才培育等支持；在社会组织的综合监管方面，加强年度检查与抽检，通过开展清理“僵尸型”社会组织、打击整治非法社会组织、治理行业协会商会乱收费等活动，防范化解社会组织领域风险，确保社会组织健康发展。

（三）培育发展重点领域社会组织

社会组织的培育发展不是某一种类型的社会组织的培育发展，而是包含所有类型社会组织在内的培育发展。为此，河南省坚持整体推进，为所有社会组织提供政策扶持、税收优惠与人才支持等培育措施，统筹谋划所有社会组织的高质量发展。但整体推进不是齐头并进，而是要突出主要矛盾和矛盾的主要方面，抓好关系社会组织功能发挥的主要领域和关键环节。河南省充分认识到重点突破的重要性，在坚持整体推进的同时，突出社区社会组织这一重点领域，大力培育发展社区社会组织，降低社区社会组织的准入门槛，通过政府购买服务、提供经费补贴等方式扶持社区社会组织发展壮大，鼓励社会组织开展社区活动与志愿服务等，推动社区社会组织在创新基层社会治理中的积极作用更好发挥。

第五节　新时代河南创新社会组织治理体系建设的新路径

当前，河南省正处于建设社会主义现代化强省、实现高质量发展的关键时期，正处于加速崛起、逆势超越的重要时期，面临着难得的机遇与挑战。确保高质量建设现代化河南、确保高水平实现现代化河南，谱写新时代中原更加出彩的绚丽篇章，离不开各个领域的改革创新与发展进步。而社会组织在助推河南现代化强省建设，促进河南经济社会全方位发展、提升社会治理能力现代化等方面具有重要影响，因而必须予以高度重视。面向新时代，开启新征程，应从完善社会组织政策制度、加强社会组织能力建设、提升社会组织数字化水平、引导社会组织积极参与社会治理、建立多层次社会组织综合监管体系几个方面着手创新社会组织治理体系建设，推进社会组织健康有序发展。

一　完善社会组织政策制度

在社会组织的发展过程中，政府扮演领导者的角色，地位举足轻重，而政府相关部门制定的各种政策体系是社会组织发展最重要的基础。目前，河南省已经制定了若干政策制度，对社会组织的成立、管理、监督等方面进行了规范。然而，随着社会组织的发展，有的条款已经滞后于社会组织发展实践，还有的政策法规存在不足，在一定程度上制约了社会组织的发展，因而需要对社会组织的各项配套政策制度进行完善，并将社会组织的发展纳入河南省经济建设和社会治理布局中，促使社会组织与经济社会协调发展。在资金方面，加大对社会组织的财政支持力度，在进一步扩大政府向社会组织转移支付的基础上，设立社会组织培育发展专项资金，在社会组织的办公设施、社会服务项目等方面追加投入。加大对社会组织的税收优惠政策支持，给予符合条件的社会组织公益、慈善捐赠等税收优惠。在人才培养方面，推进社会组织负责人及工作人员的党建、专业技能培养，提升其社会责任感与专业素养，拓宽社会组织专家职称评审渠道，为社会组织工作人员职业资格、注册评审、职称评定等提供通道。在社会组织公共服务供给方面，政府在采购公共产品或服务时，逐步扩宽向社会组织采购的规模和范围，有力保障社会组织参与公共服务工作。通过政策制度的完善，健全社会组织发展的支持政策措施，优化社会组织持续健康发展的环境。

二 加强社会组织能力建设

“打铁必须自身硬。”社会组织是社会主义建设的有生力量，是现代化河南建设不可或缺的主力军。充分发挥社会组织自身职能，必须加强自身能力建设，全面增强自身本领，提升自身能力水平。第一，继续加大对社会组织的扶持力度。在政策、资金、项目、场地等方面给予社会组织大力扶持，为社会组织发展创设良好的外部环境。构建社会组织培育孵化网络，为社会组织提供办公场地、人才培育、资源对接、项目研发等服务，提供业务指导，助力社会组织不断发展。第二，引导社会组织加强自身能力建设。各级民政部门要加大对社会组织在促进经济发展、繁荣社会事业、创新社会治理、扩大对外交往等方面重要作用的宣传力度，引导社会组织将自身能力建设置于日常工作的重要位置，呼吁广大社会组织围绕今后一段时期河南省的经济社会发展需求，围绕社会组织自身的业务工作，不断锻造高强本领，积极投身于社会治理，参与乡村振兴、公益事业，充分发挥社会组织服务国家、服务社会、服务群众、服务行业的作用。第三，开展社会组织能力建设系列培训。委托相关机构组织开展社会组织培训班，就社会组织党的建设、财务管理、日常运营、等级评估、参与社会治理等方面进行培训，提升社会组织工作人员的专业化能力。同时，创新培训的方式方法，将茶话会、座谈会、行业参访等多种形式引入培训课堂，增强培训课程的吸引力，推进社会组织规范化运作，更好地发挥社会组织在河南经济社会发展中的作用。

三 提升社会组织数字化水平

现如今，信息化、智能化、数字化已经成为社会发展的大趋势，各个领域都面临着数字化的冲击与挑战，社会组织领域也不例外。提升社会组织数字化服务水平、打造数字化社会组织成为顺应现代科技发展趋势的必然选择。为此，要主动顺应社会发展智能化趋势，优化社会组织数字化发展环境，为社会组织高质量发展创造良好条件。一是提升社会组织登记管理数字化水平。以便捷使用、效率增强为原则，对现有社会组织登记管理数字化系统进行升级，推动系统实现从“能用”到“好用”“易用”的过渡，提升用户体验，提高民政部门社会组织数字化服务水平。进一步精简登记管理所需材料、优化办事流程、压缩事项处理时限，提升社会组织线上办事水平，提高社会组织材料电子化率与登记管理网办率。加强社会组织年检、评估等结果的集成、分析与共享，加强社会组织规范化标准化建设。二是推进社会组织数字化建设。梳理社会组织职能范畴、日常业务、工作需求，做好社会组织各模块的数字化建设与升级，推动社会组织日常运行数字化，通过数字赋能激发社会组织发展活力。同时，将数字技术使用列入社会组织培训重点，提升社会组织工作人员数字化技术的使用能力。三是积极培育发展数字化领域社会组织。着眼于信息化数字化发展趋势，立足河南省发展实际，培育一批数字化知识传播、数字化改革研究方面的社会组织，覆盖数字经济系统、数字文化系统、数字社会系统等社会发展的各个领域，积极发挥其在探索数字化改革规律、开展数字化创新实践等方面的积极作用，助力河南数字化建设与发展。

四　引导社会组织积极参与社会治理

社会组织是社会治理的重要参与力量，是国家治理体系的有机组成部分，在提供公共服务、化解社会矛盾、筑牢社会稳定“防火墙”等方面具有重要意义。为此，要引导社会组织参与社会治理，充分发挥社会组织在社会治理中的积极作用。一是转变治理理念。要充分认识到社会组织参与社会治理的积极作用，在满足当前社会各阶层多元化社会需求方面的突出作用。社会组织不仅具备自治性、非营利性和公益性等特点，能够为民众提供多种形式和各种专业的服务，而且距离普通民众最近，能够有效提升社会各阶层参与社会治理的热情，还可以在一定程度上通过监督政府治理社会事务来提升政府治理效能。二是创新社会组织参与社会治理的体制机制。积极发挥社会组织在协商民主中的作用，譬如设立社会组织参与人民代表大会名额，为社会组织表达自身及民众利益诉求提供渠道。探索建立社会组织资政建言系统，为发育成熟、接触面广、影响力大的社会组织提供资政建言通道，也可使其列席政府部门工作会议，为政府决策提供有价值的参考。三是积极引导社会组织在社会治理中发挥“大作用”。完善政府购买服务机制，加大政府购买社会服务的力度，面向各级各类社会组织购买社会救助、儿童关爱服务、养老服务等社会服务项目，为社会组织参与公共服务供给创造条件。鼓励社会组织担当社会责任，发挥自身优势，积极参与乡村振兴、公益志愿服务等社会事业，助推经济社会发展与社会和谐稳定。

五 建立多层次社会组织综合监管体系

加强社会组织综合监管是确保社会组织健康有序发展的基础。推进社会组织高质量发展，需要不断完善监管措施，提高对社会组织的监管效能。一是健全社会组织监督管理机制。各级民政部门要加强对社会组织党建工作、登记、日常活动、资金使用等在内的全方位监督管理，特别是加强对社会组织政治和意识形态的监管，确保社会组织沿着正确的政治方向开展活动。建立与完善政府、第三方评估、社会舆论、同行评议等主体在内的多元立体监督网络，将社会组织的相关信息在网上进行公示，畅通投诉举报和受理机制，接受社会公众监督。二是加强社会组织信用评估。从统筹社会组织党建工作、内部治理、基础条件、工作绩效、社会评价等方面完善评估指标，依照评估指标对社会组织进行综合评估。积极培育社会信誉良好、专业技能强、管理规范的第三方评估机构，并明确其权利义务、工作纪律、检查验收等内容，深入推进评估工作有序开展。三是完善社会组织领域风险防范政策。依法对社会组织进行年度检查与“双随机一公开”抽检，对检查中存在问题的社会组织，责令其进行整改；对于违反规定的社会组织，给予相应的行政处罚。执行社会组织重大活动备案制度，推动社会组织依法依规开展活动。常态化开展专项清理整治活动，对“僵尸型”社会组织、非法社会组织、乱收费的行业协会商会进行清理与整治，防范化解各类风险隐患。

第四章　推进市域社会治理现代化

市域社会治理是介于国家治理、省域治理、基层治理之间的治理维度，是社会治理体系中的关键一环。近年来，随着新型城镇化进程的不断提速，政策、人才、资金等各类要素向城市流动聚集，市域社会治理的重要性不断凸显，党和国家为应对社会形势发展变化，适时提出了“推进市域社会治理现代化”这一全新概念，成为加强和创新城市治理体系的重要方向。当前，在百年未有之大变局与各类风险挑战交织叠加的社会环境下，要以市域社会治理现代化作为撬动国家治理现代化的重要支点，全面推进市域社会治理现代化建设，以市域的安定有序来保障整个社会大局的和谐稳定。

第一节　推进市域社会治理现代化的重大意义

市域社会治理是社会治理体系中的重要组成部分，关乎人民群众根本利益，关乎城市健康可持续发展，关乎社会稳定大局，更关乎国家长治久安。党的十八大以来，党和国家对社会治理的理性认识不断深化，继提出国家治理体系和治理能力现代化、基层治理体系和治理能力现代化等命题之后，市域社会治理也被摆到了更突出显要的战略位置，在全面推进社会主义现代化建设的新时期，科学把握市域社会治理在国家治理体系中的功能定位，理性认识推进市域社会治理现代化的重要意义，能够为深入开展市域社会治理现代化实践提供重要的理论参考。

一　新时期党中央对于加强市域社会治理的基本要求

市域社会治理是以市辖区为基本范围，以市辖区政府及其职能部门、派出机关为主体，以基层群众性自治组织和社会组织为补充，通过政策引导、法治保障、经济支撑、技术支撑和道德教化等方式，推动各方面资源和力量有效整合，构建政府管理、社会协同、公众参与、法治保障的现代社会治理体制。市域社会治理是位于国家治理体系前端位置的治理环节，既承担着贯彻落实国家治理的大政方针、制度安排、决策部署和省域治理任务要求的重要责任，又要立足实际，对市域范围内的社会治理进行统筹管理、改革创新、推动实践，市域社会治理现代化水平对国家治理体系和治理能力现代化建设进程有直接的、关键的影响。

党的十八大以来，习近平总书记从党和国家事业发展全局和战略的高度，就推进国家治理体系和治理能力现代化提出一系列新理念、新思想、新战略，为加快推进市域社会治理现代化提供了行动指南。2019 年 10 月底，党的十九届四中全会审议通过的《中共中央关于坚持和完善中国特色社会主义制度 推进国家治理体系和治理能力现代化若干重大问题的决定》明确提出，“加快推进市域社会治理现代化”，首次提出了“市域社会治理”这一全新概念，市域社会治理现代化成为构建基层社会治理新格局、坚持和完善共建共治共享的社会治理制度的重要方面。2019 年 12 月，党中央召开了全国市域社会治理现代化工作会议，中央政法委研究制定印发了《关于推进市域社会治理现代化的意见（试行）》《全国市域社会治理现代化试点工作实施方案》《全国市域社会治理现代化试点工作指引》等一系列重要文件，正式拉开了全国市域社会治理现代化试点工作的序幕。2020 年党的十九届五中全会提出，要优化国土空间布局，推进区域协调发展和新型城镇化，推进以人为核心的新型城镇化，建设海绵城市、韧性城市，提高城市治理水平，加强特大城市治理中的风险防控。2022 年，党的二十大报告提出，要完善社会治理体系，加快推进市域社会治理现代化，提高市域社会治理能力，这都为加强和创新市域社会治理现代化提供了方向。

二 市域社会在社会治理体系中的功能定位

市域社会治理是以市辖区为基本范围，以市辖区政府及其职能部门、派出机关为主体，以基层群众性自治组织和社会组织为补充，通过政策引导、法治保障、经济支撑、道德教化、技术支撑等方式，推动各方面资源和力量有效整合，构建政府管理、社会协同、公众参与、法治保障的现代社会治理体制。在国家治理体系中，市域社会治理承担着承上启下的关键作用。要充分发挥市域社会治理在资源统筹、风险防控、服务供给等方面的优势作用，以市域社会治理现代化带动实现国家治理现代化。

市域社会治理是国家发展总体部署的落实者。坚持和完善中国特色社会主义制度、推进国家治理体系和治理能力现代化，是全面建设社会主义现代化国家的首要任务。随着我国社会治理重心不断向基层下移，市域社会治理在社会治理中发挥着基础性作用。贯彻国家发展战略和区域发展规划，推动经济高质量发展、城乡一体化建设、生态文明建设等重大任务实施，促进区域间协调发展、城乡融合发展、产业转型升级等重大目标的实现，都需要落点在市域管辖范围内。

市域社会治理是社会治理共同体的构建者。市域是我国非常重要的行政单元，治理主体主要包括政府、企业、社会组织和人民群众，其本质是政府管理和社会协同的有机结合，具有整体性政府治理特征。在市域范围内开展社会治理创新工作，建立健全“党委领导、政府负责、民主协商、社会协同、公众参与”的体制机制，能够在更大范围内整合资源和力量进行统筹安排，有效发挥各自优势，构建形成共建共治共享的社会治理新格局。

市域社会治理是社会组织和社会力量的培育者。市域是最具有活力和发展潜力的区域，也是推动社会组织成立发展、开展实践的基础载体。加强市域社会治理现代化，有利于在市域范围内大力推动社会组织的发展，扶持社会组织发展壮大，激发社会组织的活力和创造力；还有利于调动各类社会力量的积极性，让社会力量参与公共服务、公益事业、志愿服务等领域，形成政府、市场、社会多元主体共同参与、协同治理的良好局面。

市域社会治理是法治建设和法治保障的推进者。解决市域范围内较为复杂的经济、政治、文化和社会问题，规范市域社会治理秩序，维护市域社会和谐稳定是法治建设的重要任务。加强市域社会治理现代化，完善市域相关的法律法规和规章制度，做好依法行政、依法治市、严格执法工作，为市民解决各类纠纷和问题，能够有效保障市民的合法权益，维护社会公平正义，防范化解各类社会风险，为城市社会经济发展提供有力的法治保障。

市域社会治理是基本公共服务的供给者。市域社会治理与经济社会发展和民生改善有着密切联系，加强市域社会治理现代化能够有效发挥市域在资源整合、反映诉求、提供服务等方面的优势作用，较好地满足市民群众衣、食、住、行等基本生活需求，也能在教育、医疗、卫生、交通等方面提供更加高效、便捷、优质的公共服务，为市民群众创造高品质生活，促进城市可持续发展。

三　推进市域社会治理现代化的现实意义

市域社会治理现代化是指在城市区域范围内，综合运用现代化的理念、方法、技术和手段促进城市治理能力和治理体系现代化的过程。推进市域社会治理现代化是党中央的重要战略部署，对于提高城市治理水平、促进城乡区域协调发展，保障和改善民生福祉，维护社会稳定和国家安全，具有重要的现实意义。

第一，推进市域社会治理现代化，有利于构建高质量发展的城市空间。随着我国城镇化水平不断提高，城市规模不断扩大，城市之间的联系也越来越紧密，形成了以城市群为主体的城镇体系。推进市域社会治理现代化，就是要在市域范围内加强现代化建设，从整体上优化城市布局和功能，统筹规划和建设城市基础设施、公共服务、生态环境等，打造环境优良、宜居宜业、充满活力的城市空间。

第二，推进市域社会治理现代化，有利于提升城市公共服务能力和水平。作为经济社会发展的重要载体和引擎，城市需要为各类主体提供高效便捷、公平公正、多样化的服务，满足人民群众日益增长的美好生活需要。推进市域社会治理现代化，就是要创新城市管理模式和手段，加强政府与社会、市场、公众等多方协作和沟通，充分发挥大数据、云计算、人工智能等新技术在城市治理中的作用，提高城市服务的智能化、精准化、便捷化程度，满足人民群众个性化、层次化、多元化的公共服务需求。

第三，推进市域社会治理现代化，有利于促进区域协调发展。市域范围内存在多个行政主体和利益主体，如市、县、镇、村等，这些主体之间往往存在着利益分歧和竞争关系，导致区域内的要素流动和资源配置受到限制或干扰。这不利于形成区域内的协同效应和规模效应，也不利于提高区域外的竞争力和影响力。推进市域社会治理现代化，就是要建立和完善统筹协调、高效便捷、公平公正、民主法治的治理体系，实现区域内各级各类主体的有效沟通和协作，消除或减少行政壁垒和利益障碍，促进区域内外要素的合理流动和资源优化配置，实现区域融合发展。

第二节　河南推进市域社会治理现代化的实践探索

近年来，河南省贯彻落实党中央关于推进市域社会治理现代化的战略部署，立足省情实际，深入开展市域社会治理现代化建设的创新实践，通过健全市域社会治理现代化体制机制、深化平安河南建设、开展市域社会治理现代化试点、夯实基层治理根基等强有力举措，不断提升市域社会治理的科学化、社会化、智慧化水平。

一　加强顶层设计，完善市域社会治理现代化的制度体系

2019 年，党的十九届四中全会首次提出“推进市域社会治理现代化”，这在我国推进国家治理体系和治理能力现代化进程中具有重要的标志性意义。河南省按照党中央、国务院和省委、省政府的部署要求，将推动市域社会治理现代化作为新时期加强和创新社会治理工作的重点任务，坚持科学规划、统筹管理、试点先行、稳步推进，先后出台《关于推进市域社会治理现代化的实施意见（试行）》《关于加快推进社会治理现代化开创平安河南建设新局面的实施意见》等政策文件，明确了全省推进市域社会治理现代化的目标任务，建立平安建设领导责任制和工作协调机制，决定启动开展市域社会治理现代化试点工作，为全省推进市域社会治理现代化建设提供了基本遵循。

围绕全省市域社会治理现代化目标，河南省聚焦平安建设、风险防控、矛盾化解、基层治理等市域社会治理关键环节，深入推进市域体制机制改革创新，不断完善配套政策和法律法规。在平安建设方面，制定了《河南省社会治安综合治理领导责任制实施办法》《河南省消防安全责任制实施办法》《河南省安全生产风险管控与隐患治理办法》；在矛盾纠纷化解方面，出台了《关于完善基层矛盾纠纷预防化解机制的指导意见》《河南省矛盾纠纷多元预防化解条例》；在基层治理方面，印发了《河南省“十四五”城乡社区服务体系建设规划》《中共河南省委、河南省人民政府关于加强和完善城乡社区治理的实施意见》，这些政策法规构建完善了市域社会治理的政策体系，为深入推进市域社会治理现代化建设提供了重要的制度保障。

二 深化“三零”创建实践，高水平建设平安法治河南

随着城市规模不断扩大，社会矛盾日益增多，治安问题愈发突出，如何应对这些新问题新挑战，实现社会稳定和谐发展成为现代化河南建设的重要课题。2021 年 10 月，河南省召开的第十一次党代会提出了建设“十个河南”的重大决策部署，将法治河南、平安河南列为“十个河南”建设的重要内容同步推进。各地按照省委的部署要求，以防风险、保安全、护稳定为重点，推进平安河南建设，以建设法治政府、优化法治环境为重点推进法治河南建设，全力构建安定有序、和谐稳定的平安法治河南。

一是加强法治建设。河南省加快推进全面依法治省，坚持科学立法、严格执法、公正司法，深入推进司法体制改革。一方面，印发《关于进一步加强和支持行政审判工作的意见》《河南省行政机关负责人出庭应诉工作规定》《河南省常态化府院联动工作机制》等重要文件，对行政机关依法行政进行明确要求，进一步规范行政执法人员行为、提高行政人员法治素养，为推进法治政府、法治社会建设提供机制保障。另一方面，河南省围绕重点领域、新兴领域、民生领域立法，创造性出台了《河南省黄河流域生态保护和高质量发展条例》《河南省科学院发展促进条例》，为推动黄河流域生态保护和高质量发展、做大做强科学院立法护航，并先后颁布了《河南省社会信用条例》《河南省南水北调饮用水水源保护条例》《河南省教育督导条例》《河南省行政处罚听证办法》等一大批地方法规和规章，为推动高质量发展织就“法治之网”。①

二是广泛开展“三零”创建活动。河南全省平安建设工作会议上指出，“以‘零上访、零事故、零案件’为目标、为抓手、为检验的村（社区）、企事业单位创建活动，是创造性践行新时代‘枫桥经验’、提升基层治理能力的治本之策”。随后，“三零”创建活动在全省各地全面铺开，广大党员干部、平安建设工作者把创建活动作为能力作风的“练兵场”，聚焦居民群众最关心、最直接、最根本的问题，深入一线，深入基层，在联系服务群众、化解矛盾纠纷、排查整治隐患的过程中，不断增强服务意识、提高能力本领、改进作风形象。

---

① 《法治光耀 平安河南》，《河南日报》2022 年 10 月 12 日。

三是推进立体化社会治安防控体系建设。面对当前社会治安面临的新形势、新特点、新任务，河南省各地强化“脚板+科技”工作理念，科学整合治安资源、优化充足防控要素、加强整体协同联动，加快推进人防、物防、技防、心防相结合的一体化、智能化社会治安防控体系建设。一方面，河南省在全省深入开展“一村（格）一警”建设，运用信息技术打造“一村（格）一警”及社会治安防控智能平台，做好“两任”“两调”“两抓”工作，选派治安队伍进入城乡社区兼任“两委”工作人员，实行“警法联调”“警调对接”，建立村（格）警务室和村（社区）法律顾问工作联勤联动机制；坚持群访群治与常态化巡防结合，引导社会力量参与社会治安防控，形成了以治安防控为主体，以智能平台为依托，以巡查巡防为内容，以群防群治为补充的立体化防控体系。另一方面，全省公安机关根据社会治安形势变化，深入开展专项治安行动，在重要节假日及特定时间节点组织开展“豫祝平安”“平安守护”等专项整治行动，统筹治安整治工作，集中打击各类犯罪行为，维护好、保障好人民群众合法权益和生命财产安全，确保全省社会大局稳定。

三　推动重心下移，夯实市域社会治理根基

基层是社会治理的第一站，也是市域社会治理的最终落脚点。党的十九届四中全会以来，河南省将加强和创新基层治理作为推动市域社会治理现代化建设的重要内容，创新和发展新时代“枫桥经验”，不断强化基层治理阵地建设，推动人力、物力、财力向基层转移，提高基层公共服务能力、矛盾纠纷化解能力和社会风险防控能力，进一步夯实治理基层基础，构建安定有序、充分活力的基层治理新格局

一是创新完善网格化管理模式。网格化管理是河南省在 2012 年就全面建立起来的社会治理模式，在推动社会治理重心下移、优化配置社会治理资源、提高基层治理效能中发挥了重要作用。近年来，为了顺应社会变革、城市发展和群众需求的迫切需要，河南省不断优化完善“两级政府、三级管理、四级网络”基层治理体制，在原有网格化管理模式上加强市域统筹、党建引领、网格支撑、技术赋能，切实织密织牢社会治理网络体系。各地结合实际，创新发展网格化管理模式，建立健全网格化管理长效机制，以“小网格”撑起“大服务”，推动“大治理”。如郑州市以基层党建统一基

层治理，以“五星支部”创建为抓手，加强网格党组织体系建设，发挥党组织战斗堡垒作用和党员先锋模范作用，建立起基层治理联防联控、群防群控的坚固防线。新乡市创新探索“3+N”网格化管理模式，由政务人员、警务人员、社会事务人员分别担任网格长、副网格长、网格员，实现了政务、警务、社务相互融合、相互补充，有效整合了基层共治合力。

二是加强基层治理阵地建设。为了深入推进平安建设工作，河南省综治委下发《关于全省乡镇（街道）、村（社区）综治中心规范化建设试点的指导意见》《河南省乡镇（街道）、村（社区）综治中心规范化建设指导手册》等文件，在全省乡镇（街道）、村（社区）推进综治中心规范化标准化建设，要求完善综合治理组织架构，健全综治中心运行机制，将综治中心打造成为强化基层党建、落实网格化管理、做实矛盾纠纷排查化解、开展社区服务活动、维护基层秩序的主阵地，推动基层治理工作联动、矛盾联调、问题联治、治安联防、平安联创，实现基层综合治理工作一站式服务、一体化推进。

三是健全矛盾纠纷多元化解机制。河南省坚持依法治理、源头治理、系统治理理念，把完善基层矛盾纠纷预防化解制度作为四项基础制度建设重点工作，采取强有力的措施构建多元化矛盾纠纷化解体系。2022 年，为了全面贯彻落实党中央决策部署，深入推进平安河南建设工作，满足人民群众对化解矛盾纠纷的需求，河南省印发《河南省矛盾纠纷多元预防化解条例》，对矛盾纠纷化解工作原则、具体途径、监督保障措施做了明确规定，并要求建立矛盾纠纷预防工作机制，加强矛盾纠纷源头预防和诉源治理。近几年来，河南省各地聚力零上访、零案件、零事故“三零”创建工作，积极搭建县（区）、乡（街道）、村（社区）和行业系统不同层次、不同层面的矛盾纠纷化解平台，并且积极吸纳社会力量参与矛盾纠纷调处化解工作，不断创新矛盾化解的方式方法。如焦作市创新推出矛盾纠纷“四色四单”管控机制，根据难易和危害程度将矛盾纠纷划分为“蓝、黄、橙、红”四个等级，同时积极落实“风险提醒单”“风险督办单”“风险移交单”“风险问责单”工作模式，进一步提升了矛盾纠纷流转的“清晰度”，以及矛盾纠纷排查化解全流程闭环推进。① 平顶山出台《加强矛盾纠纷多元

① 荆锐：《凝心聚力抓创建，齐抓共管保平安——河南省持续深化“三零”创建综述》，《河南法制报》2023 年 2 月 17 日。

预防化解工作的实施意见》，分领域、按层级组建“核心、紧密、参与、群防”四个工作圈，推行“日调度、周例会、半月研判、月通报”四项机制，实施“预警、管控、治本”三大工程。[①] 各地对矛盾纠纷化解工作的新探索有力提高了工作质效，实现了矛盾纠纷化解主体多元化、形式多样化、手段综合化。

四 注重探索创新，深入开展现代化试点实践

开展试点实践是推进市域社会治理现代化建设的重要内容。2020 年，为了贯彻落实党的十九届四中全会提出的“加快推进市域社会治理现代化”的总要求，市域社会治理现代化实践在全国范围内广泛开展，河南省将郑州、开封、洛阳、平顶山、安阳、鹤壁、濮阳、南阳、驻马店作为第一期试点，其他 8 个地市为第二期试点，分类推进市域社会治理现代化试点工作。试点工作开展以来，各试点城市主动提升政治站位，自觉融入工作大局，坚持高标准谋划、高频度推进、高水平创建，推动试点工作向纵深发展。

一是加强统筹规划。各试点城市按照河南省委、省政府部署要求，坚持规划引领，强化领导统筹，通过完善市域社会治理的领导体系、责任体系、制度体系，为深入推进市域社会治理工作奠定基础。安阳市成立以市委书记和市长任“双组长”的试点工作领导小组，市委副书记、政法委书记亲自指导推动试点工作有序有效开展，制定印发《安阳市推进市域社会治理现代化试点工作实施方案》《关于加快推进市域社会治理现代化 建设更高水平平安安阳的实施意见》《安阳市社会治理促进条例》等规范性文件，搭建市域社会治理的“四梁八柱”；洛阳市研究制定《洛阳市市域社会治理现代化建设试点工作实施方案》，将试点工作纳入“十三五”“十四五”发展规划，将创建列入年度重点工作和民生实事推进落实，构建了较为完备的市域社会治理体系；南阳市将市域社会治理工作列为“市长工程”“书记工程”“民生工程”强力推进，印发《南阳市平安建设工作领导责任制实施办法》等，以党内法规形式将各级党委政府、行业部门特别是政法部门的

---

① 荆锐：《凝心聚力抓创建，齐抓共管保平安——河南省持续深化“三零”创建综述》，《河南法制报》2023 年 2 月 17 日。

社会治理任务制度化，制定《市域治理指挥部规范化建设指导手册》等，明确各地各部门市域社会治理工作标准。[①]

二是创新工作机制。各试点城市全面推进社会治理领域创新改革，不断健全市域社会治理工作机制，创新治理方式方法，打造形成各具地方特色的市域社会治理新模式。郑州市把“三零”创建纳入市域社会治理现代化试点工作，全盘谋划、一体推进，从组织架构、责任落实、网格治理、数治赋能、自治强基等方面建立了12项工作机制，研发“三零”创建软件系统，确保平安创建实效；[②]濮阳市围绕“三零”平安创建工作，建立“34234”工作机制，深入开展抓基层、抓基础、抓源头、抓预防“四抓”工作，大力推行“坐诊+巡诊+出诊”的“三诊”工作法，搭建“公检访诉调”对接平台，加强县、乡、村三级矛盾调处室（中心）建设，健全市、县、乡、村四级人民调解委员会，推动“三官两员一顾问”深入社区帮助群众解决问题，有效提升了矛盾纠纷源头预防能力；开封市以“一中心四平台”建设作为推进市域社会治理现代化的实践载体，建立市、县、乡、村四级综合指挥中心和综合治理、便民服务、双向交办、综合监督四个平台，实施“网格化管理+数字化治理”，做到“基层点单、部门响应，上级交办、落实高效”，努力打通城市建管惠民服务的“最后一公里”。[③]

五　强化技术支撑，助推市域社会治理提质增效

随着大数据、云计算、人工智能等数字技术的蓬勃发展和广泛应用，数字技术越来越成为社会治理体系建设中不可忽视的力量，以信息技术为支撑建设高效能的市域社会治理体系，成为推动实现市域社会治理现代化的重要指向。近年来，河南省抢抓新一轮技术革命机遇，充分发挥数治资源禀赋优势，加快城市基础设施改造升级，构建完善社会治理网络平台，有序推动全省智慧城市建设，不断提升市域社会治理的科学化、精细化、智能化水平。

一是加强新型基础设施建设。河南省高度重视新型基础设施建设，将

① 《南阳市探索市域社会治理现代化新模式 不断提升老百姓的安全感》，河南省人民政府网站，2021年12月30日，https：//www.henan.gov.cn/2021/12-30/2374707.html。

② 《精心绘好“路线图”推动形成双网融合》，《法治日报》2022年4月27日。

③ 任崇喜：《开封：建设智慧城市 提升治理能力》，《开封日报》2022年5月24日。

新型基础设施建设作为加快网络强省建设、数字河南建设的重要内容，加强规划布局，加大投入力度，全力高效推进。近年来，河南省陆续发布《河南省网络强省建设实施方案》《河南省推进“5G+工业互联网”融合发展实施方案》《河南省“十四五”新型基础设施建设规划》《河南省推进新型基础设施建设行动计划（2021—2023 年）》等一系列顶层规划，对支撑社会经济智慧化运行的新基建进行谋篇布局。全省各地不断加快 5G、工业互联网、物联网等新一代网络基础设施建设，推进大型数据中心、人工智能信息基础设施建设等。实施郑州国家级互联网骨干智联点工程，完善全域互联网骨干网建设，加快提升千兆家庭介入能力，逐步建立起新型基础设施建设的“四梁八柱”，构建形成高效、融合、智能、安全的信息基础设施体系。

二是深入推进智慧城市建设。2012 年，国家住建部正式发布了国家智慧城市试点工作通知和智慧城市试点指标体系，并公布了国家智慧城市首批试点城市名单，郑州市、鹤壁市、漯河市、济源市、新郑市、洛阳新区名列其中，在政策的支持下，全国各地智慧城市建设蔚然成风。近年来，河南省审时度势，抓住机遇，先后印发《河南省促进智慧城市健康发展工作方案（2015—2017 年）》《河南省人民政府办公厅关于加快推进新型智慧城市建设的指导意见》，提出了“到 2025 年，河南将建成 5 个左右全国一流新型智慧城市”的目标任务，深入推进智慧城市试点建设。2020 年起，河南省启动省级智慧城市试点工作，将郑州市、洛阳市、鹤壁市、新乡市、焦作市、漯河市、三门峡市和驻马店市作为河南省新型智慧城市建设试点，要求各地基于“一个平台、三大体系、四大应用”的一体化架构规划实施新型智慧城市建设试点工作。

第三节　河南加强和创新市域社会治理的主要成效

近年来，河南省贯彻落实党的十九大、二十大精神，按照全国市域社会治理现代化工作会议和河南省委、省政府的总体部署要求，坚持高位谋划、改革创新、凝聚合力、强力推进，深入开展市域社会治理现代化试点实践，河南省的市域社会治理工作不断取得新突破、新成效，市域社会治理政策法规日益完善，平安河南建设成绩显著、社会治理基础更加稳固，市域社会治理智慧化水平持续提升，试点工作特色亮点纷呈，河南省以市域的健康、有序、可持续发展为全省社会大局的和谐稳定提供了坚实保障。

一 法治河南建设不断前进

2021 年以来，河南省紧紧围绕省委、省政府中心工作以及第十一次党代会提出的“两个确保”奋斗目标全面加强依法治省建设，坚持科学立法、严格执法、公正司法，深入推进法治政府建设，不断加快司法体制改革步伐，着力打造一流法治化营商环境，推动法治河南建设迈向更高水平。

（一）立法质量效率不断提高

河南省立足新发展格局，聚焦促进中部地区崛起、郑州国家中心城市建设战略、乡村振兴、数字中国等国家重要战略，密集出台了一系列涵盖黄河流域生态保护与高质量发展、环境保护、数字经济、民生事业等领域的重要法律法规，以良法助力实现社会善治。据统计，仅 2021 年河南省共制定修订党内法规 4 部，审议省本级地方性法规 17 部，制定修订省政府规章 7 部。截至 2022 年，全省现行有效的党内法规 180 余部、地方性法规 470 余部、政府规章近 300 部，基本形成了一套行之有效的法规规章制度体系。[①]

（二）法治政府建设向纵深推进

河南省建立健全“1211”法治政府建设推进机制，用法治的力量约束行政权力，促进权力规范透明运行。政府行政执法能力持续提升，全面推行行政执法“三项制度”，印发工作指标体系，梳理 1.3 万余项行政执法事项，发布第一批行政执法优秀案例和警示案例，行政执法更加公正规范。[②]“放管服”改革深入推进，群众办事更加方便快捷，取消行政许可事项 25 项，下放 3 项，公布 2848 项省政府部门权责清单目录，赋予县（市）255

---

① 《筑牢现代化河南发展的法治根基——2021 年法治河南建设工作综述》，河南省人民政府网站，2022 年 5 月 17 日，https：//www. henan. gov. cn/2022/05-16/2449715. html。

② 《筑牢现代化河南发展的法治根基——2021 年法治河南建设工作综述》，河南省人民政府网站，2022 年 5 月 17 日，https：//www. henan. gov. cn/2022/05-16/2449715. html。

项省辖市级经济社会管理权限。[①] 构建全省政务服务事项统一受理体系，全省接入统一受理平台政务服务事项 2285 项，开设线下“全豫通办”窗口 367 个，首批 800 项政务服务事项实现全省通办，全省“零跑动”和不见面审批事项比例达 93.56%。[②]

（三）司法体制改革取得重要进展

多年来，河南省持续推进司法体制改革，不断加强社会主义司法制度建设，重构权力配置和运行机制，进一步健全诉讼制度机制，完善法律服务体系，通过一系列强有力的改革措施，维护了司法机关的执法权威，提升了执法司法的公信力，彰显了社会公平正义，公众安全感和执法满意度不断提升。全面推行法官员额制，司法责任制进一步健全；一体推进法院“人案权”制约监督体系建设，加强了司法权力运行的规范和约束；开展了刑事诉讼认罪认罚从宽制度改革以及民事诉讼程序繁简分流改革，大大提升了办案质效；公共服务水平不断提高，河南省基本建成覆盖城乡的公共法律服务实体、热线、网络“三大平台”，实现“一村（居）一法律顾问”全覆盖，专业律师占比达 87.7%；智慧法院建设取得重要进展，全省法院全部实现网上立案、网上交费、就近立案、跨域立案，网上阅卷、开庭、调解、保全、宣判、送达等指标均居全国前列。[③]

（四）法治化营商环境持续优化

2020 年以来，河南省围绕市场主体需求，聚焦政府职能转变，将近年来政府行政体制改革中的经验做法以法律形式固定下来，对建立健全公平开放透明的市场规则进行了制度设计，出台了《河南省优化营商环境条例》，印发了《河南省营商环境优化提升总体行动方案》和《充分发挥政法机关职能作用促进法治化营商环境优化提升工作方案》等 18 个专项政策，

① 《建设法治政府 筑牢幸福基石》，河南政府法制网，2022 年 10 月 11 日，https://sft.henan.gov.cn/2022/10-11/2620501.html。

② 《建设法治政府 筑牢幸福基石》，河南政府法制网，2022 年 10 月 11 日，https://sft.henan.gov.cn/2022/10-11/2620501.html。

③ 徐东坡、李佳平：《推进司法改革 彰显公平正义》，“河南日报”百家号，2022 年 4 月 19 日，https://baijiahao.baidu.com/s?id=1730466326430711224&wfr=spider&for=pc。

全面实施全省营商环境优化提升行动，有力促进了营商环境的整改提升，助推全省经济提质增速，充分激发了市场活力和社会创造力。2021年以来，全省法院涉企民商事案件平均办理天数压缩至45天；317家企业通过破产重整、和解程序实现新生，通过重整共清理债务1400余亿元，保留工作岗位5万余个，盘活资产373亿元，清偿各类债权794亿元。①

二　平安河南建设成效突出

党的十八大以来，河南省坚定不移贯彻落实国家安全观，将维护国家安全、社会安定、人民安宁作为头等大事来抓，全面深入开展“三零”创建工作，坚持依法治理，前端治理、标本兼治、多管齐下，推动平安河南建设迈上更高质量、更高水平的新台阶，人民群众的幸福感获得感安全感进一步增强。

（一）矛盾纠纷多元化解机制日益健全

自“三零”创建工作开展以来，全省各地政法机关以矛盾纠纷化解为重点工作内容，扎实开展“六防六促”专项行动，持续创新工作机制、开展专项行动、壮大群防群治力量，推动了矛盾纠纷化解工作的常态化、立体化、多元化，有效提升了各项工作质效。在地方实践中也涌现出了一些特色突出、成效明显的新举措，如郑州市创新“最多跑一地，一码解纠纷”工作机制，信阳建立“全域受理全域办理”一体化法律援助服务机制，许昌市设立“联乡帮村工作日”，焦作市推出矛盾纠纷“四色四单”管控机制，鹤壁市建立“一评四会”工作机制，即社会稳定风险评估、村（社区）说事评理会、乡镇（街道）综治联席会、县区评议会商会、市级分析研判会机制，这些新机制新方法构建完善了矛盾纠纷多元化解体系，最大限度地将各类矛盾风险遏制在萌芽，化解在基层、控制在市域。2022年河南省共排查化解各类矛盾纠纷57.9万件，刑事警情、治安警情实现双下降，②营造了安全、有序、稳定的社会环境。

---

① 《法治光耀 平安河南》，《河南日报》2022年10月12日。

② 荆锐：《凝心聚力抓创建，齐抓共管保平安——河南省持续深化“三零”创建综述》，《河南法制报》2023年2月26日。

（二）社会治安整治专项行动成果丰硕

近年来，河南省围绕平安河南建设，深入开展社会治安专项整治行动、扫黑除恶专项行动以及打击各类违法犯罪专项行动，依法守护了中原大地的平安稳定，有效提升了人民群众的安全指数。各地政法机关每年在特殊时间节点，针对群众反映的突出问题常态化开展“豫筑平安”“平安守护”等专项行动，不断强化对违法犯罪行为的高压震慑态势；扫黑除恶专项斗争取得阶段性胜利，三年共打掉涉黑组织 215 个、涉恶犯罪集团和团伙 1299 个，查封、扣押、冻结涉案财产 330 亿余元，工作成效连年位居全国第一方阵前列；集中开展打击整治电信网络诈骗、非法集资、养老诈骗等专项治理，2022 年在打击整治养老诈骗专项行动中，共立案侦办案件 2010 起，打掉犯罪团伙 276 个，追赃挽损 6.9 亿元。[①]

（三）基层平安基础进一步夯实

河南省全面实施“固本强基”工程，聚焦群众最关心、最直接、最根本的社会治理问题，推动治理重心向基层下移，落小单位、落细任务，打通了“基层治理最后一公里”，平安河南建设根基不断巩固。将“一村（格）一警”建设作为新时代“枫桥经验”的创新实践强力推进，形成了“党建引领、网格管控、科技支撑、共建共享”的平安建设工作机制。截至 2023 年初，全省建成标准化警务室 8053 个、警务工作站 4.3 万个，配备社区民警 1.17 万名、社区辅警（含警务助理）5.06 万名，基本建成派出所、警务室、警务工作站三级警务架构，夯实了基层基础工作最小单元。市、县、乡、村四级综治中心规范化实体化建设深入推进，配齐配强 2535 名乡镇（街道）政法委员，建成县、乡、村三级人民调解组织 5.5 万个，34.7 万名网格员、69.7 万名志愿者、46.9 万名乡村治安巡防员活跃在群众身边，政法机关执法满意度由 88.33%提升至 96.4%。[②]

---

① 《擦亮平安“底色”提升幸福“成色”河南政法机关十年推出便民利民措施 400 余项》，大河网，2022 年 10 月 13 日，https://news.dahe.cn/2022/10-13/1114221.html。

② 《他们用“辛勤指数”换来了咱们的“幸福指数”十年来，河南政法系统推出 400 余项便民措施》，大河网，2022 年 10 月 14 日，https://news.dahe.cn/2022/10-14/1114608.html。

三 市域社会治理数字化水平持续提升

党的十八大以来，河南省主动抢抓新一轮技术革命兴起的重要机遇，不断加快数字化建设步伐，推动数字技术与新型产业发展、社会治理改革、智慧城市建设深度融合，河南省数字基础设施实现超越式发展，数字融合能力大幅提升，数字治理能力明显增强，“数字河南”展现蓬勃生机。

（一）数字基础设施实现超越式发展

当前，河南省始终将新型基础设施建设作为全局性、战略性、牵引性工程强力推进，从第十一次党代会提出实施数字化转型战略，建设“数字河南”到“十四五”时期新型基础设施规划落地，河南省新型基础设施建设步伐不断提速，基础设施实现全面提升，为河南社会经济发展以及社会治理创新提供了有力的平台支撑。据国家互联网信息办公室发布的《数字中国发展报告（2021 年）》，河南在数字基础设施建设方面处于全国第一梯队，率先实现乡镇以上和农村热点区域 5G 网络全覆盖，5G 终端用户居全国第 3 位；郑州国家级互联网骨干直联点总带宽居全国第 5 位；百兆以上宽带用户占比超 99%，居全国第 1 位。①

（二）数字融合能力大幅提升

在互联网、大数据、云计算、人工智能等新一代数字技术发展的驱动下，社会治理数字化转型是社会经济发展的必然走向。近年来，河南省实施“数字化转型战略”，积极开展智慧城市、智慧社区建设试点，加快推进农业信息化和数字乡村建设、加快数字政府建设步伐，推动数字河南建设与社会治理现代化体系建设相生相融。新型智慧城市试点成效显著，郑州市二七区人和路街道荆胡社区、洛阳市西工区西工街道市委院社区、鹤壁市淇滨区长江路街道新城社区等 10 个省级智慧社区试点有序推进，技术赋能实现了治理流程优化、治理模式创新、数治能力得到全面提升。数字政府建设快速推进，省级一体化政务服务能力大幅跃升，从 2018 年的全国第 24 位，升至 2020 年的第 8 位，再到 2021 年首次进入全国第 1 组别。“豫事

---

① 《数字河南天地宽》，《河南日报》2022 年 9 月 27 日。

办”App成为河南人民的掌中宝，接入5449项高频便民应用，每天有200多万人办理业务。①

四　市域社会治理现代化试点实践亮点纷呈

（一）洛阳市：“1124”工作模式

自2020年洛阳市被确定为河南省第一批市域社会治理现代化试点城市以来，洛阳市坚持多措并举，大胆创新、锐意改革，深入开展市域社会治理现代化试点建设，逐渐形成了“党建+一中心+两基础+四治融合”的“1124”工作模式，打响了“民有所呼、我有所应”的社会治理品牌，洛阳市市域社会治理现代化水平显著提升。洛阳市市域社会治理试点实践的工作亮点有以下几方面。一是建强基层治理阵地。加强各级综治中心规范化建设，落实“四室一厅”“两室一站”建设标准，推动市、县、乡、村综治中心围绕网格化管理、安全隐患排查、矛盾纠纷排查化解、“三零”创建、“五星”支部创建等工作实战化运行。二是完善市域社会治理组织架构。全市划分网格7719个，每个网格确定1名网格长，配备一名专（兼）职网格员和人民调解员、楼栋长、“四官”服务队、平安建设志愿者等工作力量，推动全科网格全面覆盖。建立“社区党组织+网格党支部+楼栋党小组+党员中心户”的党组织覆盖体系，发挥网格党组织的战斗堡垒作用。实施“街道社区搭平台、社会组织添助力、驻区单位共参与”的联动服务模式，完善政府购买服务制度办法，激发社会组织参与活力。② 三是创新矛盾纠纷化解机制。洛阳市开展“四官”（法官、检察官、警官和法律服务官）服务队进社区（村）活动，落实“三上门、三必访、双程序”工作机制，标本兼职开展矛盾纠纷化解工作，有效化解各类矛盾纠纷。

洛阳市市域社会治理现代化试点的“1124”模式，以党建为引领，以综治中心为主阵地，紧紧把握网格化、信息化两个基础，推进自治、法治、德治、数治融合发展，构建形成了“综治中心+网格化+信息化”的基层社会治理格局，实现了网格化管理和信息化支撑全面覆盖，以市域社会治理

---

① 《数字河南天地宽》，《河南日报》2022年9月27日。

② 《护航古都复兴路 共筑平安洛阳城——洛阳市推进市域社会治理现代化工作综述》，河南省人民政府网站，2023年4月10日，https：//www. henan. gov. cn/2023/04-10/2722104. html。

的科学化、精细化、智能化为平安洛阳保驾护航。

（二）开封市："一中心四平台"建设

2018年以来，开封市主动适应社会结构的新变化和城市治理的新需求，积极开展社会治理创新实践，在全市强力推进"一中心四平台"建设，利用全域多级网格体系和一体化智能指挥系统，实施"网格化管理+数字化治理"，逐步形成了"互联网+基层治理"的创新模式。在"一中心四平台"体系中，"一个中心"是指依托"智慧开封"大数据平台建立的市、县（区）、乡镇（街道）、村（社区）四级综合指挥中心。四级综合指挥中心分工负责，互联互通，实现社会治理事项的高效办理。"四个平台"指的是社会治安平台、市场监管平台、综合执法平台、便民服务平台，分别依托综治办、食药监系统、城管部门、行政服务中心建立，统筹协调治安、监管、行政执法、公共服务资源，最大限度地推进资源优化整合，为群众生活提供便利服务，打通城市建管惠民服务"最后一公里"

近两年来，开封将市域社会治理与新型城镇化相结合，积极拓展"一中心四平台"智慧应用场景，推动城市精细化管理。突出城市安全运行，智慧监测管网桥涵、水电气暖、道路窨井等城市体征，提升城市应急水平。突出便民利民服务，精细化网格快速回应百姓诉求，全面提升城市服务民生的柔性、抵御灾害的韧性。突出治理效能提升，实施"网格化管理+数字化治理"，解决运行管理粗放、部门各自为战的难题，形成"双向交办、双向报到"机制。突出营商环境优化，打通部门之间"网络壁垒"，畅通信息共享渠道，实现"一网通办"，减轻企业办事负担。[①] 开封市的"一中心四平台"建设充分发挥了网格化数字化"脚板+科技"的优势，构建了"统一指挥、协调联动、即时响应、有效处置、精准考评"的社会治理运行管理机制，实现了社会治理效率和水平双重提升。

（三）新乡市："党建引领""智治支撑""网格聚力"

近年来，新乡市紧紧抓住全国市域社会治理现代化试点城市的发展契机，高站位、高标准推动市域社会治理现代化试点工作，构建形成了"党

---

① 任崇喜：《建设智慧城市 提升治理能力》，《开封日报》2022年5月24日。

建引领、智治支撑、网格聚力”的工作模式，其主要做法有以下几个方面。一是党建引领完善网格体系。在全市设置网格18332个，建立“两长三员”网格员队伍（第一网格长、网格长和督察员、巡查员、网格员）[①]，打造涵盖党的建设、综合治理、应急管理、民生服务等工作内容的全科网格，形成县（区）、乡镇（街道）、村（社区）、村组（楼院）四级网格管理体系。二是机制创新释放网格活力。对网格实行分类规范管理，全市共划分农村和城市社区基础性综合网格11512个，企事业单位、商务楼宇、商圈市场等基本单元专属网格4980个。建立服务事项准入机制，将基础信息采集、社情民意收集、安全隐患排查整治等11项内容纳入网格统一管理，引导群团组织、社会组织参与网格治理，将服务、资源等进一步向基层网格延伸。[②]三是智治支撑诉求网格解决。新乡市用数字技术推动市域社会治理创新改革，建成全市“三零”创建绩效考核系统与“五星”网格员评价考核智能系统，推动“三零”创建工作与网格员常态化同步考核；开发线上“平安新乡”App，实现跨部门、跨领域的数据汇集、整合、分析、共享，建立案事件信息化闭环处置机制，依托全科网格实现问题诉求快速响应、即时反馈、高效办理，切实提高网格化管理的工作效能。

新乡市按照“整合资源、理顺关系、健全机制、发挥作用”的思路全面推动市域社会治理现代化试点建设，以做好“三零”创建工作为抓手，坚持党建引领固本强基，打造一网统管的全科网格，利用技术实现网格精细化管理，形成了“党建+大数据+全科网格”的基层治理新格局，新乡市的试点实践是在充分发挥先进群体作用，发扬村民提案制、调解员全程跟进等治理经验基础上的积累提升，是运用“数治”思维，推动城市基础设施、基层治理体系、社会治安防控体系数字化改革，促进数字技术与基层治理融合互补的积极探索，为深化市域社会治理现代化试点建设，提高社会治理整体效能，建设更智慧、更高水平的平安新乡提供了强有力的支撑。

第四节　河南加强和创新市域社会治理的基本经验

近年来，河南省推进市域社会治理现代化的实践证明，推进市域社会

① 穆智明：《党建引领 智治支撑 网格聚力》，《河南法制报》2023年4月14日。

② 穆智明：《党建引领 智治支撑 网格聚力》，《河南法制报》2023年4月14日。

治理现代化要坚持以习近平中国特色社会主义思想为指导，以人民为中心，以党建引领为核心，以解决市域范围内社会治理问题为重点，以数字化技术为手段，牢固树立系统思维、底线思维、法治思维，构建形成多元主体共治共建共享的市域社会治理共同体。系统总结河南推进市域社会治理的成功经验，能够为全省深入推进市域社会治理现代化建设贡献智慧、提供借鉴参考。

一 推进市域社会治理现代化要始终以人民为中心

党的二十大报告提出，坚持以人民为中心的发展思想。维护人民根本利益，增进民生福祉，不断实现发展为了人民、发展依靠人民、发展成果由人民共享，让现代化建设成果更多更公平惠及全体人民。[①] 坚持人民为中心的发展思想是党和国家做好一切工作应坚持的基本准则。当前，我国社会主要矛盾是人们日益增长的美好生活需要同发展不平衡不充分之间的矛盾，满足人民对美好生活的向往和追求是中国共产党的奋斗目标，也是市域社会治理的目标导向。当前及今后一段时期，河南省处于全面推进现代化建设的关键时期，务必要始终坚持以人为本的根本价值取向，不断加强民主政治的制度化、规范化建设，深入推进国家治理体系和治理能力现代化进程。一是要围绕人民群众最关心最直接最现实的利益问题，如教育、就业、医疗、养老、住房、食品药品安全等，深入推进重点领域体制改革，着力解决人民群众的“急愁难盼”，不断提高人民群众的获得感、幸福感、安全感。二是要发展全过程人民民主，健全人民当家做主的制度体系，在民主选举、民主协商、民主决策、民主管理、民主监督的整个民主进程中依法保障人民参与政治的权利。三是要重视人民群众的智慧和力量，发挥人民群众的积极性、主动性和创造性，为人民群众通过多种渠道方式参与推动社会事业发展、管理社会事务提供机会，持续推动国家发展、社会进步。

二 推进市域社会治理现代化要树立系统化思维

市域社会治理是一个复杂的系统，涉及政府管理、公共服务、社会治

---

① 《高举中国特色社会主义伟大旗帜 为全面建设社会主义现代化国家而团结奋斗：在中国共产党第二十次全国代表大会上的报告》，《人民日报》2022 年 10 月 26 日。

安、环境保护等多个领域。当前，市域社会治理面临的不仅有环境污染、交通堵塞等传统“城市病”，还有自然灾害、极端天气、突发卫生事件等新问题、新挑战。这些风险挑战并非单独存在的，而是交织叠加、盘根错节、相互影响，很容易出现牵一发而动全身的连锁反应。这就需要我们树立系统化思维，一方面，要全面、系统地分析和思考问题，客观认识市域社会治理中各领域间的相互关系，从大局着眼、从整体出发，做好城市发展的顶层设计，还要立足当下，放眼未来，坚持问题导向、目标导向，制定各项政策、开展各项工作时突出衔接性和可持续性；另一方面，要求我们积极引入创新的理念和方法，面对城市治理面临的日益复杂的问题和挑战，要不断开拓创新，引入新理念、新方法、新手段来解决问题，为城市的可持续发展提供有力支撑。

三　推进市域社会治理现代化要凝聚多元主体治理合力

多元主体协同共治是“善治”的表现形式，政府、市场主体、社会组织、人民群众都是市域社会治理的主体，在市域社会治理体系中都发挥着不可或缺的重要作用。推动市域社会治理现代化，务必要充分调动各治理主体的力量，在坚持党的领导作用下强调政府主导作用、社会组织协同作用、公众主体作用，努力实现治理效能的最大化。一是政府要发挥好统筹协调和监督管理作用，制定科学合理的政策体系，明确各主体的权责范围，激励和引导各主体参与治理，同时要加强监管评估，确保各主体依法履行职责，推动治理工作的顺利进行。二是社会组织要充分发挥反映诉求、专业服务、资源整合等优势作用，在政策的支持引导下进一步规范发展，同时社会组织要加强自身建设，提高组织能力和治理水平。三是企业应提高社会责任感和创新意识，通过参与公益事业、推动科技创新和社会投资等方式，为市域社会治理提供支持和动力。四是群众作为城市治理的直接受益者，应加强与政府、企业、社会组织等社会主体的沟通和互动，不断增强“主人翁”意识和法治观念，主动参与城市建设和城市管理，共同维护良好的市域社会治理秩序。

四　推进市域社会治理现代化要强化法治保障

依法治理是社会文明进步的标志，是最稳定最可靠的治理方式。推进市域社会治理现代化务必要走法治化道路，充分发挥法治对市域社会治理的引领、规范和保障作用，深入推进依法治国、依法治省建设，运用法治思维和法治方式谋划推进市域社会治理现代化进程，不断增强市域社会治理的定力。立法机关要对影响社会经济高质量发展的突出问题加强相关领域立法，制定出台务实管用的地方性法规和行政规章，并及时修订完善不合时宜的法律法规，通过立法明确部门权责，构建市域社会治理法律规范体系，增强立法的针对性、综合性、灵活性和实效性。政府部门要依据法律规定履行职责，理顺管理机制，加强监管和服务，防止出现以言代法、以权压法、徇私枉法等违法行使权力行为，提升政府部门依法治理的能力水平，构建形成法治型政府。司法部门要深化司法体制改革，在执法规范社会行为、依法解决矛盾问题方面发挥重要作用，做到严格执法、公正司法，切实维护法律权威。要加强法治宣传教育，创新法治宣传方式，帮助广大市民增强法治观念，依法行使自身权利，在全社会营造办事依法、遇事找法、解决问题用法、化解矛盾靠法的良好法治环境，为市域社会治理现代化奠定法治基础。

五　推进市域社会治理现代化要充分发挥技术支撑作用

随着互联网的全面渗透和信息技术的广泛应用，开展“互联网+社会治理”，推动信息技术与社会治理相融合是社会治理创新的重要趋势。全国市域社会治理现代化工作会议也提出，要大力推动大数据、人工智能、区块链等现代科技与市域社会治理深度融合，打造数据驱动、人机协同、跨界融合、共创分享的智能化治理新模式。[①] 郑州的“城市大脑”，开封的“一中心四平台”建设都是信息技术赋能市域治理，推动政府治理转型、社会精细化管理的生动实践。这充分证明，积极应对新形势下市域社会治理的问题，必须充分发挥互联网的优势作用，以信息技术为支撑，推动数据资源的集成、共享、应用，促进社会治理信息化、精细化、现代化水平的提高。一方面，要善于运用大数据、人工智能等技术手段，建构标准统一、多领域融合的数据共享平台，强化数据信息的挖掘、收集、整理，实现跨

① 史兆琨、郭荣荣：《向大数据要战斗力：将“千条线”纳入“一张网”》，《检察日报》2022 年 3 月 27 日。

层级、跨部门、跨系统、跨地域的数据整合，打造信息互联、业务互通、资源共享的智慧治理模式；另一方面，要积极拓展应用场景。以惠民、利民、便民为出发点，促进政务服务网、微博、微信、App 等平台在信息公开、用户互动、公共服务方面发挥作用，充分考虑不同群众需求，进一步简化操作流程，推动线上线下系统融合共通，为群众提供更加人性化、个性化、便捷化的服务。

第五节　新时代河南加快推进市域社会治理现代化建设的创新路径

市域社会治理是国家治理体系和治理能力现代化的重要组成部分，是国家治理体系的“基本盘”，是实现“四个全面”战略布局的关键环节。新时代推进市域社会治理现代化，要深刻理解和把握市域社会治理的内涵要义、科学规律和实践要求，准确把握市域社会治理的特点、规律和趋势，在强化基层党组织引领作用、强化基层民主制度建设、构建多元主体协同共治体系、加快推进现代信息技术应用、完善网格化管理体系等方面进行积极探索，在全面推进市域社会治理现代化进程中形成河南特色，走出河南路径。

一　健全党建引领多元主体协同治理结构

党建引领下的多元共治是新时期加强和完善社会治理体系的应时之举，也是推进市域社会治理现代化的现实选择，要不断完善“党委领导、政府负责、民主协商、社会协同、公众参与、法治保障、科技支撑”的社会治理体系，切实提高市域社会治理的系统化、社会化、精细化、智能化水平，努力建设人人有责、人人尽责、人人享有的市域治理共同体。

一是始终坚持党委在市域社会治理中的领导作用。党委是市域社会治理的领导力量，要强化党的领导，让党建引领贯穿市域社会治理的各个领域、各个方面和各个环节。在规划设计、统筹管理方面突出党建引领作用，确保市域社会治理工作始终沿着正确方向前进。要加强市域范围内的党组织建设，充分发挥基层党组织战斗堡垒作用和党员先锋模范作用，保证党的决策部署得到全面贯彻和落实。

二是完善政府的责任主体作用。政府是市域社会治理的责任主体，要明确政府在市域社会治理中的职责范围和权力边界，加强对市域社会治理的组织实施和监督管理。要优化政府服务功能，提高政府服务水平和效率，推进“一网通办”“最多跑一次”等改革，提升群众满意度。政府各部门要尽职尽责，协同配合，建立健全矛盾纠纷多元化解机制，健全风险防控和应急处置机制，提高预测预警预防各类风险能力，形成全市“一盘棋”的工作格局。

三是推动形成协调合力作用。社会协同是市域社会治理的重要方式。要健全社会协同机制，促进社会各界共同参与市域社会治理，推进协商制度化、规范化、程序化，让各类主体有序参与治理实践，就市域发展和安全的重大问题特别是事关群众切身利益的问题进行广泛多层协商，以增进共识、增强合力。要建立问题联治、工作联动、平安联创的工作机制，推动政府与企业、学校、社区等各方力量加强沟通合作，形成协同发力的局面。

四是发挥社会组织的积极作用。社会组织是市域社会治理的重要参与者。要积极培育公益性、服务性、互助性社会组织，加强对社会组织的监管和指导，发挥社会组织在社会治理中的重要作用。要推进社会组织与政府、企业、群众等多方合作，形成政府购买服务、企业支持发展、群众参与管理的良性互动机制，提高社会组织的服务水平和影响力。要充分利用社会组织的专业优势和资源优势，参与市域社会治理的规划、实施、评估等各个环节，为市域社会治理提供智力支持和技术支持。

五是保障公众参与的广泛性和有效性。公众参与是市域社会治理的基本要求。要完善群众参与治理的组织形式和制度化渠道，搭建群众参与治理的线上线下平台，健全激励保障机制，让群众在参与中增强认同感、提升获得感。要建立健全公众参与反馈机制，及时采纳民意建议，提升市域社会治理的科学性和民主性。要充分尊重民意、汇集民智、凝聚民力、改善民生，加强民主监督，保障公民的知情权、参与权、表达权和监督权，把人民对美好生活的向往作为市域社会治理的奋斗目标。

二　完善“五治融合”治理体系

要实现市域社会治理现代化，务必要充分调动各治理主体的力量，加强政治引领，完善基层民主制度，重视德治教化功能，强化法治保障，提高技术赋能水平，促进政治、自治、德治、法治、数治“五治融合”，构建形成人人尽责、共建共享、充满活力的市域社会治理新格局。

一是加强政治引领。通过加强党的领导来引领市域社会治理的各项工作，健全完善基层党组织各项规章制度，强化党组织整体功能，提高各级党组织党员干部的思想政治素质。要围绕党建政治引领这条主线，努力将党的政治优势、组织优势转化为基层治理优势，切实增强党组织的政治引领力、组织战斗力、社会号召力，同心协力办实事、做好事、真干事、干成事，不断满足人民群众需求和期待。

二是深化自治实践。基层自治是社会治理的基础性制度，也是实现社会善治能治的关键。要进一步扩大基层民主，强化居民对基层治理事务的知情权、参与权、决策权，不断健全居民代表会议制度、基层民主协商制度、重大决策征求意见制度、公示监督制度等制度机制。同时要引导群众参与社区事务，激活基层群众共同参与治理的内生动力，推动城乡社区形成自我管理、自我服务、自我监督的良性循环。

三是重视德治教化功能。德治是社会治理的灵魂，是一种柔性治理方式，以德治润滑人心，将传统文化中蕴涵的公序良俗内化为社会自觉行动，为实现社会善治奠定思想基础。要加强公民道德建设，大力弘扬中华民族传统美德，积极培育社会公德、职业道德、家庭美德、个人品德，提高全社会的道德文明程度，为市域社会治理营造良好的文化环境。要弘扬和践行社会主义核心价值观，发挥其教化个体、建构价值、导引秩序的治理功用，将其作为引领国民教育、思想道德建设、精神文明创建的重要手段，增强对社会主义核心价值观的情感认同、社会认同、文化认同。

四是强化法治保障。法治是构建现代社会秩序的内在要求，也是推动实现市域社会治理现代化的根本保障。要坚持法治为本，树立依法治理理念，不断立足城市发展的新情况新问题，完善法律法规，强化法律在维护社会稳定、规范市场运行、化解矛盾纠纷、保障合法权益等方面的权威地位。多渠道加强法治宣传教育，构筑民众从识法、懂法到用法、守法的法治意识提升之路，增强新形势下民众的法治精神，推动法治建设落到实处。

五是提高数治水平。数字技术的发展成熟驱动社会治理发生深层次变革，数字化、智能化、精细化治理成为未来市域治理的重要趋势。要坚持技术赋能，运用互联网、物联网、人工智能等新一代信息技术，对社会治理各个环节进行资源整合、流程再造，以信息技术助推政府治理转型、平安建设、网格化管理、公共服务供给等重点领域，不断完善数字基础设施建设，搭建多网融合的社会治理信息平台，健全数据采集、数据管理、数据应用、数据共享机制，切实提高社会治理便捷化、高效化、精准化水平。

三 构建全周期社会风险治理框架

习近平总书记曾指出，要着力完善城市治理体系和城乡基层治理体系，树立“全周期管理”意识，努力探索超大城市现代化治理新路子。这是习近平总书记着眼于社会发展形势变化提出的一个新治理理念，将“全周期管理”概念应用到风险治理领域，就要做到事前防范、事中控制、事后恢复的全过程、全要素、全场景闭环管理。全周期社会风险治理注重治理的系统性、层次性、协同性，强调要做好源头治理、早期治理、主动治理。当前，国际形势复杂多变，社会经济结构快速转型，新型城镇化不断提速，城市发展面临传统矛盾风险与新型矛盾风险相互叠加的危险，市域社会治理的难度不断加大。要坚持系统化思维，构建全周期社会风险治理框架，准确把握社会风险发生的早期、中期、后期关键节点，采取及时性、针对性、科学性的风险管理措施，努力将社会风险引发的负面影响最小化。

首先，事前阶段重在风险防范。一是健全社会矛盾纠纷化解机制。坚持“关口前移，重心下移”，依托网格化管理，加强社会矛盾纠纷的巡防排查，针对可能引发重大风险的矛盾纠纷，做好早发现、早介入、早化解。拓宽矛盾纠纷化解渠道，完善诉调对接工作机制，构建完善立体化、多层次、全方位的矛盾纠纷多元化解体系，实现矛盾纠纷源头预防、前端化解。二是加强社会风险的评估研判。运用新一代技术搭建社会风险预警系统，提前识别和预测潜在的风险，分析研判社会风险的根源、传播途径以及潜在危害，制定相应的预防策略，以便采取及时有效的措施进行干预。三是加强科普宣传力度，增强社会公众对自然灾害、社会安全、公共卫生等各类社会风险的理性认识，提高全社会风险防范意识能力，切实维护社会公众的生命财产安全和社会大局和谐稳定。

其次，事发阶段重在风险控制。一是加强应急预案体系建设，针对区域内多发易发突发事件、主要风险等，编制覆盖全领域风险的应急预案，对突发事件应对的基本原则、组织体系、运行机制，以及应急保障的总体安排进行明确规范，增强应急预案的科学性、实用性和可操作性。二是在应急预案基础上，建立健全跨地区、跨部门、跨行业的重大风险联防联控机制，健全统筹指挥机制、协同响应机制、信息共享机制、应急物资储备协调机制，加强重点部门、重点领域、重点行业应急处置能力建设，创新应急演练方式方法，确保应对突发事件能够做到“快速响应、协同联动、妥善处置”。三是完善舆情应对和引导机制，加强突发事件的信息公开和危机沟通，及时、真实地公布突发事件事态发展形势和应急处置进程，鼓励社会力量参与突发事件应对，对网络上突发事件相关的不良舆论进行约束规范，引导网络舆论的正确走向。

最后，事后阶段重在恢复反思。一是建立社会风险防治效果评价机制，对事件发生、应急处置、处置结果、损失情况进行全面评估总结，对事件处置过程中暴露出来问题提出改进建议，对相关责任人进行依法追责。二是加强恢复重建工作，对极端天气、自然灾害造成的道路、水利、电力等必需基础设施损坏加快重建进程，对安全事故、公共卫生突发事件造成的环境问题开展恢复工作，对利益受损群体提供物质资助、医疗救助、心理援助等支持服务，尽快恢复市民群众的正常生活和社会秩序。

四　促进智慧韧性城市健康发展

智慧韧性城市是指在面对城市运行中的各类风险时，能够运用数字化、智能化等技术手段，提升城市适应能力，化解风险、减轻冲击和灾害损失的能力，并将其转化为可持续发展资源的过程。近年来，全球范围内自然灾害、公共卫生、极端天气等突发事件频繁发生，城市发展与城市管理面临着越来越严峻的风险挑战。随着大数据、人工智能、云计算等新兴技术的发展成熟和智慧城市从概念到实践，智慧韧性城市建设逐渐成为未来城市发展的必然选择。河南省要主动顺应数字技术发展浪潮，加快建设发展智慧韧性城市，充分利用新一代数字技术增强城市基础设施韧性、提高城市风险防御能力，为公众提供更全面、更人性化、更高质量的公共服务。

一是加快制定智慧韧性城市发展规划。当前我国智慧韧性城市建设面临的最主要问题是缺少系统性和全局性规划。因此可以参考西方发达国家以及国内先进地区的智慧韧性城市建设经验，结合河南省实际情况，以深入推进智慧城市建设为基础，制定智慧韧性城市发展总体规划和标准规范，并鼓励地方政府因地制宜探索差异化智慧韧性城市建设路径，将智慧韧性城市建设纳入政府相关部门及相关企业的规划和计划，整合各类资源加快推动相关设施设备、信息系统以及制度机制等相关要素的建设发展和运营维护。

二是完善城市应急管理体系。加强城市基础设施建设，充分利用大数据、云计算等先进技术，积极推进应急管理信息化平台建设与应用。建立完善城市灾害监测预警系统，实现对自然灾害的全方位监测、全过程管理、全天候感知、全方位预警和多渠道发布，提高灾害信息发布的及时性和准确性。完善突发事件应急响应机制，加快构建跨部门、跨层级、跨区域的应急预案体系，加强应急物资储备与保障能力建设，为城市应对各类灾害及突发事件提供保障。通过提高智慧化管理水平和手段，有效提升城市应对各类灾害的预警能力、响应能力和保障能力。

三是强化社会各界协同联动。要加快建立智慧韧性城市共建共享机制，推动政府、企业、社会组织、群众等多方主体共同参与智慧韧性城市建设，推动各利益相关方信息共享、资源共用、多方联动。在政府统筹规划和规范管理下，支持引导企业、社会组织充分发挥人才、资金、服务等方面的优势作用，有序参与火灾、疫情、洪涝、地震等灾害和风险的科学普及、应急救援以及灾后重建，不断释放社会韧性，调动和激发社会内生动力。

五　构建市域社会治理现代化的保障体系

市域社会治理现代化建设是一项全面、复杂、长期的系统性工程，不可能一朝一夕就能完成，而是要持续发力，久久为功。这不仅需要党委和政府做好顶层设计和统筹管理，还需要调动市场力量、社会力量共同参与，不仅需要加强基础设施建设，夯实市域社会治理现代化建设的基座，还要加大资金投入、加强人才队伍建设，为市域社会治理现代化建设提供坚实支撑，要着力补齐发展短板，发挥优势作用，构筑优质、高效、协同的市域社会治理保障体系，推动市域社会治理高质量发展。

一是强化市域社会治理的组织保障。坚持高站位谋划、高层次统筹，将市域社会治理现代化作为当前及今后一段时期城市发展的中心工作全力推进，不断完善市域社会治理的领导指挥体系，健全工作推进机制，促进领导统合、资源整合、力量融合、功能聚合、手段综合，确保市域社会治理建设有序推进。还要完善考核评估机制，政府应制定科学、全面的考核评价标准，对试点地区推进市域社会治理现代化的实践做法进行定期评估，并将评价结果与区域资源分配、领导干部奖励惩戒等挂钩，推动治理主体提高工作积极性和工作效率。

二是强化市域社会治理的基础设施保障。要主动适应数字技术发展潮流，进一步修订完善基础设施建设规划，依托智慧城市建设、数字基建工程，对水电、燃气、热力等传统市政基础设施进行改造升级和智能化管理，大力发展5G、千兆宽带、大数据中心等智能治理基础设施，将社会治理要素数据化、治理数据标准化、推进社会治理多网融合作为智能治理基础设施建设的重要内容，促进基础设施互联互通，提高基础设施运行效率和安全性能。

三是强化市域社会治理的资金保障。一方面，政府部门要发挥财政职能，将市域社会治理现代化试点和平安建设纳入财政预算统筹安排，在社会治安、风险化解、智治建设、民生工程等方面加大资金投入力度，保障市域社会治理现代化建设各项工作有序推进。另一方面，建立多元可持续的投融资机制，积极向上级争取专项资金，向开放性、政策性金融机构争取资金支持，也鼓励社会资本采取独资、合资、政企合作等形式参与基础设施建设、智能系统开发运营等，充分激发社会主体活力，助推市域社会治理现代化建设工作向纵深开展。

四是强化市域社会治理的人才保障。一方面，要根据地方实际和发展需要，统筹各层次、各领域、各行业的人才需求，重点围绕管理型人才、技术型人才、服务型人才等完善人才引进、培养、激励、管理机制，加大培训力度深度，推动人力资源综合开发，培养造就一大批优秀复合型人才。另一方面，要加大基层人才队伍培养力度，构建层级分明、协调有序、功能完备的基层干部培养体系，加强基层干部智能化、信息化能力建设，着力提升基层干部的组织力、治理力和服务力。

第五章 大力推进生态环境治理

党的十八大以来，以习近平同志为核心的党中央高度重视生态环境工作，大力推动生态文明建设和生态环境保护。习近平总书记在党的二十大报告中强调："大自然是人类赖以生存发展的基本条件。尊重自然、顺应自然、保护自然，是全面建设社会主义现代化国家的内在要求。必须牢固树立和践行绿水青山就是金山银山的理念，站在人与自然和谐共生的高度谋划发展。"河南省委、省政府在习近平生态文明思想的正确指引下，大力推进生态环境治理，全面加强生态环境保护，贯彻落实黄河流域生态保护和高质量发展这一重大国家战略，深入实施生态强省战略，加快建设人与自然和谐共生的美丽河南，确保党中央决策部署在河南省落地生根、开花结果。

第一节 推进生态环境治理现代化的重大意义

党的二十大报告明确指出，到 21 世纪中叶要把中国建成富强民主文明和谐美丽的社会主义现代化强国，美丽中国是中国式现代化五个目标维度之一。推进生态环境治理现代化是建设社会主义现代化强国，建成环境优美、生态宜居、绿色发展的美丽中国的必然要求。河南省目前正处在高质量转型发展的关键阶段，"蓝天""碧水""净土"等生态环境建设依然任重道远，推进生态环境治理现代化是解决突出环境问题、改善生态环境质量、构建美丽中国的迫切需要。因此，要紧紧围绕解决突出环境问题、改善生态环境质量、推动绿色发展，把绿色发展理念贯穿于经济社会发展全过程，加快推进河南省生态环境治理现代化。

一　推进生态环境治理现代化是贯彻习近平生态文明思想建设美丽中国的重要举措

习近平总书记在党的十九大上强调，建设生态文明是中华民族永续发展的百年大计。而美丽中国建设恰恰是落实生态文明建设、促进人与自然和谐共生、推动经济社会高质量发展、满足人民日益增长的美好生活需要的重要举措。美丽河南作为“四个河南”建设不可或缺的一部分，已深深融入河南省社会主义建设的各个方面和全过程。河南省始终牢固树立科学发展理念“绿水青山就是金山银山”，有机统筹生态环境保护和绿色低碳发展，为人民创造良好的生产生活环境，为美丽中国建设贡献河南力量。党的十八大以来，习近平总书记立足当前、着眼长远，准确把握中国进入特色社会主义新时代的主要矛盾，针对人民群众对更加美好生活的期待，结合中国国情及亲身实践，就生态文明建设做出了一系列重要论述，形成了习近平生态文明思想，是推进现代化河南建设的理论纲领，也是美丽河南建设的行动指南，而河南推进生态环境治理现代化这一举措正是贯彻落实习近平生态文明思想和总书记视察河南重要讲话精神。

二　推进生态环境治理现代化是推动经济社会高质量发展的必然要求

当前和今后一个时期，我国发展仍处于重要战略机遇期，只有经济发展了，国家富强了，人民对美好生活的追求才能实现。习近平总书记曾在多个重要场合强调：“绿水青山就是金山银山。”2005 年，时任浙江省委书记的习近平在考察安吉县天荒坪镇余村时首次对“两山论”进行表述：“我们过去讲，既要绿水青山，又要金山银山。其实，绿水青山就是金山银山。”此后，发表专栏文章，提出“既要绿水青山，也要金山银山。宁要绿水青山，不要金山银山，而且绿水青山就是金山银山。”2015 年 3 月，习近平总书记主持召开中央政治局会议，正式把“绿水青山就是金山银山”的理念写进中央文件。2017 年 10 月，党的十九大将“绿水青山就是金山银山”写入党章。这一理念已成为党增进民生福祉、发展社会主义经济的重要基础之一。“两山论”体现了经济系统与自然生态系统之间协调统一的关系，经济社会的发展依存于自然生态系统，而生态环境的改善也应该因经济发展而受益。马克思主义的生态环境观的主要内容包括：一是全部人类历史的第一个前提无疑是有生命个体的存在；二是人与自然是辩证统一的；三是物质生产实践是人与自然辩证统一的中介；四是文明与自然并非不能和谐共存。因此，推进生态环境治理现代化，是解决生态环境问题、走可持续发展道路的必然选择，也是推动经济社会高质量发展的必然要求。

三　推进生态环境治理现代化是增进民生福祉、促进人与自然和谐共生的迫切需要

习近平总书记在海南视察工作时强调，良好的生态环境是最公平的公共产品，是最普惠的民生福祉。在中国，解决一切问题的基础和关键是发展。习近平总书记对我国走什么样的发展道路给出了明确答案："任何时候我们都不能走急就章、竭泽而渔、唯 GDP 的道路。这就是我们为什么要树立新发展理念。树立正确的政绩观也就在这里，功成不必在我，功成必定有我。"李强总理在十四届全国人大一次会议闭幕后的答中外记者问上曾提道："客观地讲，绝大部分老百姓不会天天盯着看 GDP 增长了多少，大家更在乎的是住房、就业、收入、教育、就医、生态环境等身边具体事。"当今社会，人民群众对干净的水、新鲜的空气、安全的食品、优美的环境的要求越来越强烈。生态环境保护不仅是发展问题，更是民生问题。生态环境中清洁的淡水每个人都需要饮用，洁净的空气每个人都需要呼吸，而粮食生产的最基本条件则是不受污染的土壤，因而良好的生态环境有利于增进民生福祉，是影响人民身心健康、提高人民幸福的重要因素。

第二节　河南大力推进生态环境治理的实践探索

当前，河南正处于工业化、城镇化加快推进阶段，经济社会发展与资源环境之间的矛盾日益凸显，生态环境治理是经济社会可持续发展的重要基础。河南省委、省政府认真贯彻落实习近平总书记考察调研河南时提出的"生态兴则文明兴，生态衰则文明衰"的重要指示精神，大力推进生态环境治理工作，谋划出台了一系列制度措施，持续深入打好蓝天、碧水、净土保卫战，着力提升生态环境治理能力现代化水平，探索构建具有河南特色的生态环境治理模式，为加快实现美丽河南建设目标做出了河南实践。

一　以科技为支撑，加快推动绿色转型

（一）科技助力能源结构转变

长期以来，能源资源禀赋决定了河南省“以煤为主”的能源消费结构，煤炭在河南省一次能源消费结构中占有举足轻重的地位。近年来，河南省锚定碳达峰、碳中和目标要求，加快推动能源发展方式转变，深入推进能源结构调整，不断加大水电开发力度，大力发展生物质能、风能、太阳能、地热等可再生能源，全面推广应用清洁煤发电技术，加快推进甲醇汽油试点推广工作。党的十八大以来，河南省新能源行业取得优异的成绩，以风能、太阳能为代表的新能源行业实现了量的积累和质的飞跃。截至 2022 年底，风电装机从 15 万千瓦跃升至 1878 万千瓦，增长 124 倍；太阳能发电装机实现从 0 千瓦到 2096 万千瓦的历史性跨越。随着风电、光伏等新能源技术的不断进步，开发成本的持续下降，新能源的开发价值更加凸显，科技创新在推动河南省绿色转型中的支撑作用也更加明确，河南能源结构将继续向着绿色、低碳的方向转变。

（二）科技助力资源利用率提升

为改变传统高能耗高污染的发展模式，河南省深入学习贯彻习近平生态文明思想，把节能降耗作为推动绿色低碳发展的重要抓手，全面推进工业、建筑、交通运输、公共机构等领域节能，大力实施锅炉、电机升级改造等工程。全面加强能源管理体系建设以及能耗在线监测系统建设，强化节能评估审查，积极开展用能节能审计。经过一系列强力措施，全省传统高载能行业能源消费增速放缓，先进制造业、现代服务业能源消费快速增长，能源利用效率大幅提高，能源加工转换效率稳步提升。党的十八大以来，全省单位 GDP 能耗累计下降 37.2%，年均下降 5%，其中，“十二五”期间累计下降 22.9%，“十三五”期间累计下降 25%，均超额完成全省节能降耗目标。截至 2020 年，河南省发电及供热转换效率为 46.8%，炼焦效率为 95.7%，炼油效率达 98.4%，全省总效率为 69.6%。随着河南产业结构不断升级，生产工艺不断优化，未来高载能行业的能源消费增速将会继续下降，资源利用率也将进一步提升。

（三）科技助力打好污染防治攻坚战

为破解制约河南省生态环境治理现代化中信息共享难、业务协同难、数据资源利用效益差的难题，切实提升全省生态环境系统精准治污、科学治污、依法治污能力水平，河南省生态环境系统不断加大科学技术投入，组织团队开发了“河南省生态环境综合管理平台”，为污染治理装上了“千里眼”，给污染物排放念上“紧箍咒”，为精准治污提供科技支撑。河南省生态环境综合管理平台是利用信息化手段和可视化技术搭建的生态环境线上监控平台，主要包含河南省生态环境综合管理平台、污染源应急管控智能分析系统、生态环境视频监控系统，是推进精准管控、科学执法的重要技术力量支撑。平台以支撑保障污染防治攻坚为核心，以“横向互联、纵向贯通、数据共享、服务管理、强化支撑”为主线，以微应用形式为用户提供各项服务，满足各级、各业务部门用户的工作需要。平台打破了涉生态环境的部门之间、业务处室（单位）之间、业务系统之间的壁垒，实现跨行业、跨部门、跨系统的数据、资源、信息共享。平台面向全省生态环境系统所有人员使用，建设了桌面端、大屏端和手机端，整合了包括环境管理、环境监测、环境执法、污染源监控、移动源监管、核与辐射等40多个系统，开发130多个业务应用，建设完成10个环境专题，涵盖了生态环境方方面面，是有效开展生态环境管理工作的“工具书”和“参谋部”。

二　以治理能力为保障，打好污染防治攻坚战

（一）坚决打赢蓝天保卫战

1. 健全完善大气污染协同治理的政策体系

河南省在实施大气污染防治过程中非常重视顶层设计，在制度架构和保障机制方面做了不少工作。2014年3月，出台《河南省蓝天工程行动计划》，提出以改善大气环境质量、减少灰霾天气为目标，加快能源结构、产业结构调整，深入推进城乡大气污染防治和工业大气污染综合治理。近几年，河南省还出台了年度大气污染防治攻坚战实施方案，并将大气污染视来源不同细分若干专项攻坚方案，设定大气污染防治目标和详细举措，对打赢年度环境污染防治攻坚战做出具体部署。为确保大气污染治理能够顺

利实施，河南陆续制定了包括目标考核、党政同责、责任追究、排污许可、网格监管、生态补偿等在内的一系列制度性保障文件，对考核不合格的地市实行“一票否决”。2018 年 3 月，《河南省大气污染防治条例》开始实施，该条例涉及排污许可、生态补偿、重污染天气应对、总量控制、信息公开等多个方面，对燃煤、扬尘、机动车等领域的大气污染防治措施进行了系统性规范，明确了责任主体和处置措施，为打响蓝天保卫战提供了更有力的法治保障和更具体的执法依据。

2. 加强对高耗能企业的大气污染治理

河南既是人口大省，也是工业大省、产煤大省、用煤大省，煤炭长期以来是河南省许多工业企业的重要燃料能源，也正是这些高耗能工业企业造成了河南省的大气污染。2021 年，煤炭消费在河南能源消费总量中占比达 63.3%，非化石清洁能源消费占比为 14.6%，而全国煤炭占能源消费总量的平均比重为 56.0%，河南的能源结构高度依赖煤炭。要改善空气质量，必须严格控制工业企业大气污染物排放，深化工业污染治理。2016 年 8 月，河南省发布治理工业大气污染攻坚战实施方案，针对燃煤发电总装机多、污染物排放量大的情况，通过对有关企业实行电价补贴、排污减费、金融支持、优先调度等方式，要求省内燃煤电厂于当年年底全面完成超低排放改造，并全面整治 6463 家重点涉气工业企业，确保废气达标排放，组织钢铁、水泥、铸造企业实施错峰生产，关停一批能耗高、污染重的小自备电厂，淘汰一批产能落后的小发电机组、小燃煤锅炉。2017 年 9 月出台的《河南省“十三五”生态环境保护规划》则进一步明晰了治理工业大气污染的思路及途径，明确将工业污染治理作为大力提升环境空气质量的重要内容，提出要严格控制高耗能、高污染行业新增产能，对钢铁、焦化、建材等重点行业进行清洁生产技术改造，加强对石油炼制、石油化学、包装印刷、有机化工、加油站、储油库、油罐车等重点对象挥发性有机物的有效治理，加快传统产业转型升级，对重点涉气企业和“小散乱差”企业实施分类治理。2018 年 12 月，河南省出台工业领域污染防治攻坚战三年行动计划实施方案，提出要大力削减重点高耗能行业用煤，提升燃煤项目准入门槛，不再新建和扩建煤电、钢铁、电解铝、水泥、传统煤化工、焦化、玻璃等产能过剩的耗煤产业项目，禁止新增化工园区，还要加大秋冬季工业企业生产调控，结合产业结构和企业污染排放绩效情况，针对钢铁、焦化、铸造、建材、有色、医药等高排放行业，实施差异化错峰生产。2019 年 4 月，印发了《河南省 2019 年工业企业无组织排放治理方案》《河南省 2019 年度锅炉综合整治方案》《河南省 2019 年工业炉窑污染治理方案》《河南省 2019 年铸造行业污染治理方案》《河南省 2019 年非电行业提标治理方案》《河南省 2019 年挥发性有机物治理方案》六大专项方案，对钢铁、焦化、水泥、碳素、平板玻璃、电解铝六大行业提出了更为细致的排放标准和要求，力求一次性治理到位，避免企业反复折腾，浪费资源，有利于针对性指导企业和各级环境部门开展工业污染治理。

3. 科学有效应对重污染天气

环境空气质量指数（AQI）大于 200 说明大气污染达到重度污染及以上污染程度，即重污染天气。秋冬时节的河南，大气污染物在静稳的天气条件下难以扩散和稀释，极易形成持续数日的重污染天气，对人体健康、交通运输等造成很大负面影响。为有效应对雾霾天气时常产生的情况，河南省加强了对重污染天气的监测预报预警，建立了应急处理机制，强化了区域联防联控。2014 年 10 月，河南省第一次出台《河南省重污染天气应急预案》，旨在提高对重污染天气的预防、预警和应对能力。该预案提出成立由常务副省长领衔的重污染天气应急指挥部，以负责统一领导、指挥和协调全省重污染天气应对工作，在省级预警信息发布后，指挥部各成员单位即视不同预警级别进入相应的应急响应状态，启动响应程序，实施各种健康防护和污染减排措施。2016 年 9 月、2018 年 11 月，河南省先后对《河南省重污染天气应急预案》进行了两次修订。针对重污染天气建立了多级预警及响应机制，同时明确了重污染天气预警的启动条件和具体措施。将预警级别分为黄色、橙色和红色，并明确要求当预测到未来空气质量可能达到预警启动条件时，各地应提前 24 小时以上发布预警信息。河南省近年来着力加强重污染天气预测预报能力，构建覆盖面广的监测监控网络，推进基层环境空气自动监测站数据运用，推动各产业集聚区和工业园区空气监测站点和重点涉气工业企业监控设施建设，为管控应对重污染天气创造了良好条件。

（二）全面打好碧水保卫战

1. 开展城市污水集中处理和黑臭水体整治

城镇生活污水集中收集和处理是评价一个城市或地方污水处理工作成效

的重要方面。河南省在2007年底实现了县县建成污水垃圾处理厂的目标，并逐步实现了规范管理、稳定运行和达标排放。2009年初，河南省共有139座城镇污水处理厂投入运行，建成总规模为591.55万吨/日。随着城市规模的扩大和用水量的增加，河南省又陆续新建、扩建一批城镇污水处理设施。2017年，河南省新建和扩建了60座城镇污水处理厂，并于2017年底前实现全省现有污水处理厂升级改造，达到一级A排放标准或流域标准。2019年8月，发布《河南省城镇污水处理提质增效三年行动方案（2019—2021年）》，旨在加快补齐城镇污水收集和处理设施存在的短板，尽快实现污水管网全覆盖、全收集、全处理的目标。

城市黑臭水体是群众反映强烈的水污染问题，不仅严重影响城市形象和人居环境，也对居民健康带来很大威胁。打好黑臭水体治理攻坚战，是国家确定的打好污染防治攻坚战的重要内容之一。黑臭水体污染问题系多年累积形成，牵涉面比较广，整治起来也非一蹴而就。2016年5月，河南共排查出黑臭水体112个，其中河流68条、水塘40个、湖泊4个。2017年发布《河南省人民政府关于打赢水污染防治攻坚战的意见》，明确当地政府为整治黑臭水体的责任主体，通过排查识别、制定方案、工程实施、监测评估等阶段，在2017年实现省辖市建成区黑臭水体基本消除，省直管县（市）、其他县级市基本完成黑臭水体的截污纳管工作；到2018年底，省辖市建成区全面消除黑臭水体，实施百城建设提质工程的县市城区基本完成黑臭水体截污纳管工作，其他县城基本完成排污口整治、河道清淤疏浚工作。然而到2019年，经排查发现，省辖市建成区尚有154处黑臭水体整治任务，首批实现百城建设提质工程的县（市）建成区有70处黑臭水体整治任务，其余县城建成区则存有104处黑臭水体的截污纳管、排污口整治任务。根据有关计划安排，到2019年底，河南省辖市建成区基本完成黑臭水体整治工作，其余县（市）建成区基本完成黑臭水体截污纳管、排污口整治任务。到2020年时，省辖市建成区将全面消除生活污水直排口，消除黑臭水体，其余县（市）基本完成黑臭水体整治任务。

2. 促进工业污染源达标排放

在河南省工业结构中，造纸、酿造、皮革等低附加值、高污染行业所占比例长期偏大，化石能源消耗量大，工业取水量和废水排放量也很大。数据显示，2012年河南省1.8万多家规模以上工业企业取水量达33.75亿立方米，废水排放量为 8.92 亿立方米，全省工业废水排放总量更是高达 13.74 亿立方米，相当于 51 个郑州龙湖的蓄水量。2009 年 11 月，出台《河南省水污染防治条例》，为有效遏制日益突出的水污染问题提供法律依据，明确水环境质量的责任主体，加大排污单位的违法成本，以有效解决危害群众利益的突出环境违法问题。加强对涉水工业企业的执法监管，促进工业污染源全面达标排放，开展工业污染源排污许可证专项执法检查，依法查处无证排污、超范围排污等行为。河南省为实现工业污水规范化处理，在产业集聚区大力进行污水处理设施建设。到 2017 年底，全省 183 个产业集聚区已有 170 个已经按规定建成投运集中式污水处理设施，13 个尚未建成投运，其中 5 个产业集聚区废水依托现有污水处理厂处理。实行重污染企业退出机制，取缔不符合国家产业政策的小型制革、印染、造纸、炼焦、塑料加工、电镀、燃料、农药“八小”企业。同时推动工业节水，对上述行业企业用水情况进行摸底调查，建立重点用水企业数据库，鼓励节水提效。

3. 推进河湖综合治理

地处中原腹地的河南，横跨了海河、黄河、淮河、长江四大流域，南水北调干渠贯穿南北，境内分布着大大小小的河流，河流水质事关人民群众切身利益。为持续推进河湖综合治理，河南省于 2017 年在全省范围内全面推行河长制，并制定了河长制推行的总体目标、工作职责、组织体系、主要任务、保障措施等。2017 年底，河南省全面建立起省、市、县、乡、村五级河长体系，全省 5 万多名河长到岗履职。2018 年上半年，市、县、乡、村四级湖长体系基本建成。各级河长、湖长积极开展巡河巡湖，创新工作机制，治理河湖突出问题，实施区域水生态治理工程，全省河湖面貌明显改观，河流水质持续向好，实现了由“见河长、见湖长”向“见行动、见成效”的转变。河南省针对河湖存在的突出问题，重点开展了河流清洁百日行动、整治非法采砂专项行动、入河排污口调查摸底与规范整治、非法侵占水域岸线综合整治行动四个专项行动，有效改善了全省河湖基本面貌。2018 年上半年，在全省 94 个国家水污染防治考核断面中，按考核因子平均浓度计算，河南省Ⅰ至Ⅲ类水质断面 56 个，占比 59.6%，全省 135 个地表水责任目标断面水质达标率为 86.6%。

（三）全面推进净土保卫战

1. 摸清土壤污染底数，开展土壤污染清查

土壤污染具有渐进性、隐蔽性和不可逆性的特点，不像大气和水体污染那样容易被察觉。土壤作为生命之基、万物之母，一旦受到污染，短期内很难得到恢复，治理成本高、难度大、周期长，不但危害作物生长，也会通过食物链影响人体健康。防范和治理土壤污染首先要做到胸中有数，摸清土壤污染的具体情况。《河南省"十三五"生态环境保护规划》明确提出要"以农用地和重点行业企业用地为重点，开展全省土壤污染状况详查"，以查明农用地及重点行业企业用地中的污染地块面积、分布、环境风险等情况。2017 年 3 月，河南省初步完成土壤污染状况详查农用地点位布设。2017 年 4 月发布的《河南省清洁土壤行动计划》，将摸清全省土壤环境质量状况和建立土壤环境监测体系作为主要任务之一。2019 年 6 月，河南省宣布农用地土壤污染状况详查工作已全面完成，重点行业企业用地污染状况调查工作也完成调查对象的核实增补和核减工作，信息采集和质量控制工作则正在按计划有序推进。

2. 加强土壤污染源监控，推进分类管理与修复

河南省在摸清土壤污染底数的基础上，持续做好土壤污染源监控、防控工作，对受污染土壤进行科学分类管理，逐渐恢复了受污染土壤的生态环境，改善了农作物的生长环境。首先，加强对工矿企业环境监管，严控重金属排放。自 2017 年起，在栾川、桐柏、洛宁、南召、卢氏、汝阳、灵宝、嵩县等矿产资源开发活动集中区域，制定并实施重点污染物特别排放限值实施方案。在灵宝、新密、桐柏、登封等地，将开展土壤污染治理和矿山生态环境恢复治理结合起来。加强涉重金属行业企业环境监管，以涉重金属重点行业全口径清单为基础，实施重金属污染物排放总量控制，对不能稳定达标排放的，依法进行停产治理或关闭。对全省 183 家涉重金属企业，开展每 5 年一轮的强制清洁生产审核。截至 2019 年 6 月，已升级改造完成 105 家，占总任务的 57.34%。其次，加强生活污染源管控，促进生活垃圾减量化、资源化、无害化处置。2018 年出台的《河南省生活垃圾分类管理制度实施方案》提出，到 2019 年实现郑州市生活垃圾回收利用率达到 30%以上，洛阳、开封、安阳、焦作等试点城市全力推进生活垃圾分类工

作，2020 年底前河南省垃圾焚烧处理能力要达到 50%，省辖市城区范围内全部实施生活垃圾强制分类，全省各学校实现垃圾分类全覆盖。再次，推行科学精准分类管理。河南省按照优先保护、安全利用、严格管控三个类别将农用地进行划分。全省耕地土壤环境质量类别划分按照既定目标任务完成了数据收集和样品采集，受污染耕地的安全利用也取得了阶段性成果，此后还将持续推进耕地土壤环境质量类别划分工作，有序做好受污染耕地安全利用，降低农产品超标风险。对符合条件的优先保护类耕地划为永久基本农田，实行严格保护，严控非农业建设占用优先保护类耕地。加强对占用和补充耕地的质量评价，从严落实耕地占补平衡数量、质量并重要求。最后，探索建立耕地土壤环境质量预警制度，定期研判全省耕地土壤环境质量，对接近警戒线和超过警戒线的区域，分别采取不同的处置措施。选取部分产粮（油）大县开展土壤环境保护补偿试点工作，探索实施多元化耕地土壤环境保护补偿机制。

3. 推动土壤污染综合防治先行区建设

根据土壤污染防治有着治理投入大、工作要求高、技术复杂且筛选确定难等特点，河南省按照“试点先行、逐步推进”的原则，确定了一批试点地区进行集中探索和实践，以求探索出一套行之有效的经验做法并推广使用。2017 年 4 月，印发《河南省清洁土壤行动计划》，一方面，在洛阳、新乡、驻马店等地启动土壤污染综合防治先行区建设，重点在土壤污染源头预防、清洁生产、风险管控、治理与修复、监管能力建设等方面进行探索；另一方面，开展土壤污染治理与修复试点示范，综合考虑土壤污染物种类、土壤污染程度、土地利用类型、区域代表性等因素，选择重点行业企业污染地块、受污染耕地，启动一批土壤污染治理与修复试点示范工程，打造一批土壤污染治理与修复典型案例，努力开创可推广、可复制的土壤污染治理与修复技术模式。其中，洛阳市要在矿山开采和工业生产造成的土壤污染治理与修复方面有所突破；新乡市则着重于受污染农用地的修复与防治，阻断土壤中污染物向农产品转移；驻马店市要在控制农业面源污染，对未污染耕地的保护方面做出成效。先行区建设推进会已于 2019 年上半年组织召开，全面总结推广洛阳市重金属污染防治、新乡市受污染耕地安全利用、驻马店市农业面源污染防治的经验。此外，国家发布的《土壤污染防治行动计划》提出要实施一批土壤污染治理与修复技术应用试点项目，该项内容也被写入国家与河南省签订的《河南省土壤污染防治目标责任书》。目前，已确定了郑州、新乡、济源3个土壤污染治理与修复类技术应用国家试点，正在积极推进之中。

三　以可持续发展为目标，实现生态经济稳步发展

（一）探索生态经济价值实现新模式

近年来，河南省一直在生态环境保护和生态经济融合发展方面探索前行，重点在打通“绿水青山”向“金山银山”的转换通道上发力，着力培育壮大绿色低碳产业、生态农林业、生态服务业、节能环保产业，加强环境基础设施建设。积极推进“绿水青山就是金山银山”实践创新基地、生态文明建设示范创建，通过典型案例总结，提炼“绿水青山就是金山银山”转化模式路径。河南省人民政府于2021年12月印发《河南省“十四五”生态环境保护和生态经济发展规划》，这是全国首个将生态环境保护和生态经济发展融合的规划。该规划提出，到2025年，生态强省建设初见成效，生态文明建设实现新进步；到2035年，生态经济优势彰显，基本实现人与自然和谐共生的现代化。2022年11月，河南省生态文明示范创建工作再创佳绩，鹤壁市、南阳市、郑州市巩义市、安阳市滑县、信阳市商城县荣获“国家生态文明建设示范区”，驻马店泌阳县荣获“绿水青山就是金山银山”实践创新基地。截至2022年底，河南省已建成16个国家生态文明建设示范区，6个“绿水青山就是金山银山”实践创新基地。

（二）探索“无废城市”建设新模式

作为新发展理念引领的“无废城市”，其建设城市可持续发展新模式的途径主要是通过推动城市形成绿色发展的生活方式，进而推进固体废物源头减量、资源化再利用以及减少填埋量，把对环境的影响最小化。河南省许昌市作为“无废城市”建设的“排头兵”，是首批“无废城市”建设试点之一，也是中原城市群唯一入选的城市。近几年，许昌市抢抓试点建设机遇，全面贯彻创新、协调、绿色、开放、共享的新发展理念，积极探寻城市固体废物处理新路径，为“无废城市”建设探索方向。许昌市委、市政府自许昌市被确定为“无废城市”建设试点后，便坚持高位推动、多点突破，紧密结合许

昌市当下产业结构及发展现状，出台一系列试点实施方案，提出包含建立“无废生活”体系等在内的八项重点任务。通过政府与社会资本合作等方式，积极推动“无废城市”建设试点工作。在探索实践中，为更高效地促进“无废城市”建设，许昌市委、市政府连续出台了多项处置规范、实施细则、技术规范等相关政策。这一系列政策明确了许昌市“无废城市”建设的任务、目标和路线，为河南省“无废城市”建设探索积累了良好经验。

第三节　河南推进生态环境治理的主要成就

近年来，河南省深刻践行习近平生态文明思想，深入落实习近平总书记调研指导河南工作时的讲话精神，坚持精准治污、科学治污、依法防污，全力以赴打赢污染防治攻坚战，尽职尽责推进生态环境治理工作，全省生态环境质量明显改善、生态环境治理体系更加健全、生态经济产业结构不断优化，人民群众对良好生态环境的获得感、幸福感和安全感不断增强。

一　生态环境质量明显改善

（一）空气质量显著提升

河南省狠抓结构优化调整，关停落后煤电机组 600 万千瓦，淘汰高污染排放车辆近 125 万辆、排放未达标的营运柴油货车 21 万辆，累计完成清洁取暖“双替代”改造约 548 万户，关闭整改不合规企业多达 12 万家。河南省开展的食用菌和烤烟等行业“双替代”领先全国，全省所有燃煤电厂实现超低排放。2021 年，全省 PM_{10} 浓度比 2015 年下降了 39.4%，$PM_{2.5}$ 浓度下降了 41.6%，空气质量优良天数比 2015 年增加 56 天，占比高达 70.1%，达到了自有监测记录以来环境空气质量的最好水平。

（二）水生态环境显著改善

兼顾水资源、水环境、水生态治理，主要有以下三个方面。一是提高水质，提高重点河流治理水平，推进美丽河流建设，通过落实“四水同治”项目、修复退化湿地、不断提高 I 类水体占比。二是治理污水，统筹规划污水治理、河流清洁、保护水源地等，流域重点工程项目建设已完成 450 多项，国家整治清单所有列示的省辖市建成区黑臭水体全面完成治理，包含贾鲁河等在内的多个重污染河流水质明显改善。三是坚决守好饮用水水质，积极推进饮用水水源地环境保护专项行动，全省市级、县级、乡镇饮用水水质百分之百达标。

（三）土壤环境稳步提升

大力推进土壤环境治理，让老百姓放心。一是“管”，河南省领先其他省份最先完成了对农用地土壤污染状况的调查，在此基础上进行分类管理，将农用地按照污染程度进行保护类别的分类，并采取相应措施；二是“控”，加强建设用地准入管控，将全省疑似污染地块、污染地块进行监管登记，减少部门之间信息不对称，做到联动监管；三是“防”，加强重点监管单位的监督，加大污染治理力度，减少土壤受污染风险。自农村开展土壤环境治理，完成超 1 万个村庄的治理，百个涉农县（市、区）基本建成农村生活垃圾治理体系。2019 年以来，全省连续三年实现受污染耕地百分百安全利用，重点建设用地也得到有效安全利用，全省整体土壤环境质量稳定。

（四）生物多样性保护成效显著

河南地处暖温带和亚热带的过渡地带，兼南北之长。自然环境具有多样性，多种南北动植物在此交会和过渡。目前，全省已登记陆生脊椎动物 656 种，已知的高等植物 3979 种，其中，国家一级、二级重点保护野生植物分别有 3 种和 24 种。截至 2021 年底，全省建立各类自然保护地 345 处，其中自然保护区 30 处、森林公园 132 处、湿地公园 116 处、地质公园 32 处、风景名胜区 35 处。自然保护地的建立有效保护了河南省的野生动植物和典型生态系统。河南省建立科学的自然保护地体系，以保护自然生态系统以及生物多样性，严格限制各类不利于生物多样性保护的活动，始终坚持将拯救珍稀濒危野生动物放在首位，为保护生物多样性做出重要贡献。

二　生态环境治理体系更加健全

（一）生态环境治理制度逐步健全

针对生态环境保护，河南省委、省政府建立了目标考核以及责任追究等相关治理体系及制度，出台了多项相关地方性法规和地方标准，并印发了打好污染防治攻坚战、加快构建现代环境治理体系的实施意见。

（二）生态环境治理力度逐步加大

河南省先后开展了多轮生态环境保护督查，并进行整改，设立“12369”生态环境投诉举报平台。这一举措领先全国，切实发现并解决了多项问题。

（三）生态环境治理体制更加完善

河南省实施多项生态环境治理体系，包括林长制及生态补偿制度等，并将环境治理进行分区管控、评价，结合大数据相关技术进行网络监测，不遗余力地开展分级管理及排行，逐渐形成了全省生态环境保护大格局。

三　生态经济产业结构不断优化

（一）经济绿色化程度进一步提高

河南牢固树立生态文明发展理念，坚持绿色、低碳、循环协同发展，通过产业结构转型，为河南的长远发展夯实了经济基础、提供了环境容量，奠定了生态文明建设的物质基础。河南实施建设“四个大省”战略，建设高成长性产业，推动经济增长，实施高成长性制造业发展工程，大力发展汽车等多类高成长性产业；对纺织、化工等传统优势产业进行绿色化改造；重点发展航空、新能源以及新材料等先导产业。2022 年河南省全年高成长性产业增加值增长 5.4%，占规模以上工业的 45.3%，比“十二五”期末提高 0.7 个百分点；高技术产业增加值增长 12.3%，占规模以上工业的 8.7%，比“十二五”期末提高 4.2 个百分点；服务业比重达到 49%，比“十二五”期末提高 7.1 个百分点。全社会研发投入不断加大，科技创新能力显著增强，为产业转型升级提供了技术支撑。党的十八大以来，全省单位生产总值能耗大幅降低，标准煤使用量减少，控制二氧化碳排放成效斐然，实现了能源消耗增度远低于经济增长幅度。

（二）特色循环生态经济初见成效

河南省近年来把发展特色循环生态经济作为促进产业绿色转型和强化

污染治理的重要抓手，坚持示范试点带动，重点领域取得突破，政策措施持续完善，取得积极成效。一是循环经济发展水平明显提升。截至“十三五”期末，河南省累计创建省节能减排科技创新示范企业175家，“集成模块化窑衬节能技术”“双膜法污水深度处理技术”“建筑垃圾模块化处置技术”等一批技术入选国家绿色技术推广目录。“百亩千头生态方”种养结合循环发展模式被《中国农业绿色发展报告2018》列为地方十大模式之一。全省具备改造条件的国家级开发区、84.7%的省级产业开发区实施了循环化改造；主要资源产出率比“十二五”末提高15%以上，能源产出率提高22%，万元生产总值用水量下降25.5%。二是循环经济产业规模逐步壮大。实施大宗工业固废综合利用行动计划，以洛阳、焦作、三门峡、平顶山等地区为重点，建成一批尾矿、赤泥、工业副产石膏等大宗固废综合利用工程。以秸秆等农业生产废弃物资源化利用为重点，建成一批秸秆能源化、原料化、肥料化利用项目。2020年，全省工业固体废弃物、农作物秸秆综合利用率分别达到60%、90%，规上工业企业重复用水率、建筑垃圾资源化率分别达到90%、70%。三是重点领域示范引领成效显著。鹤壁市、洛阳市、新乡市、焦作博爱县、许昌长葛市等国家循环经济示范城市建设成效显著，鹤壁市连续三年获得国家节能减排财政政策综合示范市优秀等次。组织实施静脉产业园建设三年行动计划，开工建设64个静脉产业园，初步形成以生活垃圾焚烧发电项目为龙头，协同处置餐厨垃圾、城市污泥和各类废弃物的产业发展格局。濮阳、周口、济源、兰考、南阳镇平、信阳光山6个地区列入国家资源循环利用基地。三门峡渑池县入选国家大宗固废综合利用基地，许昌市长葛大周产业集聚区、洛阳循环经济园区建成国家“城市矿产”示范基地，其中大周产业集聚区年产值超过700亿元，成为长江以北最大的再生金属回收加工基地。

第四节　河南推进生态环境治理的难点

在充分肯定过去一段时期河南省推进生态环境治理工作取得成效的同时，必须清醒地认识到，当前河南省生态环境保护仍处于压力叠加、负重前行的关键期，自然资源保护利用结构性、根源性、趋势性压力总体上尚未根本缓解，生态文明建设任重道远。

一　产业转型升级任务艰巨，资源能源消耗过高，利用效率偏低

偏重的产业结构是河南生态强省建设与自然资源保护利用的主要掣肘。改革开放以来，河南经济社会发展取得了巨大的成就，但是多年来更多依靠的是高消耗，高增长的代价是环境资源的无限投入、能源的巨大消耗以及偏低的利用率。与发达地区和全国平均水平相比，河南省第一、第二产业占比过高，第三产业占比偏低，这一问题尚未能根本扭转，2021 年，三次产业结构为 9.5∶41.3∶49.1，第三产业占比低于全国平均水平 4.4 个百分点。第二产业内部，传统产业和高耗能产业所占比重仍然较大。在产业结构优化背景下，虽然全省规上工业中战略性新兴产业、高技术产业发展较快，但其增加值占比仍低于六大高耗能产业占比 10 个百分点以上，未能改变河南产业结构偏重的总体格局。

当前，河南产业重型化趋势仍未扭转，长期积累的结构性问题与深层次矛盾持续存在，传统产业绿色转型升级压力明显加大、动力不足，六大高耗能产业能耗占规模以上工业能耗的比重仍然在 80%以上。战略性新兴产业总体规模小、大型骨干企业少、创新能力不强等问题突出，经济增长动能转换支撑力量薄弱。同时，受疫情冲击，2020 年以来战略性新兴产业、高技术产业增加值增速有所回落，而工业产业结构中产业链条短、能源消耗大、碳排放量高的产品产量增速较快，产业结构偏重这一问题日益突出，工业绿色低碳转型以及率先达峰的目标更为困难。

能源结构调整瓶颈制约突出。能源结构以煤、石油为主，利用效率偏低，导致环境污染形势依然严峻。河南能源相关二氧化碳排放量占全国能源相关碳排放总量的 5%左右，在全国位次靠前。从能源消费总量看，河南省仍处于工业化城镇化快速推进时期，能源消费刚性需求将持续增长。从能源消费结构看，河南省煤炭消费占一次能源消费比重较全国平均水平高出约 10 个百分点，电力、焦化、化工、有色，钢铁、煤炭洗选 6 个行业煤炭消费量占规模以上工业煤炭消费量比重超过 90%，可再生能源禀赋偏弱（风能资源属Ⅴ类地区，太阳能资源属Ⅲ类地区），风电、光伏受资源条件、生态保护和土地制约等影响，难以形成较大规模，以煤为主的能源结构短期内难以改变，能源结构优化调整任重道远。庞大的二氧化碳排放量成为

科学达峰的硬约束，碳达峰碳中和工作任重道远。高消耗、高污染、高排放的粗放发展模式存在“锁定效应”和“路径依赖”，改变这种局面需要很长时间。

二　生态产品供给有限，资源环境约束趋紧

作为我国重要的人口大省和经济大省，河南的绿色发展空间和新增长点的培育有诸多限制，比如生态承载力较弱、人均资源有限、气候不稳定等。目前，河南正处在工业化城镇化快速推进阶段，经济社会的高速发展对生态环境的压力居高不下。

河南虽地跨四大流域，但是由于水资源分布不均，导致水资源严重短缺。全省年均水资源量为403.5亿立方米，人均水资源占有量不足全国平均水平的两成，属于极度缺水地区。河流生态基流缺水量达到3亿立方米，地下水超采问题严重，平原区地下水开采率达到79%，长期持续超采导致地下水位持续下降、水质恶化等一系列生态问题。作为最基本的自然资源，水资源严重制约着河南的经济社会发展。

森林资源总量不足且分布不均，是河南省森林生态系统发挥功能的重要阻力，影响了河南生态强省建设的进程。2020年，全省林业用地面积为520.74万公顷，在全国排第22位，人均林地面积不足全国平均水平的两成；森林覆盖率为24.14%，人均占有森林蓄积相当于全国平均水平的14%。一是全省林业用地面积占比不足、总量有限，严重制约着生态环境质量的改善。二是森林资源分布不均，豫东地区森林覆盖率居全省首列，豫北、豫南地区森林资源十分稀少。河南人口密集，但森林覆盖率低，绿色发展必然受阻。

土地资源有限，人口承载压力大。河南人口占全国7.8%，但河南土地仅占全国的1.73%，人均土地资源仅有0.08公顷，远低于全国人均水平。作为农业大省，河南可开发的土地资源尤其是耕地资源匮乏，人均耕地仅有1.12亩，土地人口承载压力较大。新增建设用地占用耕地比重较高，严格保护耕地的压力将进一步约束城镇发展空间。河南地势复杂、气候多样以及土壤状况差异大等自然因素，导致土地资源在分布上存在较大的差异性。全省耕地主要集中于平原区，丘陵土地耕地极少，而全省有44%的土地为丘陵土地。不同地区的土地开发条件不同。东部黄淮海平原和南阳盆地中部和东南部是水浇地和水田的集中分布区，作为全省耕作农业的主体，

开发条件优越；豫西丘陵山区和南阳盆地边缘山岗地区，水土条件相对较差，开发难度极大。在可供耕作的土地资源有限的情况下，建设用地效率却不高，批而未供和闲置土地总量较大。据测算，2035 年新增建设用地缺口约为 90 万亩，土地要素紧约束局面将长期存在。受矿产资源勘查投入不足、勘查开发空间大幅压缩等因素影响，大量重要矿产资源持续增储和供给保障能力提升艰难。

三　污染问题依然存在，环境保护形势严峻、任务艰巨

近几年，河南省大气、水环境质量虽然有所改善，但污染防治攻坚任务依然十分艰巨。环境空气质量尚未根本好转，臭氧（O_3）污染呈上升趋势，重污染天气时有发生，NO_x、挥发性有机物（VOCs）排放量大面广，治理技术水平有待提升。2020 年，全省省辖市及济源示范区环境空气质量级别总体为轻污染。其中，仅有信阳和驻马店 2 个城市空气质量级别为良，其他 16 个城市均为轻污染。全省省辖市及济源示范区，$PM_{2.5}$ 浓度年均值均超二级标准；全省省辖市及济源示范区仅有信阳市 PM_{10} 年均浓度达到国家二级标准，其他 17 个城市均超过国家二级标准。

全省河流水质级别为轻度污染。2020 年，省辖淮河流域、海河流域为轻度污染，主要污染因子为化学需氧量、高锰酸盐指数和五日生化需氧量。淮河流域 141 个省控断面中，Ⅰ～Ⅲ类水质断面 104 个，占 73.8%；Ⅳ类水质断面 34 个，占 24.1%；Ⅴ类水质断面 2 个，占 1.4%；劣Ⅴ类水质断面 1 个，占 0.7%；尚有涡河、黑河、浍河、黑茨河、包河、沱河、惠济河水质级别为轻度污染。海河流域 20 个省控断面中，Ⅰ～Ⅲ类水质断面 11 个，占 55.0%；Ⅳ类水质断面 9 个，占 45.0%；尚有汤河、卫河、大沙河水质级别为轻度污染。虽然黄河流域水质级别为良好，但也有涧河、金堤河水质级别为轻度污染，西柳青河水质级别为中度污染。此外，济源示范区、安阳、开封、濮阳、商丘和信阳 6 个城市地下水水质级别为较差。水污染物排放量大，农村生活污水及黑臭水体治理不足，农业面源污染治理任重道远。

土壤污染状况不容乐观。土壤重金属污染在分布上西部高于东部，北部高于南部，工矿业高于农业，大城市高于小城市，有机污染主要分布在东部和南部的农业生产区，部分地区镉、钒、铅等无机污染物点位超标率较高，其中，焦作、洛阳、三门峡、鹤壁、济源 5 市土壤环境质量有待改善。

四　生态系统质量不容乐观，生态保护修复任务艰巨

生态环境受经济发展影响，生态功能不同程度出现退化现象。生产空间、生活空间、生态空间利用失衡问题突出，生态系统稳定性较弱，绿色生产生活方式尚未根本形成。森林生态系统脆弱，林地面积不多，林分质量差、树种单一等问题依然突出。天然湿地面积大量萎缩，湿地不湿、湿地退化及污染问题严重，全省湿地保护率仅52.2%。河流生态基流缺水量达到3亿立方米，地下水超采问题严重，平原区地下水开采率达到79%，长期持续超采导致地下水位持续下降、水质恶化等一系列生态及地质环境问题，2020年全省尚有水土流失面积2.11万平方公里。由于历史原因，部分地区露天矿山整治还没有全覆盖，矿山地质环境保护与恢复治理任重道远。

长期频繁、粗放的经济社会开发活动使得河南自然生态系统脆弱性较高，尽管近年来生态治理修复力度不新加大，但历史遗留问题所带来的挑战也依然存在，生态安全格局尚未形成，中度以上生态脆弱国土面积仍然较多，森林、湿地等生态系统的生态价值有待进一步增强。作为人口大省和发展中的经济大省，河南正处于工业化城镇化加速推进阶段，面临稳定发展态势和加强环境治理的多项工作，生态环境保护问题不容忽视。目前，一些区域还不同程度存在湿地面积减少、生物多样性受到影响、矿区塌陷、山区滥采林木等生态破坏现象，森林病虫害与森林火灾等偶有发生，美国白蛾、松材线虫病等疫点增加，疫区范围有扩大的倾向，一定程度上威胁着生态安全，维护国家生态安全底线、严守林业生态红线的压力日益增大。生态治理成效也并不稳固，生态保护修复挑战重重、压力巨大。

五　生态基础设施薄弱，治理体系建设仍需加强

目前，河南省的生态基础设施建设存在滞后情况，污染物排放量较大，而处理能力存在不足，危险品、废物、河道污泥处置能力不强，成为制约生态强省建设的一大短板。河南省在资源管理、野生动植物保护、林业执法、森林防火、有害生物防治、森林资源监测等方面存在装备手段落后的情况，亟须推广应用高新实用技术成果，加强品种创新和技术研发能力，生态建设的人才队伍有待加强。生态资源管理粗放，林业资源管制、营造

林管理都较为粗放，森林、湿地、野生动植物等生态资源没有落在“一张图”上，生态保护修复任务没有落实到山头地块，难以做到精准保护、精准建设。与发达地区相比，河南信息化建设依然滞后，生态大数据融合度低，互联网、电子平台等现代先进技术应用不足。随着新型城镇化、高标准农田建设和农村道路、水系等改扩建，平原地区农田防护林体系需要完善，生态廊道需要提高建设标准。

当前，全省生态环境治理更多依靠行政手段，相关责任主体内生动力尚未得到有效激发，市场化机制还需进一步建立完善，生态文明体制改革措施的系统性、整体性、协同性未充分有效发挥。履行“两统一”职责自然资源管理体系尚不健全，深化改革任务依然繁重。自然资源统一管理的部分环节制度体系尚不健全，制度执行能力、执法监管能力、风险防控能力等方面距离现代化治理能力要求尚有较大差距。全面维护自然资源权益的资产产权体系亟须完善，自然资源价值核算与评价考核体系尚未建立，自然资源资产所有者监管责任履行尚未完全到位，生态损害者赔偿、受益者付费、保护者得到合理补偿的生态补偿机制尚未形成。“多规合一”的国土空间规划体系构建尚待加快推进，国土空间用途管制尚未实现全面覆盖。自然资源执法监督及督察法制化、制度化、规范化、专业化水平需要进一步提高。

第五节　奋力谱写新时代河南生态环境治理新篇章

生态环境治理是一项系统工程，既要强化生态环境保护的制度约束，又要发挥市场机制的基础性作用。在全面推进绿色发展、推动高质量发展的新时代，河南省坚持以习近平生态文明思想为指导，准确把握生态环境治理体系和治理能力现代化建设的新要求，统筹推进《中共中央 国务院关于加快推进生态文明建设的意见》《关于构建现代环境治理体系的指导意见》两个顶层设计文件实施，以制度建设为主线、以统筹协调为保障、以技术创新为支撑，不断健全完善生态环境治理体系，推动形成政府、企业、公众等多元主体协同共治的生态环境治理体系，奋力谱写新时代河南生态环境治理新篇章。

一　健全生态环境管理体系，落实生态环境治理责任机制

（一）落实党委政府领导责任

完善省负总责、各地抓落实的工作机制。完善政府权责清单制度，落实各级政府生态环保责任。省委、省政府对全省生态环境治理负总责，贯彻执行党中央、国务院各项决策部署，组织落实目标任务、政策措施，加大生态环境资金投入。市、县级党委和政府承担具体责任，统筹做好监管执法、市场规范、资金安排、宣传教育等工作。加强各级领导干部自然资源资产离任审计。

（二）健全部门协作机制

坚持管发展必须管环保、管生产必须管环保、管行业必须管环保，压实环保部门职责。科学开展污染防治攻坚战成效考核，推进落实有关部门生态环境保护责任清单及其他相关规定，推动各职能部门做好生态环境保护工作，进一步完善各负其责、齐抓共管的大生态环保新格局。

（三）建立健全生态环境保护督察机制

省委生态环境保护督察要适时对各级党委、政府、相关部门及省管国有企业开展专项督察。督察范围为应对气候变化、生物多样性保护、黄河流域生态保护和高质量发展、“四水四定”、遏制“两高”项目盲目发展等重大决策部署贯彻落实情况。按规定开展例行督察和督察“回头看"，针对突出问题，及时开展专项督察。落实督察整改闭环工作机制，压实整改责任，推动整改落实，促进问题解决。

二　完善生态环境法制体系，夯实生态环境治理基础保障

（一）完善生态环境法规和标准体系

开展黄河保护、南水北调饮用水水源保护地方立法，修订《河南省固体废物污染环境防治条例》等法规。鼓励有条件的地方在环境治理领域先于国家、省进行立法，不断完善生态环境法规体系和适用规则。稳步推进

重点行业、重点污染物、重点区域流域排放标准和监测、监控等环境管理类技术标准制定修订工作。开展土壤、大气非甲烷总烃和氨的环境质量标准制定工作。研究制定生态环境规划区划、饮用水水源保护、生态调查评估、河湖健康评价等技术规范与标准。扎实做好生态环境保护标准与产业政策的衔接配套工作，建立实施信息反馈和评估机制的工作标准。

（二）严格落实排污许可制度

持续推进排污许可证换证或登记延续动态更新。实行排污许可"一证式"管理，实施固定污染源全过程管理和多污染物协同控制，建立基于排污许可证的排污单位监管执法体系和自行监测监管机制。推动生态环境统计、生态环境监测、生态环境执法等生态环境管理制度衔接，实现重点行业环境影响评价、排污许可、监管执法全闭环管理。

（三）加强污染物排放总量控制

围绕区域流域生态环境质量改善，实施污染物排放总量控制，建设污染物总量控制平台，实行全过程调度管理。依托排污许可证实施企事业单位污染物排放总量指标分配、监管和考核。统筹考虑温室气体协同减排效应，着力推进多污染物协同减排，实施一批重点区域、流域、领域、行业减排工程。进一步完善污染减排考核体系，健全污染减排激励约束机制。

（四）健全环境治理信用制度

加大政务诚信建设，因在生态环境保护工作中违法违规、失信违约被司法判决、行政处罚的各级政府和公职人员均纳入政务失信记录，依法依规进行公开。将环境违法企业违法信息记入信用记录，依法依规纳入河南省信用信息共享平台，向社会公开。落实上市公司和发债企业强制性环境治理信息披露制度，全面实施环保信用评价。

（五）完善生态保护补偿制度

河南省应针对重要水系源头地区、自然保护地、重点生态功能区、生态保护红线等区域加大转移支付力度。不断拓宽横向生态保护补偿机制的覆盖面，完善和健全黄河流域横向生态保护补偿机制，探索市场化多元化补偿方式，探索开展大气、森林、草地、湿地、耕地等领域综合补偿试点工作。

（六）强化环境保护司法联动

强化生态环境行政执法与刑事司法衔接，实行生态环境保护综合行政执法机关、公安机关、检察机关、审判机关信息共享、案情通报、案件移送制度。在省人民法院和具备条件的中级与基层人民检察院、法院设立专门的环境检察和审判组织，加大对生态环境违法犯罪行为的查处侦办、起诉和审判力度。落实生态环境损害赔偿制度，细化案例线索的筛查工作、重大案件追踪办理和修复效果评估。推动环境公益诉讼制度与行政处罚、刑事司法及生态环境损害赔偿等制度衔接。

三 健全生态环境监管体系，打造生态环境治理“最严防线”

（一）强化生态环境执法监管能力建设

生态环境机构监测监察执法垂直管理制度改革与生态环境保护综合行政执法改革应并行全面完成。政府执法机构序列列入生态环境综合执法机构，统一保障执法用车和装备，探索县级“局队站合一”运行方式，全面完成综合执法队伍组建。开展生态环境综合执法机构规范化达标创建活动，实现证件、车辆（装备）、制式服装统一，打造机构规范化、装备现代化、队伍专业化、管理制度化、执法队伍信息化。加快补齐应对气候变化、农业农村、生态监管等领域执法能力短板，提升执法能力。将执法监测费用纳入执法经费予以保障。编制省级生态环境保护综合行政执法事项目录，明确动态调整机制。非现场监管方式推行高科技手段，探索将在线监测数据作为执法依据。完善“双随机一公开”监管制度，健全部门协调联动机制，推行跨区域跨流域联合执法、交叉执法。

（二）强化生态环境监测能力现代化建设

持续构建政府主导、部门协同、企业履责、社会参与、公众监督的生态环境监测格局，建立健全基于现代感知技术和大数据技术的生态环境监测网络，优化监测站网布局，实现环境质量、生态质量、污染源监测全覆盖。构建 $PM_{2.5}$ 和 O_3 协同控制监测网络，建设运行覆盖全省的 VOCs 自动监测站点；针对持久性有机污染物、内分泌干扰物等新污染物，实施调查监测和环境风险评估；开展农村环境、水生生物监测；开展碳监测试点，探索建立碳监测评估技术储备；开展噪声自动监测网络建设，全面实现省辖市功能区声环境质量自动监测；补齐细颗粒物和臭氧协同控制、水生态环境、温室气体排放、噪声等监测短板。提升已有地表水断面自动监测能力，推进新增国家、省考核断面自动站建设。构建地下水型饮用水水源地和重点地下水污染源“双源”地下水环境监测网。优化省控土壤环境监测网络，增加特征污染物监测项目，加强部门间监测数据共享。构建完善生态监测网络，全面开展生态质量监测，提升生态遥感监测能力、监测基础能力等，建立重要生态空间和典型生态系统的生态质量监测站点与样地，建立全省生态状况评估报告制度。加强应急监测技术开发应用，对其进行系统提升。加大监测检查的工作力度，对于一切监测领域作假行为一律依法处置，确保获取更为全面真实的环境数据。深化监测综合评价与数据应用，强化生态环境保护技术支撑。

（三）提升生态环境监控能力

充分利用多种信息化技术手段，如无人机、视频监控、卫星遥感等，建立覆盖全面的山水林田湖草沙立体化生态环境监控体系。完善污染源自动监控网络，丰富排污监管手段，推进在线监控、用电监管、视频监控融合互补，强化关键工况参数和用水用电等控制参数自动监测。提升排污单位自动监控水平，涉 VOCs、重金属、总磷、总氮等重点排污单位，应安装自动监控设备，以污染源自动监控为主，逐步建立健全非现场监管执法体系。建立健全省辖市生态环境监控机构，将监控费用纳入本级经费预算予以保障。加大生态环境监控投入，大力推进智能视频监控、遥感监控建设，重点加强黄河流域、丹江口水库及南水北调中线总干渠沿线生态环境监控，全面提升生态环境监控能力。加强移动源监管能力建设。加强污染源在线监控设施监督执法，严肃查处在线监控设施违法行为。

（四）推进生态环境智慧化建设

将生态环境信息资源全面整合，构建环境数据资源中心，建立智慧高效的生态环境管理信息化体系。持续完善生态环境信息“一张图”，加强生态环境监测网络平台建设。建设生态环境数据共享机制，数据资源目录实时动态优化，加快资源共享库建设。整合各类移动监管系统，推进生态环境移动业务办理应用系统建设。推动电子证照、一网通办改革，全面推广线上线下相融合的生态环境政务服务模式。规范运维管理，推进业务专网及硬件改造，逐步实现重点业务系统和重要设备国产化替代，强化网络安全防护。

四 发挥生态环境市场作用，优化生态环境治理服务模式

（一）落实企业生态环境责任

推动企业绿色生产改革进程，优化传统生产技术，将绿色化经营理念融入工业产业全生命周期中，强化生产者责任制度，从根源减少污染物排放以及减少能源消耗。强化企业环境治理主体责任，严格执行排污许可管理制度，重点企业实施强制性清洁生产审核。排污企业依法主动公开环境治理信息，鼓励设立企业开放日、建设教育体验场所等。

（二）培育规范环境治理市场

深入推进“放管服”改革，打破地方、行业壁垒，平等对待各类市场主体，引导各类资本参与环境治理与服务投资、建设、运行。强化环境治理行业的日常监管，快速形成规范有序、公开透明的市场环境。支持环境治理整体解决方案、服务一体化模式、园区污染防治第三方治理示范、小城镇环境综合治理托管服务试点、生态环境导向的开发（EOD）模式试点等创新发展。构建对第三方治理单位的治理效果的评价体系。

（三）推进环境权益交易

完善环境资源有偿使用制度，加快推进用水权、排污权的市场交易，积极争取国家支持，在河南省尽快建设完成区域性用能权交易中心，同时主动参与全国碳市场交易。开展合同能源管理、绿色产品认证、能效标识管理等工作。强化碳排放交易与其他环境权益类市场的统筹协调。完善价格收费机制。严格落实环保法规定的污染者承担责任的原则，建立健全相应收费机制。

（四）完善并落实城镇污水垃圾处理收费政策和医疗废物处置收费机制

根据河南省实际情况，适时探索建立农村生活垃圾处理收费制度和日常运行模式。在建成污水集中处理设施的农村地区探索建立农户付费制度。完善“两高”行业差别电价、阶梯电价、超低排放差别化电价政策。落实清洁取暖政策及可再生能源发电上网电价政策。

（五）强化财税政策支持

加快生态环境领域相应责任划分改革。建立健全固定化生态环境财政资金投入机制，重点加强对绿色发展、污染治理、应对气候变化和治理能力建设等领域的支持。完善生态环境领域项目储备机制，推进重点项目实施。依照环境保护税法的相关规定，针对环境保护税管理，构建多部门协作机制。生态环境保护和污染防治税收的优惠政策要落到实处，争取获得良好的社会回应。

（六）积极发展绿色金融

积极发展绿色信贷、绿色债券、绿色资产证券化、科创贷、节能环保设备国内买方信贷产品、碳资产质押等金融产品，构建多维度、全覆盖的综合绿色金融产品体系。加快发展气候投融资，支持和激励各类金融机构开发气候友好型绿色金融产品，支持机构和资本开发与碳排放权相关的金融产品和服务项目。明确金融机构对气候和环境相关信息的披露要求，稳妥开展绿色金融业绩评价。合法合规使用河南省绿色发展基金，支持生态经济发展和生态环境保护。探索环境基础设施领域 PPP 与不动产投资信托基金组合实施模式。健全环境污染强制责任保险制度，探索将环境高风险企业参投环境污染强制责任保险纳入环境保护绩效考核内容。

五　加强生态文明宣传力度，开展生态环境治理全民行动

（一）丰富生态文明宣传教育内容

深化习近平生态文明思想研究，加大宣传力度。加强生态文化产品创

作，与宣传、文化和旅游等部门紧密协作，策划创作一批高质量的戏剧、影视、动漫、歌曲等作品，结合中原文化和黄河文化打造河南特色的生态文化品牌。加强“绿水青山就是金山银山”实践创新基地、国家生态文明建设示范区、省级生态县等典型示范宣传，推广先进经验与做法。挖掘一批先进人物和集体的优秀事迹，开展典型报道。

（二）拓展生态文明宣传教育方式

对相关行政人员进行习近平生态文明思想教育。在大中小学开展校园生态环境保护教育，设立生态领域的课程。结合世界环境日、生物多样性日、国际保护臭氧层日、全国低碳日等重要节点和主题宣传活动，用好新媒体平台及社区、学校等各方面社会资源，加强对生态文明建设和生态环境保护的线上线下宣传，广泛传播生态文明价值理念。推动向公众开放环保设施。扩大舆论影响，积极开展“绿风尚”“我是生态环境讲解员”等生态环境宣传教育活动。创建一批生态环境宣传教育实践基地。

（三）践行绿色低碳生活

开展节约型机关、绿色学校、绿色社区、绿色出行、绿色商场、绿色建筑等创建活动。开展各类环保实践活动，全面推行绿色低碳的消费模式和生活方式。加大城市绿色化实施范围，积极开展垃圾分类，大力引导绿色低碳出行。

（四）推进生态环保全民行动

工会、共青团、妇联等群团组织积极动员广大职工、青年、妇女参与生态环境保护，引导公民自觉履行生态环境保护责任。各级各类行业协会、商会发挥桥梁纽带作用，全民绿色发展进程全面推进。加强对环保组织的管理和指导，引导具备资格的社会组织依法开展生态环境公益诉讼等活动。

（五）强化公众监督与参与

持续推进环境政务新媒体矩阵建设，不断提升政务新媒体传播力、影响力、公信力、引导力，完善例行新闻发布制度和新闻发言人制度，加大信息公开力度。增添环境微信服务平台，加快“12369”环保热线平台建设，拓宽相应功能，优化群众举报、反馈、奖励制度，做到六公开、一暗访。加强舆论监督，鼓励新闻媒体对各类生态环境问题、突发环境事件、环境违法行为进行曝光。加强舆情监测和研判，准确把脉公众关切热点，做好新闻热点回应工作。完善公众参与制度程序，引导公众依法、有序参与环境保护公共事务，开展环境决策民意调查，搭建公众参与环境决策平台。

六　提升生态环境科技支撑，构建生态环境治理新格局

（一）全面提升生态环境科技创新能力

河南省应针对生态环境领域强化研发技术等能力的基础建设，新建一批省级重点实验室、工程技术研究中心和技术创新中心。培育建设一批绿色技术创新中心、绿色技术创新示范基地。加强生态环境科学观测研究站建设，在黄河流域典型城市建设生态环保科技协同创新平台。推进省、市、县三级生态环境科技人才队伍和智库建设，强化科技领军人才和紧缺专业人才队伍建设。落实国家绿色技术推广目录，加快绿色技术推广应用。加强生态环境科技成果转化服务，开展百城千县万名专家生态环境科技帮扶行动。

（二）实施生态环境科技创新攻关

加强生态环境和科技部门协作，加大省级科技计划对生态环境保护研究的支持力度。开展绿色技术创新攻关行动，围绕节能降碳、清洁能源、废弃物资源化利用等领域组织实施一批重大科技项目。组织开展中原城市群协同控制、多污染物复合效应、大气污染物与温室气体排放协同控制、农业面源污染治理、黄河流域生态环境协同治理、丹江口水库饮用水水源安全保障技术等专项研究。强化大气、水、土壤等重点领域污染成因，$PM_{2.5}$ 和 O_3 污染成因等基础研究，对重点区域、流域、行业开展环境与健康调查，对新污染物实施监测、评估环境风险因素与治理管控技术研究，建立环境与健康综合监测网络及风险评估体系。

第六章　提高公共安全治理水平

《左传》有言："居安思危，思则有备，备则无患。"其意指在和平时期，也要做好万全的准备，这样才能避免灾难的发生。古时候的安全文化博大精深，寥寥数语为世人不断敲响提升公共安全治理水平的警钟。进入新时代，"强起来"的中国处于近代以来最好的发展时期，与此同时，各种可以预见和难以预见的风险因素也明显增多，从某种程度上来说，也是一个风险不断积累甚至集中显露的时代。在此背景下，推进公共安全治理面临着一系列新情况新挑战，如何前瞻性地做好公共安全工作，成为当前维护社会稳定发展必须深刻思考的问题。

第一节　大力提高公共安全治理水平的重大意义

正所谓"天下之患，最不可为者，名为治平无事，而其实有不测之忧。坐观其变，而不为之所，则恐至于不可救"。新时代的中国一片繁荣，未来可期，但着眼于现代化建设全局和未来发展战略，我们仍然要确保公共安全与应急管理的工作航向。党的十八大以来，习近平总书记围绕公共安全、应急管理提出了一系列新思路、新观点、新要求，这也成为做好新时代公共安全与应急管理工作的基本遵循和行动指南。党的二十大报告强调，提高公共安全治理水平，坚持安全第一、预防为主，完善公共安全体系，提高防灾减灾救灾和急难险重突发公共事件处置保障能力。这进一步指明了新时代改善和提高公共安全治理水平的方向，同时也反映了在新时代中、新道路上，加强公共安全治理是党和国家事业发展的需要，也是提升社会治理体系与治理能力现代化的一个重要方面。社会治安良好是社会公共秩序稳定的表现，也是人民安居乐业的基本保障。新形势下，只有充分认识到提高公共安全治理水平的重要意义，才能真正探寻出维护公共安全、提高公共安全治理水平的理想道路，进而更好地助推新时代民族复兴战略全局的发展。

一 加强民族团结、维护政治稳定的内在要求

2013年11月，中共十八届三中全会明确提出“健全公共安全体系”，昭示着中国应急管理步入了公共安全治理的新时期。2015年5月，习近平总书记在主持十八届中共中央政治局第二十三次集体学习时强调：“公共安全连着千家万户，确保公共安全事关人民群众生命财产安全，事关改革发展稳定大局。要牢固树立安全发展理念，自觉把维护公共安全放在维护最广大人民根本利益中来认识，扎实做好公共安全工作，努力为人民安居乐业、社会安定有序、国家长治久安编织全方位、立体化的公共安全网。”当今世界风云变幻、激荡不安，西方某些国家总是打着“人权”的幌子妄图干涉我国内政，试图扰乱我国尤其是边疆民族地区的发展与稳定。因此，需要我们切实加强公共安全治理工作，保障各族人民的生活和安全，因为我国任何一个民族的安全受到威胁或损害都会影响我国整体安全。提高公共安全治理水平，不仅可以从内部增强人民的民族认同感和自豪感，巩固和发展中华民族共同体，还可以向国际社会展示中国作为负责任大国的良好形象，进一步讲好中国故事，使西方某些国家的谣言和诋毁“不攻自破”。

作为国家安全的重要组成部分，公共安全问题既是社会领域的问题，也是关乎政治安全的重大问题。纵观古今，保证自身免遭入侵和推翻，是每一个国家政权都需要直面并加以解决的重要安全问题。从我国的发展过程看，新中国成立的最初20多年，尽管没有“国家安全”这个概念，但是以毛泽东同志为核心的党的第一代中央领导集体，基于对战争与革命时代的认识，把维护新政权的安全列为一项刻不容缓的工作，并进行了一系列维护国家安全和社会安全的工作。[①] 彼时的党和国家领导人，坚持以军事和政治安全为核心的传统国家安全观，根据国家和公共安全的实际需求，紧紧围绕国家独立、主权安全和领土完整推进安全事业发展，坚定地维护了中国人民在革命和建设事业中取得的成果。同时，为了进一步维护人民的

---

① 和晓强：《建国以来“国家安全观”的历史演进特征分析》，《情报杂志》2020年第2期。

合法利益，维护中国共产党领导以及社会主义制度，形成了以“和平共处五项原则”为基础，以“求同存异”为指导方针的对外政策，一方面捍卫了国家公共安全，促进了新政权的稳固；另一方面也冲破了西方对新中国的遏制，化解了新中国面临的诸多国际国内风险和挑战。随着时代更迭和经济社会发展，维护公共安全更加成为一项关乎国家发展、社会稳定、民生福祉的最基本任务。如果考究改革、发展与稳定之间的关系，稳定无疑是第一位的，它是推进改革、深化发展的前提，只有有力保障公共安全，政治发展才能保持稳定、社会秩序才能保持安全、生态格局才能保持平衡。事实上，有效维护公共安全给党的路线、方针、政策的持续贯彻执行创造了稳定的社会环境，进而增强了政治认同、社会认同，促进了国家的繁荣昌盛。总之，做好新形势下公共安全治理提升，不仅能够推动中华民族共同精神家园的建设，促进各民族间的交往、交流和融合，也有助于强化中国共产党的领导权威，推进我国政权稳定和政治生态的良性发展。

二　营造良好经济社会发展环境的现实需要

2016 年 7 月，习近平总书记对加强安全生产和汛期安全防范工作做出了重要指示，经济社会发展的每一个项目、每一个环节都要以安全为前提，不能有丝毫疏漏。由此可以看出，公共安全对经济社会发展具有非常重要的意义和影响，是经济社会发展的重要支撑条件。安全的城市环境能够为城市树立良好的形象，聚集大量的人气，还能吸引国内外投资者和各种资源，为经济社会发展营造有序的宏观环境，从而促进经济社会快速发展。习近平总书记在参加亚太经合组织商业领袖峰会时明确指出，我国经济发展已步入新时期，中国经济正处于新常态，并对其主要特征进行了详尽的分析，提出了“新常态为中国提供新发展机会”的重大判断。“明者因时而变，知者随世而制。”面对我国经济向高质量发展迈进的现实形势，我们要积极适应新常态、把握新常态、引领新常态，不断做好新常态下的公共安全治理提升工作，为经济社会运行发展营造安全稳定的环境，从而推动经济社会高质量发展。

从世界发展局势看，当前中国与国际社会的交往越来越多，中国正在不断走向国际舞台中心，国家影响力越来越大，而国际社会的不稳定因素对我国的影响也越来越显著。与此同时，我国的国家利益也不断扩大，对海外市场、能源资源、战略要道以及海外机构、人员、资产等的安全保障都需进一步加强。在这样的背景下，我国立足于全球视野和时代高度，对国家和公共安全进行积极塑造，尤其是“人类命运共同体”的提出为新形势下保证国家的长治久安和维护公众利益提供了指导原则和实践途径。同时，这也向世界展现了良好的中国形象，有利于吸引外国众多优质企业前来中国投资发展。未来，我国经济结构将会得到进一步的优化，我国经济增长的潜能将会进一步释放。在中国特色社会主义现代化建设新时期，提高公共安全治理水平是我国积极顺应时代发展潮流，迎接经济全球化，有效防范和化解国家安全重大风险，构建总体国家安全体系所面临的重要课题，有利于为我国的发展营造和平稳定的良好外部环境。

众所周知，我国实行的是以公有制为主体、多种所有制经济共同发展的社会主义基本经济制度，这就要求我们在一个相对公平、稳定的市场环境下，找到不同经济发展形式的准确位置，并在不同的领域里发挥各自的重要作用。在社会主义市场经济中，民营经济是社会主义市场经济最具活力、最具发展潜力、最具创造力的一支队伍，它也是繁荣城乡经济的强大后盾，是促进我国经济发展的一股不可忽视的力量。随着我国经济步入新常态，民营企业已经成为经济发展中的一个亮点。有资料表明，民营企业在我国 GDP 中的贡献已达 60%，为我国提供了 80%的城镇就业岗位，吸纳了 70%的农村转移劳动力，90%的新增就业岗位是民营企业创造的，民营企业税收超过 50%。因此，要持续提升公共安全治理水平，为我国经济社会发展提质升级保驾护航，就要进一步深化社会主义市场经济体制改革，加强各个企业的社会责任意识，最大限度地发挥我国市场经济各个参与主体的积极性和主动性。此外，公共安全治理水平的提升和安全稳定的外部环境是相辅相成和良性互动的，我们要牢牢抓住经济发展新常态这一新形势，始终把经济建设放在核心位置，始终坚持发展是硬道理的战略理念，在变化中求新生、在新生中求进步、在进步中求突破，从而将我国的发展推向新的高度。

三 构建和谐社会、保障人民利益的重要基础

国家安全重于泰山，人民利益高于一切，维护公共安全，关系到人民的切身利益。习近平总书记在 2016 年 1 月的中央政治局常委会会议上强调：

“血的教训警示我们，公共安全绝非小事，必须坚持安全发展，扎实落实安全生产责任制，堵塞各类安全漏洞，坚决遏制重特大事故频发势头，确保人民生命财产安全。”可见，做好公共安全工作对于维护公民合法权益、提高社会治安具有重要意义。2016 年 4 月 15 日，习近平总书记在首个全民国家安全教育日，做出了重要指示，国泰民安是人民群众最基本、最普遍的愿望。实现中华民族伟大复兴的中国梦，保证人民安居乐业，国家安全是头等大事。从内容上看，公共安全包括了信息安全、食品药品安全、公共健康安全、公众出行安全、场所安全、建筑安全、城市生命线安全、人民群众的人身安全等。不难发现，公共安全内容的背后是民生，它涉及很多与公民切身利益相关的问题，需要得当处理，消除或削弱社会各个部门之间存在的诸多矛盾。如果处理不得当，很可能会引起突发事件，进而对社会的和谐发展产生负面影响。因此，需要从维护人民群众合法权益的基本导向来开展公共安全治理，以公共安全治理水平的不断提高来践行中国共产党全心全意为人民服务的宗旨，保障广大人民群众在社会主义和谐社会中过上幸福生活。

2021 年，我国迎来全面建成小康社会、实现第一个百年奋斗目标，并开启全面建设社会主义现代化国家、向第二个百年奋斗目标进军的新时期。这意味，当下的中国社会处在一个新的加速转型发展时期。随着经济快速增长，社会利益的分化越来越明显，经济社会结构的变化也越来越剧烈，社会矛盾和风险日益凸显，这些都需要加强社会管理，不断提高公共安全治理水平。公共安全是人民生存发展的需要，也是社会和谐稳定的底色。全面提升公共安全治理能力，是提升国家治理效能的必然要求，它对保证人民群众的生命财产安全、维护社会稳定具有十分重要的意义。公共安全治理能力的提升，将有利于有序推进社会结构的发展与变革，减少各方可能产生的摩擦，从而缓解因社会转型引发的矛盾，使各主体在一个比较和谐稳定的社会秩序中重新审视社会价值和内在观念，将自身利益与公共利益、社会利益结合在一起，最终在最大范围内实现公共利益。

事实上，国家安全与人民安全是相互支持、相互促进的关系，公共安全治理水平的提升是坚持人民至上、生命至上的关键举措，而坚持人民至上和生命至上也是提高公共安全治理水平的出发点和落脚点。进入新时期，党和国家坚持用社会主义核心价值观引领社会公众构建社会主义和谐社会，其本质就是从维护公共安全入手，降低人民群众生命和财产安全遭受损害的风险，以保障广大人民群众合法利益的实现，集中体现了新时代“以人民为中心”的发展思想。在全面建设社会主义现代化国家的新时代，我们必须在社会治理方面做得更好，推进社会安全治理方式的变革。毋庸置疑，“人民至上”是公共安全治理的重要原则，也是社会治安管理的基本方向。社会治安问题与社会各界密切相关，是人民群众更好地生活、更好地实现共同富裕的根本所在。因此，提高公共安全治理水平，人民群众的合法权益将会在国家强制力量和社会道德约束的双重作用下得到良好的维护和保障，为进一步构建新时代中国特色社会主义和谐社会奠定坚实的基础。

四 增强政府权威和提高公共服务水平的重要途径

公共安全问题是关系到人民生活和财产安全的重大问题，推进公共安全建设是构建和谐社会的重要内容。2015 年 5 月，习近平总书记主持十八届中共中央政治局第二十三次集体学习时指出，维护公共安全体系，要从最基础的地方做起。要提高公共安全体系精细化水平，从预判预警到应急处置，从现实生活到虚拟空间，每一个环节都要深入考虑和谋划。要积极推广应用新技术、新设备、新工艺，高度重视大数据、云计算、物联网、智慧工程等现代信息技术的应用，不断提高公共安全装备水平。要认真汲取各类公共安全事件的教训，推广基层一线维护公共安全的好办法、好经验。社会公共安全状况的好坏，不仅直接影响民众的生命财产健康，也影响群众对政府的信任度高低。最大限度地解决社会矛盾，实现社会和谐，是政府治理的根本目的。有了稳定的社会环境，公民的安全感就会更高，对政府的信任也会更强，从而能够更加积极地投身于社会事业，在安居乐业中实现自身价值和幸福生活。归根结底，一个国家的治理能力不仅表现为经济发展的水平，也表现为社会的和谐程度、民众的满意度、社会管理的认可度、社会纠纷和社会矛盾的解决能力，这些都是政府执政能力强弱的最基本体现。特别是，政府化解社会矛盾的能力与社会的稳定和谐有着直接的联系，我们一定要站在提升政府公共安全治理水平的角度来关注这一点。一方面，提升公共安全治理能力是各级政府履行自身政治、经济和社会职能的基本要求，能够展现和增强政府作为公权力部门的管理权威；

另一方面，也向公众展示了作为公共服务提供者的后盾力量。

2022年5月，习近平总书记在《求是》杂志第10期上发表重要文章《正确认识和把握我国发展重大理论和实践问题》，指出要正确认识和把握实现共同富裕的战略目标和实践途径，特别强调要完善公共服务政策制度体系，重在提升公共服务水平。党的十八大以来，我们党一直坚持“以人民为中心”的发展思想和理念，始终以经济建设为中心，把提升公共服务质量放在重要位置，着力推动基本公共服务均等化，取得了一系列显著成绩。事实上，要想真正推动实现共同富裕，我们就必须对基本公共服务均等化的重要性有深刻理解，将党中央的各项决策部署深入贯彻下去，积极推进公共服务改善。而改善公共服务的一个关键环节，就是政府要持续加强对公共安全的治理，不断提升社会治理体系与治理能力现代化，从而使社会公共安全治理更加符合中国特色社会主义发展的必然趋势。

第二节　河南提高公共安全治理水平的实践探索

公共安全是指社会公众能够依法享有和谐稳定的工作生活环境以及良好的社会秩序，能够充分保护公众的生命财产、身心健康、民主权利和自我发展，从而可以最大限度地规避各类灾难的侵害[①]。公共安全是影响经济社会发展的一个重要因素，与广大人民群众的切身利益密切相关。当前，河南正处在经济发展加快转型、中原经济区起步发展的重要阶段，社会结构正处于深刻变革之中，利益关系也在快速调整，全省公共安全治理体系建设面临着许多新问题与新挑战。近年来，河南在省委、省政府的正确领导下，各级党委政府以习近平总书记关于公共安全重要论述、重要指示为指导，因地制宜，紧密结合现实，共同应对挑战、勇往直前，持续加强公共安全制度和体系建设，积极探索和开展提高公共安全治理水平的相关实践，维护公共安全的能力逐步提升，为提高全省公共安全治理水平提供了经验支撑。

---

① 王英、窦建华、曹锐、徐明：《公共安全应急信息技术发展现状、趋势及对策》，《中国公共安全》（学术版）2009年第4期。

一　加强顶层设计，释放技术潜力

河南历来高度重视公共安全领导和防范机构的建设和发展，全省多个地市相继成立了公共安全防范行业协会和公共安全研究院等机构和组织，以强化公共安全治理的顶层设计，健全公共安全治理制度与体系。其中，以郑州市最为典型，河南省会城市郑州在公共安全治理问题上始终走在研究、探索的前列，为全省治安防控体系建设树立了典范。1995 年 8 月 2 日，郑州民政局正式注册成立了公共安全技术防范行业协会，它是一个集防爆、防盗、防劫持、防破坏、防非法入侵、防灾害、防伪制、安全检查于一体，具有探测、报警、识别、处理、传输等功能的报警系统、防范传输指挥系统。郑州市公共安全技术防范行业协会的成立从技术层面为提高公共安全治理水平和能力提供了思路与参考。为了更好地贯彻党的十九大精神，进一步发挥党组织的战斗堡垒和共产党员的先锋模范作用，该协会于 2018 年 8 月向上级党组织工作委员会提出了成立协会党支部的申请。2018 年 10 月 11 日，经过上级党组织工作委员会的审核，同意成立中共郑州市公共安全技术防范行业协会党支部，进一步发挥了党建在公共安全治理中的引领作用，从顶层设计上使党的领导深深嵌入公共安全治理之中，有利于增强中国共产党的领导权威和协会成员的向心力与凝聚力，提高公共安全防范效率和水平。

2021 年 7 月 17~23 日，河南省遭受了有史以来罕见的特大暴雨，洪涝灾害十分严重，尤其是郑州市人员伤亡最大。经河南郑州“7·20”暴雨灾害调查组调查，此次暴雨灾害是由极端降水导致城市内涝、江河洪水、山洪、泥石流等一系列灾害叠加而成，并导致人员伤亡惨重的特大自然灾害；郑州市委和有关地区、部门、单位对这次大灾难没有充分了解和准备、组织防范工作不力、突发事件处理不及时，出现了玩忽职守的情况。总体来说是“天灾”，但也有“人祸”的因素，尤其是出现了地铁、隧道等本不应该出现的人员伤亡事故。郑州市的有关区县（市）党委、政府的主要负责人，以及其他有关部门、单位的主要负责人，分别负有领导责任或直接责任①。为此，河南省积极构建和完善党政同责的地方防汛工作责任制，将当

① 国务院灾害调查组：《河南郑州“7·20”特大暴雨灾害调查报告》，2022 年 1 月。

地党委、政府的防汛救灾主体责任落实到位，实行党政同责、一岗双责，对各级党委、政府的主要负责人、分管负责人以及其他班子成员的防汛救灾责任进行细化，严格压实日常防范和事前、事中、事后的全过程领导责任。

除此之外，郑州市在吸取沉痛教训的基础上，为贯彻习近平总书记“改革强警，科技兴警”的重要指示和全国公安工作会议的精神，推进科技信息化建设，深入实施公安大数据发展战略，着力推进数据警务和智慧公安建设，全面敦促公安工作的质量、效率、动力等方面的提高和变革，经市政府研究，决定于2022年9月成立郑州市公共安全研究院。公共安全研究院主要依托郑州市公安局现有合作院校（企业）进行警校（企）深度合作，提升城市公共安全预警防控能力。公共安全研究院本着“服务公共安全事业发展、服务平安城市建设、服务公安信息化应用”的宗旨，定位于国内公共安全领域重要创新型科研及产业转化，聚焦公共安全与平安城市、社会治理与服务群众、人工智能与大数据三大领域，致力于打造产学研一体的公共安全技术产业平台。郑州市公共安全研究院重点发展城市公共安全领域产品研发和科技创新，为城市高效运行和郑州现代化中心城市建设提供公共安全保障；开展公共安全领域前沿学术研究和推广应用，培育壮大郑州公共安全研究领域地方专业团队和技术骨干；以项目建设带动人才引进，吸引更多专业人才来郑创新创业，打造以郑州为中心、覆盖河南、辐射带动周边区域的公共安全技术服务平台，大大释放了公共安全治理的技术潜能。

二　汇聚各方智慧，创新治理方式

在我国社会主义现代化建设进程中，会议是社会政治生活的重要组成部分。各种安全交流会、研讨会以及专题会，是深入学习贯彻习近平总书记关于国家安全重要论述的载体，有利于畅通信息渠道、加强技术交流，集思广益，起到上传下达的有效作用，提升信息时代创新公共安全治理的水平。进入新时代以来，河南省各级党委、政府和社会组织多次召开相关领域专题会议以及安全技术交流研讨会，通过多方交流与研讨，形成了以党建为引领、政府为指导、社会和企业共同参与的治理模式，持续加强了公共安全风险防范意识，构筑了公共安全风险防线，提高了区域创新治理能力。

2022 年 7 月，河南省举行了安全生产电视电话会议，对上半年全省的安全生产工作进行了总结，并对下半年的重点工作进行了部署。会议强调，要深入贯彻习近平总书记对安全生产的重要指示精神，将全国安全生产电视电话会议的部署付诸实施。要始终将安全生产这根弦绷紧，贯彻落实国务院安委会的安全生产十五条硬性措施以及河南省的五十条细化措施等各项任务，以确保安全生产的长期稳定，为经济社会的健康发展提供有力保障。2022 年 11 月，河南省委、省政府召开了全省安全生产电视电话会议，会上要求，要从安阳“11 · 21”特大火灾事故中吸取教训，严防死守全省安全生产的底线。在专门领域方面，2023 年 3 月，河南省市场监管系统产品质量安全监管工作会议在郑州召开，会议总结了 2022 年河南省产品质量安全监管工作，部署 2023 年重点任务，并强调河南省产品质量安全监管战线要守正创新、真抓实干、奋勇争先，努力推动产品质量安全监管工作再上新台阶，确保为消费者创造一个安全放心健康的消费环境。2023 年 4 月，河南省食品销售安全监管工作会议暨落实主体责任“四化”建设动员部署会在鹤壁召开，会议深入学习贯彻党的二十大精神以及全国、全省市场监管工作会议部署，总结 2022 年全省食品销售安全监管工作，分析形势、交流经验，安排部署 2023 年食品销售安全监管工作和落实主体责任“四化”建设任务。同月，全省餐饮食品安全监管工作会议在濮阳召开，会议深入学习了党的二十大精神以及全国、全省市场监管工作会议精神和省政府食品安全委员会全体会议部署，强调要从讲政治的高度、保民生的角度以及促发展的维度，坚持监管与服务并重，全力做好 2023 年餐饮食品安全监管工作。4 月 12 日，河南省“平安农机”创建工作研讨会在信阳市固始县举行，与会人员围绕“平安农机”创建工作的开展情况、存在的问题及今后工作的设想进行了交流。

在地方层面上，各级政府部门和单位联合发力，努力为提升河南省各领域公共安全治理水平建言献策。2020 年 12 月 19 日，在郑州市公共安全防范行业协会专家库成立大会前期，河南省公安厅科技处、郑州市公安局科技通信管理处与郑州市公共安全防范行业协会共同举办中原安防行业技术专家研讨会，研讨新时期全省治安防控体系建设、技术创新、人才培养等方面的新思路新举措。2022 年 7 月 24 日，安防专家技术交流会暨社会治理智慧安防创新论坛在郑州隆重举行，来自河南省公安厅、省大数据局及各地市公安及安防领域的专家学者、行业代表齐聚一堂，共话智慧安防与社会治理新发展，“红星云”作为智慧城市建设的一支新兴力量和智慧社区代表厂商出席论坛，与会专家详细介绍和探讨了“红星云”智慧社区应用生态建设体系的发展和前景，为社区大数据助力安全、治理、惠民的新型智慧社区建设提供了新思路。2022 年 9 月 8 日，河南省开封市委党史研究室组织召开网络安全交流研讨会，会议上，大家就习近平总书记有关“网络强国”的重要思想进行了深入学习，并对如何做好网络安全工作做了重点强调，要进一步树牢安全意识、守好网络阵地、践行网络文明。此外，河南省相关高校也逐渐增强了公共安全学科建设和学术交流。例如，2022 年 4 月，河南理工大学应急管理学院与武汉理工大学安全科学与应急管理学院，进行了一次关于应急管理和安全学科建设发展的学术交流，既“把脉问诊”了应急管理学科建设，也为未来应急管理学科建设、科学研究和人才培养提供了多方面富有启迪的指导和建议；2022 年 9 月，河南理工大学举办了河南省高校网络安全建设研讨会，此次研讨会汇聚了省内高校网络安全专家学者和一线工作人员，与会人员就共同关心的网络安全发展趋势与建设需求、网络安全实践过程中遇到的难题等提出了真知灼见，提供了思路和经验，有效推进了高校网络安全优秀解决方案的传播，为不断完善高校网络安全防护体系，提升高校网络安全防护能力，赋能新型智慧校园建设提供了学习交流平台。

三　加强党建引领，优化治理格局

马克思、恩格斯指出：“安全是市民社会的最高社会概念，是警察的概念；按照这个概念，整个社会的存在都只是为了保证它的每个成员的人身、权利和财产不受侵犯。”[①] 在马斯洛的需求层次理论中，安全需求被放到了第二层，可以看出，安全是个人生存、成长及发展的重要保障。“政治”与“社会”构成了基层党建的两种平衡向度，其中，安全治理是社会取向，党建引领是政治取向。展望未来的社会治理实践，党建引领下的社会公共安全

① 《马克思恩格斯全集（第 1 卷）》，中共中央马克思恩格斯列宁斯大林著作编译局，人民出版社，2001。

治理是一个重要议题和基本方向。在社会治理中，城乡基层公共安全治理是一个重要方面，同样也需要对党建引领的社区公共安全治理的路径、经验等进行学理探索[①]。综观河南省现有的研究及相关的实践可以发现，以“放权赋能”为核心的党建引领公共安全治理，为构建“以人为本”的社区公共安全治理模式、实现城乡公共安全一体化治理格局[②]，提供了一条有效的借鉴路径。

近年来，河南省洛阳市政法机关和“平安建设”有关单位以市域社会治理现代化试点为契机，打造“民有所呼、我有所应”的市域社会治理品牌。另外，洛阳市还积极推动基层组织制度、治理制度和服务制度的建设，探索出了独具特色的“洛阳实践”。2019 年，洛阳市公众安全感满意度达到 96.41%，执法满意度达到 95.46%，分别比上年增加了 3.12% 和 3.43%，在全省排名中分别提高了 5 位和 3 位，荣获“全省平安建设优秀省辖市”称号。同时，全市政法系统定期开展以“三上门、三必访、双程序”为工作机制的“四官”服务，深入农村和社区担任“平安村官”，稳步推进各项司法服务工作，从源头上有效防范化解公共安全风险，提高了矛盾纠纷的多元调解途径，激发了社会治理活力，优化了城乡公共安全治理格局。

审视洛阳推进的社会治理实践可以发现，洛阳市坚持以党建引领社会公共安全治理，探索“基层党建+”工作模式，促进社会治理与经济社会发展的全过程融合，努力打通社区治理的“最后一公里”，办好百姓家门口的事，不断夯实基层治理的根基。自 2020 年以来，洛阳市创建“1124”工作模式，不断创新打造适应本市的社会治理品牌，形成“综治中心+网格化+信息化”治理格局。与此同时，积极探索“三零”创建模式，集中开展了“三清两建”乡村治理专项行动，构建了“1+3+3+9”工作体系，推动基层党建与基层治理不断深度融合，有效破解了“案多人少”的矛盾。

---

① 孙雪：《党建引领社区公共安全治理的经验、困境与提升路径》，《领导科学》2021 年第 22 期。

② 谢淑珍：《城市社区公共安全治理模式创新研究——基于整体性治理理论》，《安徽广播电视大学学报》2013 年第 2 期。

四 注重探索创新，开展试点实践

基层社会治理始于精细，成于坚持。“治大国若烹小鲜”，治理一个国家就像烹饪一道美味的菜肴。习近平总书记指出，治国安邦重在基层，党的工作最坚实的力量支撑在基层，最突出的矛盾和问题也在基层。党的十九届四中全会提出了“构建基层社会治理新格局”的战略目标，同时实施了“加快推进市域社会治理现代化”的行动，这对推动我国城乡社会治理现代化具有重要的现实意义。党的十九届五中全会明确提出，“十四五”时期要努力实现“社会治理特别是基层治理水平明显提高”。

2018年8月以来，开封市由市委统领、市委政法委牵头，积极推动基层社会治理“一中心四平台”建设，逐步建立起“党建引领、网格为基、技术支撑、资源下沉、哨响人到”的基层社会治理体系，形成了“统筹指挥、协调联动、即时响应、有效处置、精准考评”的工作机制，将中央和省委部署、外地经验与当地实际有机结合起来，坚持发扬“枫桥经验”，把市域社会治理现代化作为切入点，持续提高开封市基层社会治理的网格化、数字化、精细化水平，[①] 促进平安开封建设再上新台阶。打造“一中心四平台”治理模式，以全科网格为基本单位，初步建立了一个共建共治共享的基层社会治理模式。把综合监督平台做实，组建了人大代表、政协委员网格监督员队伍，将人大、政协、纪委、督查多方力量投入网格监督工作中去；加强各级党政工团妇、驻点单位及社会各界的广泛参与，通过省妇女联合会召开现场会，推动开封市“妇联+智慧网格”工作模式的推广；[②] 创新互联网群众工作机制，开创“12345”民生服务热线，同时以“微连心”微信小程序作为群众与政府沟通的新渠道，获得了很高的赞誉。

作为广大群众的基本生活场景，住宅小区是目前市域社会运行中的基本治理单元，也是矛盾和问题最集中的治理领域。在当前通行的治理结构之下，各个小区由街道、社区直接管理，但在实际工作中，社区、街道乃至

---

① 赵红旗：《开封“六防六促”夯实平安建设根基》，《法治日报》2022年1月26日。

② 《开封“一中心四平台”打造基层现代化社会治理体系》，开封市人民政府网站，2019年8月12日，https://www.kaifeng.gov.cn/sitegroup/root/html/ff80808173b6b2af0173bcf7c1f02635/42a4c4b6eb1c4095a49aed00f3366ae8.html。

县区都存在缺乏相应管理权限的工作困境。虽然有许多市级单位的工作业务与小区治理息息相关，但目前在市级层面没有明确的专职主管小区的单位和部门。因此，开封市从市级层面做出顶层设计，突出“市域治理”特色，积极开启“五治”融合实践探索等相关试点工作以推进小区治理，通过创新举措破解基层治理难题。为将“五治”融合工作做到实处，开封市着力建强阵地堡垒，加强政策扶持与指导，由全市市域社会治理现代化试点工作专班统筹推进，最终形成“以政治引领为基础，以法治保障为根本，以德治教化为重点，以自治强基为核心，以智治支撑为抓手”的基层公共安全治理体系。开封市在成立相应“五治”融合试点工作小组的基础上，同步组建综合组，统筹安排整体工作，同时成立推广指导组，由相关专业人士参加，指导小区填写各类摸底表格，开展小区自治工作。各试点县区根据市级要求，结合自身情况，制定本县区小区治理“五治”融合试点工作方案并及时上报工作开展中发现的实际问题，迅速研判解决，同时要求各县区“五治”融合试点工作法治组要同步做好相应的政策审核把关，确保各项工作的合法开展。开封市“五治”融合试点工作涉及全市 4 个县区、15 个街道（乡镇）、25 个社区、33 个小区，覆盖 933 座楼栋，累计形成各级工作队伍 160 余人，惠及居民将近 50000 人，并在全国第一个注册成立“开封市业主自治联合会”，全市 1200 多个小区的负责人进入联合会，形成了独有的开封经验。[①] 其中，《河南兰考：“五治”融合构建平安格局》典型经验由《光明日报》刊发，《兰考：“五治”融合提升小区治理水平》典型做法由《河南日报》刊发。

五　强化全民宣传教育培养，完善风险治理体制机制

提高公共安全治理水平，思想认知与素养能力是关键。基于此，河南省各地区针对社会公众和不同群体进行了系列宣传和教育培训。在具体做法上，南阳市高度重视管理人员的安全风险管理教育，强化“把艰险扛在肩上、把平安留给百姓”的应急管理理念培育，推进应急机关文化建设，有效加强了公职人员安全意识培育；通过开展党政领导干部和企业负责人

---

① 《河南开封市：小区治理“五治”融合实践与探索》，中国共产党新闻网，2022 年 8 月 19 日，http：//dangjian. people. com. cn/n1/2022/0819/c441888-32506859. html。

宣讲谈心的方式，强化企业主要负责人安全底线思维，通过专题走访、调研企业、问题收集办结、惠企助企等形式，深入开展“万人助万企”活动；大力推动应急安全宣传“五进”工作，组织推进综合减灾示范社区的创建，在此基础上，积极推动安全风险的网格化管理，全面提升基层公共安全治理水平和能力。[①] 济源市示范区按照政法队伍教育整顿的总体部署安排，2021 年 3 月召开示范区政法队伍教育整顿第一次新闻发布会，详细介绍了 2021 年济源示范区政法机关“创新治理保平安”工作有关情况，主要包括“社会治理中心+网格化+信息化”的治理模式、深化“雪亮工作”建设与应用等十件实事，以保障社会公共安全，提高政法系统的公共安全治理水平。

济源示范区也在基层平安建设工作调研中，认识到了建立风险防控体系、健全人员队伍与工作机制的重要性，把工作重心放到“三零”平安创建上来，不断完善风险防范制度。同时，聚焦社会治安和公共安全，强化对重点人群的教育和管理，推动平安创建各项工作走深、走实、走细，使各方参与到社会的治理中去，形成工作合力，实现小事不出村、大事不出镇、隐患就地排查、矛盾就地化解的目标。不难发现，济源示范区通过对基层治理体系进行探索，优化改进治理措施，创新实践治理机制，加强多部门联动，从多个方面着手解决群众的“急难愁盼”问题，把基层安全建设工作推向了一个新高度。[②]

健全的组织机构、科学的管理体制、高效的工作机制，是有效应对风险的重要保障。近年来，南阳市立足实情，构建了“11155”安全生产管理体系与机制，即 1 个应急管理新格局、1 个网格化管理格局、1 个应急管理体制、5 个应急管理体系以及 5 个应急管理工作机制，同时构筑了安全风险综合治理的多重防线，不断强化安全风险治理制度与规范建设，坚决守牢安全底线。从实施效果上看，南阳市近年来的生产安全事故逐年下降，社会治安状况保持稳定，各项工作在全省排名靠前。

---

① 中国人民大学南水北调高质量发展战略研究院课题组：《地方公共安全风险治理研究——以河南省南阳市为例》，《中国减灾》2023 年第 3 期。

② 张恒：《打牢社会治理基础 夯实平安稳定根基》，《济源日报》2022 年 7 月 26 日。

第三节 河南提高公共安全治理水平的主要成就

公共安全问题既关系经济社会发展，也与人民群众的利益紧密相关[①]。一直以来，党和政府始终重视公共安全治理水平的提高。《中华人民共和国国民经济和社会发展第十二个五年规划纲要》明确提出，要与公共安全形势变化的新特点相适应，构建主动防控与应急处置相结合、传统方法与现代手段相结合的公共安全体系。随着互联网技术的进步与发展，网络安全日益成为人民群众关注的焦点。中共十八届三中全会通过的《中共中央关于全面深化改革若干重大问题的决定》，专门就“健全公共安全体系”这一内容进行了阐述，要求“加大依法管理网络力度，加快完善互联网管理领导体制，确保国家网络和信息安全”。新时代以来，面对外部国际政治经济形势复杂变化，以及内部各类公共安全事件频发，河南省各级党委和政府积极应对各种安全风险和挑战，致力于完善各项制度和体制，不断提升保障社会公共安全的能力，在危机事前预防、食品药品监管、安全生产管理、突发事件应急管理和网络安全管理等方面取得了一系列成就，有效提高了河南省公共安全治理水平，保持了社会公共安全形势的总体稳定，为河南省经济社会的持续健康发展和国家“中部崛起”战略的实施提供了坚实保障。

一 坚持预防为主，公共安全治理转向事前预防初见成效

习近平总书记在党的二十大报告中指出，建立大安全大应急框架，完善公共安全体系，推动公共安全治理模式向事前预防转型。公共安全关系到人民群众的切身利益，它是实现人民美好生活和共同富裕的保证[②]，而坚持事前防范是最经济、最有效的公共安全策略。进入社会主义现代化建设新阶段，河南坚持把公共安全治理的重点放在“事后”和“事前”两个方面，并积极推进公共安全治理方式由“事后”向“事前”的转变。河南省坚持工作“一盘棋”，统筹推进自然灾害防治重点工程、自然灾害综合风险

① 张侃：《河南省公共安全建设的问题与对策研究》，《经济研究导刊》2016年第1期。

② 朱伟、李芳：《推动公共安全治理模式转型》，《光明日报》2022年11月24日。

调查等，构建了“双防”甚至“三防”工作体系，开展了重大决策的社会稳定风险评价，全省公共安全治理工作取得了显著进展，公共安全治理模式逐步向“事前”转变，公共安全治理水平也在逐步提高。针对未来一段时间内发展中可能会遇到的各种难题和风险，河南省始终秉持“凡事预则立，不预则废”的原则，坚持安全第一、预防为主，不断推进和完善安全风险评估机制和综合风险普查工作机制，同时将各方事前预防责任压实，共同编织和筑牢公共安全网。再者，技术革新和科技创新的运用，是保证社会稳定和公共安全的关键，而先进的监控预警设备与能力，则是促进公共安全治理模式转向事前预防的必要条件。河南省始终坚持以科技为支持，不断提升公共安全监测预警能力，加强科技应用的广度和深度，努力建设公共安全综合保障平台，最大限度地保障了公共安全、社会稳定和人民生命财产安全，提升了全省公共安全治理能力和水平。

党的十八大以来，河南省已初步形成了一套完善的安全生产风险防范体系，对提高全省的安全生产风险防范水平起到了重要作用。例如，河南省应急管理厅于 2018 年 12 月发布了《河南省工贸行业安全生产风险隐患双重预防体系建设实施方案》，有效促进了事故防范工作的科学化、信息化、标准化。河南省人社厅、应急管理厅于 2022 年 1 月印发《河南省危险化学品企业工伤预防能力提升培训工程实施方案》，该方案以三年为周期，对危化品企业关键员工进行高质量、全覆盖的培训。河南省安全委员会于 2022 年 9 月印发了《河南省安全生产风险隐患双重预防机制常态长效运行工作方案》，要求进一步巩固和提高全省安全生产风险隐患预防体系建设的成果，推动双重预防机制的常态化和长效化运行，有效地防范和化解各种安全风险，保证全省的安全生产形势持续稳定向好发展。随后，为进一步推进上述工作方案的实施，河南省应急管理厅于 2023 年 4 月发布了《关于持续深化小微企业安全生产双重预防建设的通知》，要求有效提升小微企业安全生产双重预防工作质量，切实发挥双重预防在安全生产管理中的重要作用，安全生产事故得到有效预防和控制。随着各行各业、各领域预防体系建设工作方案、实施方案以及相关通知的发布，河南省逐渐构筑起了安全生产双重预防体制机制网络，为提高全省公共安全治理水平打下了坚实基础。

以河南省公共交通领域安全为例。近年来，交通警察总队始终坚持以人为本，以问题为导向，于2019年成立了分析研判指挥中心，深入挖掘交通管理的大数据价值，科学分析工作形势，并对交通的风险和隐患进行了预测和预警，推动了由人工监管向智能化和数据监管的转变，初步形成了一个全业务、全要素、全流程的业务监管体系，推动了河南交管工作进入“快车道”。[①] 以开封市为例，其将全市的安全监管治理转向了事前预防。2023年以来，开封市实施了风险分级控制和隐患排查治理的双重预防性工作机制，有效地防范和化解各种风险。开封市以三年安全生产专项整治行动为着力点，开展重点领域综合治理。截至2023年3月底，开封市共排查安全问题及隐患208项，发出156张安全隐患整改通知书，且均已完成整改。[②] 总之，党的十八大以来，河南省进一步增强公共安全事前预防意识，在深入学习贯彻习近平总书记关于加强公共危机事前预防重要论述的基础上，持续推进全省公共安全治理模式从事后处置向事前预防转变，取得了明显效果，逐步提升了全省公共安全治理水平。

二　食药监管力度显著增强，公共安全制度建设日益健全

作为社会主义现代化国家建设大局的一项重要工作，食品、药品安全一直是河南高度重视的重点工作。在对食品、药品监督和管理的过程中，河南省各级党委和政府十分重视制度的建设健全，着力推动有关监督工作的正规化和法治化。河南省在较为健全的制度保障下，加强了对食品药品安全的监督，并取得了较为明显的成效，具体体现在以下三个方面。

第一，进入新时代以来，河南省不断加强食品药品安全监督管理体系建设。2013年8月，河南省与国家药监局签订了关于共同建设食药安全保障体系的合作协议，这是我国药监局设立后与省级层面达成的首个合作协议，对推动河南食药监管体系的建设发挥了巨大的示范与带动作用。2013年12月，河南省发布了《河南省食品药品安全保障体系建设规划（2014—2016年）》，明确了“九大任务”“七大重点工程”“四大保障”以及相应的建设目标。2014年3月，河南省发布了《关于食品药品监管体制改革的实

---

① 《河南靶向解决“小问题”打造交通“大平安”》，《河南法制报》2021年12月30日。

② 《开封市全力推动安全监督治理向事前预防转型》，河南省人民政府网站，2023年4月16日，https://www.henan.gov.cn/2023/04-06/2720750.html。

施意见》，重点突出政府职能的转变，推动了河南省食品药品监督管理体系的完善，使河南食品药品安全监督管理体系达到了一个新的水平。2015~2017年，河南省政府相继发布了《河南省食品安全工作要点》，大力推进食品工业向高品质高效率的方向发展，创造了良好的食品安全环境。2016年12月，河南省药监局和发展改革委联合印发了《河南省“十三五”食品药品安全规划》，为全省食品药品安全工作的进一步强化和完善提供了有力支持，有效保障了省内食品药品安全，并带动了相关行业迅速健康发展。2017年9月，《河南省食品安全突发事件应急预案》颁布实施，对食品安全突发事件的反应机制做了进一步完善，有利于预防和积极应对应急工作，提升应急准备能力，从而将食品安全事故造成的损失降到最低，保护人民群众的生命和健康，维持正常的经济和社会秩序。2019年1月，河南省政府发布了《河南省食品安全省建设规划（2019—2022年）》，为促进新时期食品安全管理水平提升提供了有力支撑。为了进一步强化河南省的药品安全工作，加快推进药品管理体系和管理能力的现代化进程，河南省市场监管局、省药管局共同发布了《河南省“十四五”药品安全规划》，从整体上提高药品质量，推动医药行业的健康发展，确保人民群众的用药安全，推动河南省药品安全管理工作不断向更高层次迈进。

第二，河南省逐步加强了对餐饮业的食品安全监督管理。2013年，河南省食药监局制定并发布了《河南省餐饮类食品摊贩备案办法》，开展餐饮类食品安全示范项目，强化餐饮类食品摊贩的经营管理，并创建示范县，对全省餐饮类食品安全工作具有良好的示范性和示范性。2014年，河南省药监局积极推动食品安全信息化建设，研制出了一套《河南省餐饮食品安全电子监管系统运行工作方案》，并于同年11月在全省范围内正式上线。2015年，河南省药监局已完成了全部监管工作，并在此基础上，构建了一套完善的餐饮食品安全电子监管系统。河南省市场监管局于2022年10月编制并修订了《河南省餐饮服务企业落实食品安全主体责任监督管理办法（征求意见稿）》，对相关主体进行有效监督，对食品安全管理者的行为进行规范，使其能够更好地发挥作用，促进食品安全管理和食品安全领域发展，对促进人民群众的健康发展具有重要意义。2023年1月，河南省食安委等3个部门联合发布了《河南省学校食堂餐饮食品安全监督管理办法》，该办法对促进高校食堂的健康发展起到了积极作用。在市级层面，郑州市和商丘市按照《河南省餐饮质量安全提升专项行动实施方案（2022—2024 年）》，于 2022 年 4 月启动了全市三年一度专项行动，推动了河南省餐饮行业食品安全管理体系与管理能力的现代化，促进了河南省餐饮行业食品安全管理水平的提高。

第三，河南省对食品、药品市场进行了大力整治，对各类违法违规行为进行了严厉查处。2018 年河南省食药监局发布了《河南省“三小”食品安全专项治理行动方案》，旨在对“三小”食品进行综合整治，全面提高“三小”食品的质量，推动食品安全社会共治。2022 年 3 月，河南省药监部门聚焦“加强监管、优化服务、提升能力、转变作风”，谋划部署深入开展药品安全专项整治、疫苗质量监管提质增效、全面提高医疗防护产品的质量、优化提升审批服务、推动生物制药行业的高质量发展、支持医疗器械行业的创新发展、深化药品智慧监管、推进能力作风建设八大专项行动，以重点工作突破推动整体工作提质增效，用高标准监管来保证高标准安全，促进高质量发展。2022 年 5 月，河南省市场监管局召开了“守底线、查隐患、保安全”主题会议，推动相关监管活动开展，有力遏制保健食品领域频繁发生的违法行为，为进一步做好食品安全工作、巩固和强化食品安全防线、提升河南省的食品安全社会管理水平提供了有力保障。

三 安全生产监督管理制度逐步健全，安全生产总体水平不断提升

河南的能源及原料加工企业占比较高，有很多高危行业和劳动密集型产业，经济发展模式比较粗放，在煤矿中后期开采中，发生危险事故的概率非常高。因此，在安全生产方面，有着相对薄弱的现实基础。① 近年来，河南省委、省政府立足实际，高度重视安全生产监管工作，将安全生产作为贯彻习近平新时代中国特色社会主义思想的重要内容，纳入中原崛起、平安建设的整体发展战略和省委、省政府“十大保障”举措，积极推进安全生产体制和机制改革，有力地促进了河南安全生产持续稳定的总趋势。

一是建立和完善了河南省安全生产基层执法和监督体系。截至目前，在河南省的所有县级以上区域都已经设立了安全监督机构，并且将其纳入

① 张侃：《河南省公共安全体系建设的问题与对策》，《科协论坛》（下半月）2012 年第 11 期。

所在县市的行政编制中，确保其合法性和权威性。近年来，河南省不断强化基层监管责任，积极规范基层安全生产监管工作，持续加强“最后一公里”监管，形成“一级抓一级、层层抓落实”的严实机制，有力促进了全省安全发展和社会稳定。相关数据统计显示，河南省于 2017 年全覆盖开展安全生产大检查，在全省范围内，一共派出了 3.24 万个执法检查队，对 33.18 万家企业进行了检查，排查出了 9352 个重大安全隐患[①]。2017 年，全省共对 4586 家企业进行了停业整顿，吊销了 1913 家企业营业执照，并对相关企业进行了罚款，关闭取缔违法违规和不符合安全生产条件的企业 2701 家，曝光工作不力的单位 2432 家、人员 2131 人。随着经济社会发展进入新时代，河南省所有的村庄、社区都有了专职和兼职的安全员，全省的安全生产监督检查和执法队伍也在逐步扩大，省、市、县、乡、村、企业六级安全生产管理体系已经初具规模，这是做好安全生产工作的有力组织保证。[②] 二是河南省的安全生产法律体系在不断完善。河南相继发布了《河南省安全生产风险管控与隐患治理办法》《河南省安全生产条例》《河南省安全生产风险管控与隐患治理办法》等规范性文件，建立了一套符合河南安全生产现状的法律、法规体系，为执法和监督有效开展提供了法治保障。例如，2017 年，河南省实行了“红黄蓝”分级管理，并将其纳入安全生产范畴，对 28 个省辖市、直管县的安全生产工作进行“红黄蓝”分级管理，同时每季度集中进行一次通报，对红牌、黄牌地区实行重点监管，对问题突出单位进行警示约谈。此外，河南省正在大力推进省级安全生产综合信息平台的建设，已建立起一个集企业数据中心、行政许可审批、隐患排查、行政执法、应急救援、安全生产等功能为一体的“河南省安全生产综合监管平台”。

新时代以来，河南安全生产监督管理体系不断健全，安全生产工作质量不断提升，事故数量、人员伤亡、煤炭企业人员伤亡总体呈下降趋势，如表 6-1 所示。总之，河南在全国率先实行了人大巡察、政协委员建言、“平安河南”建设等工作体系，实现了“党政同责”，强化城乡安全生产工

① 中华人民共和国应急管理部编《中国安全生产年鉴（2017）》，煤炭工业出版社，2017。

② 资料来源：河南省安全生产监督管理局编制的《关于河南省安全生产执法监管机构建设和安全生产体制建设情况的报告》。

作，推行民主党派对安全生产的监督与执法评议，建立安全委员会成员单位议事机制、隐患排查治理工作机制、联合执法机制，为安全生产工作提供了有力保证，大大提高了安全生产治理水平。

表 6-1 2013~2021 年河南省安全生产基本情况

年份	发生伤亡事故总数（起）	造成死亡总数（人）	一次死亡3~9人较大事故（起）	一次死亡10人以上重特大事故（起）	煤矿百万吨死亡率（%）
2013	2002	941	42	2	0.065
2014	1716	903	38	1	0.348
2015	1438	753	24	1	0.109
2016	1405	932	27	2	0.092
2017	1324	891	26	2	0.179
2018	1077	756	24	1	0.102
2019	823	568	15	1	0.047
2020	1211	1055	114	0	0.058
2021	1132	970	77	1	0.219

数据来源：2014~2022 年《河南统计年鉴》

四 应急管理体系持续建立，应急管理能力稳步提升

近年来，河南省对社会应急管理体系的构建给予了极大关注，并努力提升自身应急管理能力和水平，积极应对各种复杂多变的突发公共事件，充分动员和协调各部门单位，有效解决和处理各类危害公共安全的突发事件。

一是逐渐形成并建立起覆盖全省、各单位、各部门、各行业的突发事件应急预案系统。2012 年，河南省政府出台了《河南省食品安全事故应急预案》，有效预防和减少了相关事故的发生，维护了经济社会的正常秩序；2017 年，河南省政府出台《河南省突发事件应急预案管理办法》，使全省应急预案系统更加完善，各项预案更加科学可行；2021 年，河南省出台了《河南省突发事件总体应急预案（试行）》，构建了“统一领导、分级负责、快速反应、规范有序、科学高效”的应急机制，提升了各级政府应对各种

突发事件的能力与水平；基于郑州“7·20”特大暴雨灾害的沉痛教训，河南省粮食和物资储备局以及防汛抗旱指挥部在2022年分别制定了《河南省粮食和物资储备行业防汛救灾应急预案》和《河南省防汛应急预案》，对全周期强化防汛应急管理，做好洪涝灾害的防范处置工作具有重要意义。此外，河南省政府还根据各行业、各领域的发展需要，在2022年先后制定了《河南省突发环境事件应急预案》《河南省农业生物灾害应急预案》《河南省森林火灾应急预案》等。通过以上多种应急预案，河南省逐渐形成了比较完善的应急预案网络，能够在突发公共事件爆发时及时干预，最大限度减少突发公共事件对人民群众人身和财产安全的损害。

二是逐步构建起一个涵盖全省的突发事件应急管理体系。新时期，河南省构建起了一个跨地区、跨领域、跨行业、全覆盖的应急管理体制，各地市、县分别设立了专门的应急管理领导和办事机构——应急管理局，逐步形成了从省到地方，上下统一、层次分明、职责明确的应急管理体制，包括了省、市、县、乡、村五个层级的应急管理体系，立章建制，大大提高了应急管理工作的效率。河南省对应急管理体制，特别是对基层应急管理体制的改革和完善给予了高度重视，先后出台了《河南省人民政府关于改革完善应急管理体系的通知》《关于加强基层应急管理体系和能力建设的意见》《河南省“十四五”应急管理体系和本质安全能力建设规划》等文件，促进了全省基层防灾减灾能力的提升。

三是初步建立了应急队伍救援体系。这个体系以专业的救援队伍为核心和基础，以公安、武警、解放军以及民兵预备役为骨干和突击力量，以企事业单位专职或兼职队伍和各界志愿者队伍为辅助，在“一中心六基地”的应急指挥体系下大力推动应急救援能力提升。2020年9月，河南省政府颁布实施了《河南省应急救援队伍建设管理办法（试行）》，极大地促进了河南省应急救援队伍的科学化、规范化、规范化建设，提高了河南省应急救援队伍的应急处置能力与水平，为河南省应急救援队伍建设提供了有力保障。值得一提的是，应急专家队伍是救援队伍中的一支重要力量，河南省相关单位积极组织和调动专家学者，使其在决策中起到更大的作用，[①] 为应急管理体系的建立和完善提供了专业客观的基础。

① 李伟：《河南省突发性公共危机事件的防控研究》，硕士学位论文，中央民族大学，2012。

四是对突发事件的应急处理和预防等方面进行了广泛宣传和教育，持续推进相关法律制度建设。通过平面媒体、现代网络、电视广播等媒体，以及深入学校、社区、基层，相关部门对防震救灾、防汛抗旱、消防、交通、食品、药品、环保、安全生产以及疾病防控等知识进行广泛宣传，大幅度提升了社会公众的安全和预防意识。为有效提升全省民众应急素质能力，2022 年 5 月，河南省安全生产委员会和河南省减灾委员会制定了《河南省全民应急素质能力提升行动方案》，以提高应急知识技能普及率，健全完善应急素质能力建设长效机制；此外，河南省应急管理厅于 2023 年 3 月发布了《河南省应急管理厅关于表扬 2022 年度河南省应急管理宣传工作先进集体和先进个人的通知》，推动全省各地开展更大范围应急宣传工作，促进全省应急管理宣传工作高质量发展，这也从侧面反映了应急宣传教育的重要性以及河南省对该项工作的重视。

五　网络安全重要性日益凸显，网络监管体系初步建立

作为人口大省，河南互联网用户的数量也在以一种惊人的速度增长。为了更好地反映河南省的互联网发展情况，促进河南省的互联网产业健康发展，河南省通信管理局联合河南省互联网协会多次编写出版《河南省互联网发展报告》，对河南省的互联网发展进行了较为详尽的梳理，为进一步了解河南省的互联网发展情况提供了重要的依据和参考。相关数据显示，河南省 2007 年网民规模为 517 万人，到 2013 年末，河南省的网民数量有 5803 万人，截至 2021 年，网民数量达到 9082.5 万人，手机网民有 9000.7 万人。与此同时，网络用户的数量在全国也名列前茅，共有 1.26 亿户，排名第四，普及率达到 91.9%，此外移动网络用户数量有 9136.6 万户，排名第三，5G 终端用户有 3184 万户。[①] 随着互联网技术飞速发展，用户数量迅速增加，河南省的网络安全问题也日趋突出，引起了人民群众的广泛关注。河南省网络应急组织成立时间相对较晚，网络安全管理相对滞后，但是随着互联网技术的普及以及国家对互联网安全的关注，河南自党的十八大以后，加快建设互联网安全文化、技术手段以及互联网安全协作平台，并取

① 《〈2021 河南省互联网发展报告〉新闻发布会》，河南省人民政府网站，2022 年 6 月 30 日，https：//www.henan.gov.cn/2022/06-30/2478060.html。

得了很大进展，具体表现在以下两个方面。

一是不断完善网络监管体制，壮大网络安全人才队伍。2016 年至 2022 年 9 月，河南省发布了建设网络强省的实施方案，制定了“十四五”网络安全的规划，发布《河南省数字经济促进条例》[①]，以及 70 多条与网络安全有关的政策法规。[②] 为使互联网在法治轨道上健康运转，河南坚定贯彻落实《中华人民共和国网络安全法》所确定的“1+N”监管体系，即由网信部门牵头，由电信部门、公安部门以及其他相关部门按照各自的职责分工，形成责任明确、齐抓共管的工作格局，不断推动全省网络安全工作在制度化、规范化、科学化的轨道上不断向前推进。[③] 同时，2022 年《河南省网络安全条例》颁布实施，对于构建和完善网络安全工作的组织体系、强化网络安全执法力量、完善网络安全工作的综合协调机制、增强网络安全保障能力具有重要的现实意义。网络空间的竞争归根结底是一场“人之争”，而“人之争”关键是对相关人才的大力培养。河南省支持 10 所普通高等院校与解放军信息工程大学建立了“1+10”模式，加强了网络安全专业人才的培养，加快了全省高校信息安全专业建设步伐；同时“强网杯”全国网安挑战大赛已连续 5 年获得圆满成功，为河南省及国家网安领域选拔、培养了一批优秀的网安专业技术人才。

二是持续加强互联网法律法规的实施，促进互联网生态环境的优化。通过搜索河南省通信管理局官方网站，查询到 2009 年 2 月至 2018 年 4 月，河南省坚持通报每月互联网网络安全情况，有效消除了网络安全隐患，提高了网络安全应急处置水平。本文截取了 2017 年 4 月至 2018 年 3 月河南省网络安全月度通报相关数据及其占全国比重，如表 6-2 所示，总体上来看，河南省的网络安全情况一直处在被恶意攻击的中等或中低级别，新出现的网络安全事件有增加的趋势，但是与互联网技术的发展速度相比，河南省仍有效遏制了网络安全事件迅猛爆发的趋势，保证了省内网络安全环境的

---

① 《河声：共筑网络安全防线 书写河南出彩答卷》，大河网，2022 年 9 月 5 日，https://opinion.dahe.cn/2022/09-05/1091580.html。

② 金京艺：《筑牢安全防线 共建网络强省——河南省推进网络安全工作综述》，《河南日报》2022 年 9 月 5 日。

③ 陈小平：《守护网络安全 护航出彩之路——河南省推进网络安全工作综述》，《河南日报》2020 年 9 月 14 日。

总体稳定。互联网不是法外之地，河南省网信办根据国家相关部门的要求，持续加强对网络信息内容的监管，对各种网络生态问题进行重点整治，扎实推进“清朗”系列专项行动。例如，2022 年 5~10 月，河南省各级互联网信息办公室继续加强对所有互联网站点、公众账号、互联网移动应用软件的网络信息内容的监管，共查处了互联网站点 5249 个、公众账号 87 个，97 个手机移动应用被下架，处理了 1588 件违法和不良信息，对相关网站和网络账号负责人依法进行了 189 次约谈①，加强了对网络违法违规行为的处理，有效维护了清朗网络空间。

表 6-2　2017 年 4 月至 2018 年 3 月河南省网络安全基本情况

时间	网络安全事件数（起）	主机被境内外木马和僵尸网络控制 IP 地址		感染飞客蠕虫病毒的 IP 地址		被篡改网站		被植入后门网站	
		数量（个）	占全国比重（%）	数量（个）	占全国比重（%）	数量（个）	占全国比重（%）	数量（个）	占全国比重（%）
2017 年 4 月	790	51970	5.8	18049	3.3	809	12.8	361	9.1
2017 年 5 月	1087	58730	5.6	19461	3.6	948	15.2	445	9.0
2017 年 6 月	684	296522	6.1	18584	3.7	591	16.1	350	8.2
2017 年 7 月	1301	86793	6.1	13229	3.2	916	14.1	356	8.5
2017 年 8 月	1022	151983	9.0	12138	3.1	877	14.3	294	6.9
2017 年 9 月	1433	123896	11.7	13794	3.2	701	12.7	234	8.2
2017 年 10 月	3307	84652	10.0	10295	3.5	719	13.9	185	8.4
2017 年 11 月	2595	64711	10.1	12903	3.5	247	10.4	218	8.7
2017 年 12 月	4568	39771	9.1	13287	4.2	401	9.7	272	9.0
2018 年 1 月	9017	55606	10.8	13283	4.3	362	8.8	240	9.2
2018 年 2 月	3546	34197	11.9	10426	4.6	293	8.0	203	11.8
2018 年 3 月	3867	53582	12.6	15070	4.6	197	7.7	300	10.5

① 《河南省互联网信息办公室 2022 年 5 月至 10 月网络执法工作情况通报》，中国网，2022 年 11 月 6 日，http://henan.china.com.cn/2022-11/06/content_42161030.htm。

第四节　河南提高公共安全治理水平的基本经验

提升公共安全治理水平和能力，对于推动河南省社会治理体系和治理能力现代化具有重要的现实意义。作为人口大省，河南省积极统筹发展和安全，高度重视域内公共安全治理工作，面对具有不稳定、不确定、模糊性和复杂性等特征的公共安全问题[①]，着力提高自身公共安全治理水平，坚持把公共安全治理工作作为全省经济社会发展的一个重要方面来谋划和推动。党的十八大以来，河南省围绕习近平总书记关于公共安全的重要论述，从地方发展实际出发，通过不断探索和优化，构建了中原地方特色的公共安全治理新模式。本节主要从以下五个方面梳理和总结河南省提高公共安全治理水平的基本经验。[②]

一　党建引领，重心下移

加强基层社会安全管理，是健全社会公共安全治理制度、促进社会公共安全治理重心下移的创新。准确把握新时代党建引领基层公共安全治理的内在逻辑和着力点，对于提高基层公共安全治理能力，推动基层公共安全治理现代化具有重要理论和实践价值。河南省进行公共安全治理时，在坚持继承传统的省、市、县、乡四级安全治理体系的基础上，注重创新构建有利于实现党建引领公共安全治理的组织网络体系，探索形成了由业主（村民）、物业（合作社）、单元网格（村民小组）、社区（村委）、街道（乡镇）、有关部门合力构成的治理系统。该系统采用相对扁平化的运行方式，大大加快了危机信息的交流沟通，结合以往治理体系，自上而下地有效提升了全域公共安全治理效率和质量，提高了全省公共安全治理水平。

通过基层组织网络体系的构建，河南省坚持党建引领，在基层社会治安治理中，以城市社区为例，探索出了“社区党委包小区，党支部包网格，党小组包楼栋，党员包楼层”的服务途径，从而有效地规避了公共安全治

① 刘文富：《网络化时代超大城市公共安全治理的战略转型与策略选择》，《复旦城市治理评论》2017 年第 2 期。

② 龚轶、丛晓男：《北京城市公共安全治理的进展与经验启示》，《城市观察》2021 年第 5 期。

理中存在的相互推诿、权责不明等实际问题。[①] 此外，在公共安全治理中，以党建引领为核心是其重要组成部分。资源匮乏、资源分散等是造成“碎片化治理”的主要原因，党建引领的基层协商治理可以有效调动并整合各方面的治理资源，实现资源向基层倾斜、在社区集聚，从而激发基层治理的活力，解决资源分散、群众不便的突出问题，提升群众的满意度。以党建为引领的基层公共安全治理充分激发并释放了人民群众参与的积极性和主动性，这对理顺基层社会变迁中的权力秩序有重要作用，有利于提高基层社会公共安全服务的水平，最终巩固和扩大党在基层社会的执政基础。[②]

二　以人为本，协同共治

在改革开放和社会主义现代化建设新时期，河南省各级党委和政府格外注重省内改革、发展和稳定的关系，切实做好保障各族人民群众生命财产安全的工作，从实现全省稳定发展、助力全国长治久安的角度，采取了一系列政策和措施，以针对性地提升公共安全治理能力和水平。党的十八大以来，河南省进一步将公共安全治理从综治维稳的政治轨道转向了以人为本的民生轨道，逐渐建立和完善了省级政府和市县乡各级政府之间的公共安全分级治理模式。[③] 此外，在我国公共安全治理逐步从国家和社会一体化演变为二元结构的背景下，河南省也将综合管理以及综合治理的概念纳入了公共安全治理的范畴，协同共治的理念逐渐形成并深入人心，多元参与机制也逐步建立和完善。在党建引领和政府主导下，通过整合社会多方力量，弥补了官方单一治理的短板，这样不仅有利于优化资源配置，而且能够发挥有限资源的最大效率，最终实现河南省公共安全治理水平和治理效率的提升。

除此之外，互联网、手机等新媒体的兴起，使得大众传播与信息传播权力关系发生了革命性改变，[④] 与此同时，我国公共安全领域的信息化水平也在不断提高，更加有效地保障了公众对于社会公共安全事务和公共安全

① 孙雪：《党建引领社区公共安全治理的经验、困境与提升路径》，《领导科学》2021 年第 22 期。

② 李德虎：《以党建引领推动基层协商治理现代化》，《学习时报》2022 年 4 月 8 日。

③ 王灼：《我国公共安全治理体系的发展与完善》，《人民论坛》2022 年第 5 期。

④ 朱春阳：《新媒体时代的政府公共传播》，复旦大学出版社，2014。

事件的知情权。一方面，河南省成立了应急管理厅以保证对公共安全的日常治理，同时确立了常规性公共安全信息公示制度和新闻发言人制度，充分保障了社会大众在公共安全事件中的合法权益；另一方面，河南省借鉴中央和其他省市的做法，在常规性信息公开和发布之外，开设针对突发公共事件的特殊事故新闻发布会，使政府的信息公开更加完善、信息发布更加及时、统计数据更加准确。总之，河南省在提高公共安全治理水平的过程中，坚持以人为本，始终把保障人民的合法权益作为推进公共安全治理工作的出发点和落脚点，同时激发了社会公众参与公共安全治理的热情，提高了公共安全协同治理的水平和效率。

三　细化风险，精准防控

细化风险防控制度是促进公共安全治理水平提高的具体方法路径。河南根据各地区、各行业以及各领域不同的风险等级，即具体参照风险隐患发生的可能性以及损害造成的严重性，建立了相匹配的公共安全治理方法，使公共安全治理具有了层级性，提高了河南省开展公共安全治理工作的精确性。比如，为倒逼企业落实主体责任，提升整体安全水平[①]，河南省安全生产委员会在 2023 年 3 月发布了《关于加强安全研判精准防控风险的通知》，指出要加强安全风险定期综合研判、重大安全风险专题研判、岗位安全风险日常研判以及危险作业风险现场研判，要求各级各部门各单位将安全风险研判作为安全生产前置性基础，主要负责人要亲自主持定期综合研判和重大风险专题研判，亲自谋划部署针对性检查整顿措施，要使主要风险心里有准备、手上有对策、防控有效果。[②] 河南省通过细化公共安全风险，全面加强安全风险研判，推动了双重预防机制常态长效运行。

在新的疫情防控阶段和新的形势之下，河南省各级人民政府积极履行自己的属地职责，对形势进行科学研判，对工作进行统筹安排，采取行之有效的防控措施，并主动适应疫情防控的常态化发展趋势，大大提高了公共卫生安全治理水平。党的十八大以来，河南省不断细化公共安全风险分

---

① 何芳：《细化职责落实 严盯风险防控》，《中国应急管理报》2022 年 5 月 21 日。

② 《河南省安全生产委员会办公室关于加强安全研判精准防控风险的通知》，河南省应急管理厅，2023 年 3 月 14 日，https：//yjglt. henan. gov. cn/2023/03-14/2707248. html。

类，精准防控各类风险，将有限应急资源“用到刀刃上”，逐渐优化了全省公共安全治理工作，提升了全省公共安全治理效率和水平。

四 锚定方向，深化改革

在建设社会主义现代化河南的新时期，相关部门需要高度重视省域公共安全治理工作，特别是河南作为一个庞大和复杂的体系，其发展具有明显的脆弱性，容易发生人为灾害和自然灾害，而且灾害具有较强的扩散性，容易引发次生和衍生灾害[①]。所以，河南省对公共安全治理、提高公共安全治理水平的重要性有了全面的认识，从全省战略高度布局和推动公共安全治理工作。在我国经济从高速增长转向高质量发展的关键时期，河南省以公共安全治理高标准倒逼全省经济结构加快调整，推动经济实现高质量发展。党的十八大以来，河南省通过实施《河南省“十四五”制造业高质量发展规划》《河南省“十四五”现代服务业发展规划》《河南省制造业绿色低碳高质量发展三年行动计划（2023—2025年）》等一系列政策措施，倒逼省域经济加速转型，走上高质量发展的道路，推动一批高效率、高污染、高风险、低附加值的产业高技术、高效率地实现了产业集群效应，这也反过来改善了河南省公共安全运行状况，优化了人居环境，为全省高质量发展拓展了空间。

在我国，公共安全治理体系是以政府为主导的层级式结构，遵守“统一领导、分类管理、分级负责”的原则。[②] 层级式的公共安全治理模式，尽管可以快速上传下达政令，在一定程度上提升了应急管理的效率，但是它也很容易遭受效能的衰退和损耗，末端层级的功能和作用经常会被严重削弱，特别是在一些经济规模大、行政级别高、执行层级多的地方，这种情况更加明显。河南省积极探讨“小中心、大协同”的社会安全治理模式，不断深化体制机制改革创新，在2018年国务院机构改革之后成立了省应急管理厅，它改变了原来以分领域、分部门的分布式组织结构为主要特点的公共安全管理体制，一定程度上解决了部门分割、条块分治、综治不足、

---

① 韩新、丛北华：《超大城市公共安全风险防控的主要挑战——以上海市为例》，《上海城市管理》2019年第4期。

② 龚铁、丛晓男：《北京城市公共安全治理的进展与经验启示》，《城市观察》2021年第5期。

信息不畅等问题。此外，河南省结合公共安全治理实际，认识到公共行政涉及领域多、部门多、专业性强，在机构结构上实现统一是不可能的。为此，河南省以应急管理部门为主要的防灾、减灾、救灾运作主体，各参与部门在各自负责的范围内承担相应的职责，形成“小中心、大协同”的运作模式，不仅确保了日常运作规范、稳定，而且在发生重大突发事件时，有利于多部门协同工作。近年来，河南省在经济取得迅速发展的同时，公共安全方面也出现了一批积弊和系统性问题，为此，全省多次开展有针对性的专项活动，强调要打好“攻坚战”；同时，积极健全工作支持系统，通过制度和机制建设，来巩固专项行动的成果，建立长效机制，坚持打“持久战”，最后，在社会公共安全综合治理中，建立起一套长期的社会公共安全综合治理工作机制，有效地预防了各类违法犯罪活动的发生和发展。

五　技术赋能，“智”造网络

新技术的引入有助于打通横向与纵向的治理网络，有利于信息收集与管控、风险预警与决策以及提高协作机制的效率。随着信息技术的快速发展和浙江舟山、北京等地的网格化管理经验在全国范围的传播与扩散，河南省建立更加系统的社会治理联动平台有了更加充足的客观条件和执行经验。[①] 数字经济与经济社会的各个领域进行深度融合，最终成为推动世界经济增长的重要引擎之一。[②] 近年来，河南省数字经济从无到有、欣欣向荣[③]，不断推动河南省经济结构的优化升级，省内传统公共安全产业数字化和公共安全治理智慧化产生了巨大的需求，而数字化转型是河南未来一段时期内加速提升公共安全治理能力的一个重要举措。党的十九届五中全会对国家治理效能提出明确要求，防范和化解重大风险的体制机制更加完善，处理突发公共事件的应急能力不断提升。因此，充分认识和利用大数据的优势，对完善数字化应急管理体制机制和提高突发公共事件应急能力有着十

---

① 胡重明：《从“有准备的社区”到“有准备的城市”——对杭州市上城区公共安全治理经验的考察》，《中共杭州市委党校学报》2015 年第 5 期。

② 张倩丽：《河南省数字经济的发展机遇与对策研究》，《产业创新研究》2021 年第 5 期。

③ 杜庆昊：《关于建设数字经济强国的思考》，《行政管理改革》2018 年第 5 期。

分重要的现实意义。[①]

数字技术在国家治理体系和治理能力提升中起到了关键作用，彰显了其对于公共安全治理的巨大价值。信息技术的发展与应用使河南省各地公安、信访、交通、应急管理、卫生健康等职能部门的公共安全数据实现了更高程度的互联互通，社会治安、生产安全、灾害应对、食品药品安全等社会安全与稳定工作得到更大范围统筹，公共安全职能得以重组，公共安全业务得以协同，公共安全治理的效能得到提升。此外，利用数字技术，河南省公共安全治理层级更加扁平，公共安全治理的上下联动性不断增强，公共安全管理部门不同层级间的信息反馈和交流更为便捷，信息不对称性减弱，上级的公共安全政策意图更易被下级理解、支持和执行，下级分散的公共安全信息得以更有效地被上级汇聚并用于安全决策，有助于更有效地惩治数字犯罪，提升公共安全治理的韧性和水平。

第五节　新时代河南提升公共安全治理水平的优化路径

不可否认，新时代以来，河南省的公共安全体系建设成效显著，公共安全治理水平进步巨大。但是，随着经济结构加快转型和“中原崛起”战略的深入推动和实施，城市化水平不断提升，省域协调发展不断推进，河南省经济社会发展必将经历更深刻的变革，相应的公共安全状况也会变得越来越复杂和严峻。通过对目前河南公共安全治理系统的研究，我们不难看出，公共安全治理虽然取得了令人瞩目的成就，但实际问题依然十分复杂，尤其是公共安全治理体制与机制方面的问题，严重制约了河南的经济与社会发展，甚至对未来发展构成重大的安全隐患。由于公共安全问题直接影响经济社会平稳高效发展，而公共安全事故的发生往往造成巨大的损失，影响极其恶劣。因此，如何持续提升公共部门公共安全的维持能力和管理水平，是公共安全治理的一个重要问题。我们必须从现实出发，采取行之有效的对策，才能切实提高公共安全治理能力和水平。

① 四川省中国特色社会主义理论体系研究中心：《用大数据提升突发公共事件应急能力》，《四川日报》2021年1月18日。

一 强化法制建设，健全治理体系

公共安全与人民群众的生命健康和基本财产安全有着直接的联系，因此，河南省必须不断完善公共安全工作体制，改进其运行机制，从根本上改善全省安全状况，优化公共安全治理方式。一方面，要继续健全相应的法律制度，加强对公共安全的法治化治理。法律是一切经济社会活动的基本保障，应该将公共安全治理纳入法治化轨道，政府和有关部门在进行公共安全治理时，都要遵守法律法规，以确保公共安全治理的有效性。尽管我国就公共安全已经进行了一系列的立法工作，但其中的具体条款还不够完善，相关规定比较宽泛，缺乏明确的定义和限制，甚至有些法规只有国家层面的宏观方向，缺少配套的具体实施条例。因此，需要河南遵循国家公共安全相关法律的精神，结合本土发展的实际状况和具体情况，制定符合本省公共安全治理的相应法规和规章，以保障相关部门在公共安全治理过程中有法可依，提高工作效率、保证工作质量。另一方面，建立联动执法机制，健全公共安全治理体系。伴随着经济社会的迅速发展，公共安全问题的监管表现出了点多、线长、面广、量大等特征，依靠单一部门的力量难以完成纷繁复杂的公共安全监督管理任务。因此，河南省相关部门应不断完善地方性法规和规章，出台具体规定和行动方案，在此基础上整合有限治理资源，提高资源配置效率，不断健全省域公共安全治理体系，切实提高全省公共安全水平，及时解决日常公共安全中的重大问题。

二 完善机构设置，明确治理责任

公共安全涉及经济社会生活的多个领域，其治理首先需要从整体系统上做好顶层设计，包括建立健全公共安全治理的组织机构以及明确各主体的治理责任。强化顶层设计、释放制度红利，这是打破当前政策困境的根本出路[①]。我国在 2018 年成立了国家应急管理部，河南省政府也随之成立了应急管理厅，大幅提升了河南省在自然灾害和事故灾难领域的突发公共事件处置能力，然而，面对日益复杂的公共安全管理形势，新成立的突发

① 戴芬园、高啸：《基层党建创新行动的实践逻辑与路径指向——基于苏北“一委三会”的个案调查》，《理论导刊》2019 年第 11 期。

事件应急管理机构还处在过渡时期，各机构的功能还不够完善，现有的应急体制仍存在一些问题。因此，河南省还需进一步完善常设性应急管理部门的职能配置和应急管理机构的设置，组建“大安全、大应急”的应急管理机构。例如，成立一个以省级政府首脑为核心的综合部门，负责综合协调和指挥，研究制定应对公共安全危机事件的重大决策和指导意见等。[①] 另外，河南省应该在法律上明确规划人员的法定职责，实行规划计划责任制，提高规划人员的责任心，使其能够认真对待每一项规划工作。[②] 与此同时，还要对各个治理主体的安全责任进行明确，避免因职责不清而造成互相推诿扯皮的情况，不断树立科学先进的公共安全治理理念。

三 强化数字赋能，提高技术水平

第一，河南省应不断强化数字赋能，充分利用和发挥现代数字信息优势，提升公共安全治理能力和水平。随着互联网、大数据等科学技术的持续发展，走在最前沿的科技领域，已经变成了一个国家和社会向前发展的一种重要方式和武器。党的十九届四中全会强调，要在信息时代充分利用人工智能、互联网、大数据等科技手段，全面提升政府的管理能力和管理水平。显而易见，现代信息技术必将改变政府、社会及企业之间的信息交流，并逐渐演变成一种能够对公共安全进行治理的利器。科技与治理之间存在互为补充的关系，两者相互赋能。一方面，新技术提高了组织协调、信息共享、决策落地的效果，这对公共安全的治理方式和理念产生了根本性影响；另一方面，推动政府决策的民主化与科学化，也是对数字技术的持续发展和协同整合。

第二，河南省要注重培养综合型公共安全治理人才，提高公共安全治理的专业技术水平。公共安全治理既是艺术，又是科学。在公共安全治理工作中，主管人员的文化水平以及他们思考、解决问题的能力与公共安全治理的有效性和效率有直接的联系。而公共安全与社会的安定有着紧密的联系，在公共安全治理过程中，不允许有任何的差错，因此要培养专业的治理人才，尽力避免公共安全治理决策中的失误。一直以来，公共安全学

① 彭彦强：《加强我国公共安全管理的对策建议》，《学术界》2009 年第 4 期。

② 董晓峰、王莉、游志远、高峰：《城市公共安全研究综述》，《城市问题》2007 年第 11 期。

科都处于弱势地位，直到近年随着公共安全问题的日益凸显，有关部门才开始对其进行研究。从国际和国内的经验和教训来看，公共安全科技领域的研究能够为公共安全的管理提供强有力的保证。[①]

四　加快多元协同治理，构建治理协调机制

协同治理指的是在对相同事件进行治理时，多个主体之间构建起一种有效的协作机制，彼此之间可以共同参与，并促进预设公共利益的实现。要最大限度地发挥协同治理的功能，主要要做到三个方面。一是要用对基层治理方法。河南省要加强对基层单位、部门的指导，加大公共安全事件的宣传普及，增强全民对灾害事件、风险的认知。在社会公共安全治理过程中，要把社区打造成一个各方协同参与的平台，有了这个有效的合作平台，才能最大限度地发挥各方力量，做到以小区为单位，在政府部门的领导下形成共同协作的治理局面。二是要培养青少年志愿者。注重新一代对公共安全事业的热情和创新程度，在公共安全风险治理期间实现不同主体共同运作、快速反应及弹性调配。三是要充分发挥各种社会团体的积极作用。提升企业的责任心和自身的经营生产优势，使其有充足的能力去对迫切需要的物质进行转产。因此，政府应该鼓励企业进行研发，生产出能够预防或抵抗不良事件的高科技产品，来弥补单一政府力量的不足。[②] 在公共安全治理中，实现多元参与的协同治理，政府要将不同利益主体的目标和参与权益结合起来，建立起政府、市场和社会等多个主体共同参与的治理协调机制，从而有效提高公共安全治理的质量。公共安全治理相关主体的角色、目标、权益等存在一定的差别，因此要对不同利益主体的权力与利益归属进行科学分配，促进多元利益主体的目标整合与权益协同，这是实现公共安全协同治理的一个重要条件。在公共治理的过程中，政府、市场和社会的基本目标是一致的，但是不同主体在不同的发展阶段，其目标存在很大的差别，影响到不同主体之间的行为协同。因此，政府应主导推进利益主体目标整合，正确处理好权力关系，科学、合理地分配各利益主体

① 宫关：《我国公共安全管理存在的问题及其对策研究》，硕士学位论文，东北师范大学，2013。

② 张陶：《城市公共安全风险治理存在问题与对策分析》，中国网，2022 年 12 月 20 日，http：//guoqing. china. com. cn/2022-12/20/content_85019160. htm。

之间的权益，促进社会多元主体参与公共安全治理。此外，面对复杂的外部环境，公共安全治理需要政府、市场、社会之间建立起一种科学而又高效的合作与协调机制，以不同治理主体的区别与优势为基础，展开相互协作，对不同利益主体的行为，尤其是对他们的非理性行为进行规范与约束，这对促进公共安全治理环境建设的规范化与科学化有很大的帮助，进而维护社会秩序和公共利益。①

五 加强宣传教育力度，增强公众安全意识

防灾减灾不能仅仅是政府部门的规划和活动，还应该是社会的活动，需要广大群众的参与和支持。因此，河南要加大对公众的安全防范教育和宣传力度，提高其安全防范能力。提升社会公众的防范意识，是保障国家和社会安全、降低灾难发生概率的重要保障，因此加强对公共安全突发事件预防知识的宣传，对于改善公共安全管理水平具有十分重要的意义。目前，河南省的公共安全教育和培训还比较滞后，大部分缺乏规范和长远的计划，虽然进行了广泛、多样的公共安全教育，但它们仍然是以应急教育为主要内容。为此，河南省各级政府部门要在每年的“国际防灾日”“全国防灾日”等重要节点，组织各种形式、内容丰富的防灾减灾宣传教育，在全省范围内大力推广“预防文化”“风险管理”，增强人民的防灾减灾能力②，促进“相互守望”应急文化的培育与构建，建设平安社会，从根本上防止和消除因社会原因形成的公共安全隐患。此外，河南省应广泛宣传安全知识和事故教训，推动公共安全信息公示系统不断改进。有关部门应该积极地以政府的信息平台和主流新闻媒体为基础，构建更多关于突发公共事件的信息发布平台，关注所发布的公共安全信息的有效性，及时对存在的问题和安全隐患进行整改，并对广大民众展开有效的心理辅导，这对提升民众的自我救助意识，减少公众损失具有重要的现实意义。

---

① 沈永东、陈天慧：《多元主体参与基层社会治理的共治模式——以宁波市鄞州区为例》，《治理研究》2021 年第 4 期。

② 贺山峰、高秀华、杜丽萍、邱兰兰：《河南省城市灾害应急能力评价研究》，《资源开发与市场》2016 年第 8 期。

六 健全风险预警体系，增强防范处置能力

监测预警公共安全风险，是当前河南省各级政府和相关部门在公共安全治理过程中必须要重视的地方，同时也是有效避免公共安全事件发生的基础，更是提升公共安全风险治理效率的基础。[①] 为此，河南要不断加强公共安全治理预警机制建设，构建完善的应急计划系统，构建科学、有效的预警系统，健全监控与预警网络，提升自身对风险的防范、化解和处理的能力。首先，应积极完善风险预警管理体系，进一步完善危机事件善后评估机制。在省级层面领导下去除各部门信息壁垒，明确信息畅通的必要性，对于各类风险进行提前预估，并建立相应的预警演练，防止在风险发生之后无法及时做出有效反应。善后工作作为公共安全治理的一个重要环节，对于整个公共安全治理起到了重要的反馈作用，是提升治理效率的重要举措。因此，相关部门和人员要做好调查评估工作和善后学习工作，对危机事件的危害、原因等进行调查评估，并根据实际情况提出相应的处理意见，而每一次公共安全事件的发生，都牵扯到各种各样的原因，其中人为因素非常突出，在危机出现之后及时做好善后学习和检查，对于进一步排查安全隐患工作具有积极的意义。其次，所谓的社会公共安全治理应急预案，是指为有效应对社会突发公共事件，对省域内各有关行政区域、有关职能部门、相关单位在突发公共事件发生前后的任务、工作流程以及协同联动提前做出的相关规定，以此来保证城市公共安全突发事件的科学应对、及时应对和有效应对，最大限度地降低突发公共事件对社会造成的破坏。目前，社会公共安全治理面临的形势严峻，公共安全治理的应急预案体系需要进行配套改革和完善，提升公共安全应急预案体系质量是必须且紧迫的。[②] 因此，河南应不断完善社会公共安全治理的应急预案体系，加强公共安全总体预案的顶层设计。要强化公共安全总体方案的顶层设计，就必须对总体方案的位置进行更清晰的界定，在总体方案的层次上强化顶层设计，

① 庄园：《长沙市城市公共安全治理优化对策研究》，硕士学位论文，中国矿业大学，2020。

② 周昕芃：《整体性治理视角下的城市公共安全治理研究》，硕士学位论文，电子科技大学，2021。

从宏观上保障预案内容的全面，加强与应急法律法规体系之间的衔接；[①] 推动各项应急预案的协调衔接，对于各项救援力量和资源的综合协调，培育发展各种应急救援队伍，使各方协同有力，高效处置公共危机；实现公共安全应急预案的动态管理，尤其注意当负责应急管理的部门组织结构、人员构成或者权力责任发生较大变化时，或者安全生产领域出现新技术、新工艺、新流程导致产生了新的风险源时，社会公共安全的应急管理预案要随之做出相应修改，从而保证公共安全应急预案的科学性和有效性。最后，应该对紧急情况的调用机制给予足够的关注，明确在紧急情况下，政府征用借用的标准、基本流程，并根据市场规律来制定合理的补偿、赔偿标准，在动态调整与功能优化中，最大限度地发挥政府的宏观调控能力，同时让政府在对社会资源进行统筹时变得更加透明和规范。

公共安全治理是国家治理的一个重要组成部分，它也是国家凝聚力量、聚拢人心的一种方式。只有国家具备强有力的治理能力，社会公共价值才能实现。经济新常态孕育了很多新机遇，重要的是能够促进我国经济社会的发展，对人的发展也带来了积极价值，这是需要充分肯定的，但与此同时，我们也应该清醒地认识到新常态背后潜在的公共安全风险。[②] 习近平总书记曾指出："建设更高水平的平安中国意义重大。"任何一座城市的公共安全治理水平都与"平安中国"建设密切相关，唯有不断提高公共安全治理的科学化、社会化、法治化和智能化，才能保证市民的获得感、幸福感和安全感不断增强。[③] 因此，在社会主义现代化建设新时期，河南省应维持多元化治理模式，并运用科技手段，逐渐增强社会风险应对能力，不断提高公共安全治理水平，更好地应对可能出现的公共安全问题。

---

① 付瑞平：《加强顶层设计 进一步提升应急预案体系建设质量》，《中国应急管理》2020年第11期。

② 王爱冬、闫丹：《经济新常态与坚持以人为本——兼论我国公共安全治理问题》，载中国人学学会组编，李基礼、周文升主编《经济社会发展新常态与人的发展——中国人学学会第17届学术年会论文集》，广西师范大学出版社，2015。

③ 文宏、杜菲菲：《推动新时代公共安全治理》，《中国社会科学报》2021年4月6日。

第七章　强化社会治安整体防控

社会的长治久安是国家繁荣昌盛、人民生活安定的重要保障。随着中国迈入新发展阶段，发展的内部条件和外部环境发生了深刻复杂的变化，对社会治安形势造成一定影响。在关注发展的同时，稳定同样是不能忽略的关键问题，两者都需下大功夫推动前行。中国特色社会主义治理之路引导我们要坚持党的领导，善于将制度优势转化为治理优势，以实现当前社会治理的科学系统性，从而建立起人民满意、社会安定、国家久安的社会治理体系。

第一节　强化社会治安整体防控的重大意义

我国对于社会治安的重视由来已久，《左传·昭公六年》有："夏有乱政，而作禹刑。"从夏朝开始，为了应对社会动乱问题，专门的法律和措施应时而生。但社会"已安已治"的稳定态势并未达成，汉朝贾谊撰写《治安策》来驳斥这种论调，并提出要"建久安之势，成长治之业"。想要成就长期治理太平的基业，就需要创建天下持久安定的局势，这意味着要坚持不懈地深化对社会治安的探索。

改革开放带来的社会流动，促使我国社会治安形势发生了复杂而深刻的变化，社会治安防控体系建设日益走向深水区。习近平总书记在党的二十大报告中提出了推进国家安全体系和能力现代化，坚决维护国家安全和社会稳定的重要论述，强调要强化社会治安整体防控，推进扫黑除恶常态化，依法严惩群众反映强烈的各类违法犯罪活动。这是站在新的历史阶段，对我国社会治安防控体系建设的明确战略定位。

全球化使风险更易在世界范围内传播，因此社会的长治久安不是一个轻易的判断、一个轻易的举动就能实现的。只有充分认识到蕴含在强化社会治安整体防控之中的深刻内涵和重大意义，我们才能在时代洪流中站稳脚跟，以稳定和谐的社会环境推动国家走向强国建设、民族复兴新征程。

一　提升社会治理效能的重要任务

社会治理效能就是以高效率的工具和手段实现高质量的社会治理，它是衡量和检验社会治理以及社会建设乃至社会文明成果的一个重要指标和参照[①]。习近平总书记高度重视社会治理效能，提出善于运用先进的理念和专业的方法提升社会治理效能，增强社会治理整体性和协同性。[②] 2022 年，党的二十大报告进一步强调，要健全共建共治共享的社会治理制度，提升社会治理效能。可见，提升社会治理效能具有深厚的现实意义，而强化社会治安整体防控体系在达成这一目标的过程中发挥着关键作用。

提升社会治理效能和强化社会治安整体防控体系拥有共同的价值追求，面临共同的社会治安问题。从宏观层面来看，社会治理以实现和维护群众权利为核心，坚持以人民为中心的价值导向。社会治理效能提升使人民生活更加充实、更有保障，拥有更可持续的获得感、幸福感与安全感。从微观层面来看，强化社会治安整体防控体系要求以整体性、战略性、全局性思维来构筑严密的社会治安防控体系，通过系统、科学、切实可行的防控网络与防控手段来降低社会不稳定因素。归根结底，核心任务是维护广大人民群众生活的社会秩序，为人民生活安居乐业提供稳定和平的社会环境。此外，社会治理主要面向的是国家治理中的社会问题，其中便包括社会治安问题。良好的社会治理依赖持续稳定的社会环境，而这与社会治安要防控的社会秩序问题不谋而合。因此，社会治安防控体系以微观手段来实现提升社会治理效能的宏观目标。

提升社会治理效能、强化社会治安整体防控体系都蕴含着丰富的整体性思维。改革开放初期到 20 世纪初，面对社会犯罪层出不穷的严峻态势，中央的社会综合治理措施难见明显成效，在“严打”和综合治理之间不断反复。2001 年，中共中央和国务院正式出台了《关于进一步加强社会治安综合治理的意见》，开启了建立全国范围社会治安防控体系的摸索。2015

---

① 杨军剑：《城市社区治理效能的整体提升及优化路径探析》，《学习论坛》2019 年第 8 期。

② 《习近平新时代中国特色社会主义思想三十讲》，学习出版社，2018。

年，中办、国办印发《关于加强社会治安防控体系建设的意见》，明确了当前和今后一个时期社会治安防控体系建设的顶层设计。党的二十大报告正式提出“强化社会治安整体防控”的表述，表明这一概念逐渐成熟，整体性、立体性的思维在社会治安防控体系中由理论转化为实践，单一的、封闭的、运动式的、被动的、静态的社会治安防控日渐向立体的、开放的、规范的、主动的、动态的社会治安整体防控转变。习近平总书记提出要增强社会治理整体性和协同性，健全共建共治共享的社会治理制度，都明确体现了社会治理效能的提升绝不仅作用于单一层面、单一地区、单一行业，而是通过系统治理、依法治理、综合治理、源头治理为抓手来转变社会治理结构①。其中的源头治理便契合整体性防控以预防为主的理念，强化社会治安整体防控，能够在社会治安层面大幅提升社会治理效能。

共同的价值追求、共同面临的社会治安问题、共通的整体性思维，都意味着强化社会治安整体防控对于提升社会治理效能具有不可替代的重要意义，强化社会治安整体防控正以强大的体系保障为共建共治共享的社会治理制度提供稳定可持续的发展环境，也无可厚非地成为提升社会治理效能的重要任务。

二　建设更高水平平安中国的重要举措

党的十八大以来，以习近平同志为核心的党中央面对国内外重大风险挑战的新形势，高瞻远瞩，顺应人民群众平安和谐的新期待，提出并部署了全面推进平安中国建设战略。随着平安中国建设战略的不断深化，今天中国的安全系数在全球范围内都是靠前的，中国已成为世界上命案发生率最低、刑事犯罪率最低的国家之一，国民安全感大幅度提升，从 2012 年的 87.55%上升至 2021 年的 98.62%，社会治安状况处于历史最好水平，人民安居乐业、社会安定有序、国家长治久安成为一种不可争辩的现实，我们续写了中国长期稳定的历史奇迹。“十四五”规划进一步将“统筹发展和安全，建设更高水平的平安中国”作为 13 项重点任务之一，其中明确提出以“加强社会治安防控体系建设”作为重要措施来扎实推进。

---

① 丁志刚、李天云：《“四维治理”：促进制度优势更好转化为国家治理效能》，《长白学刊》2023 年第 1 期。

从国际安全角度出发，强化社会治安整体防控有利于防范打击跨国犯罪，维护更高水平中国建设的国际安全。2014 年 11 月，习近平在中央外事工作会议上指出，要高举和平、发展、合作、共赢的旗帜，统筹国内国际两个大局，统筹发展安全两件大事，牢牢把握坚持和平发展、促进民族复兴这条主线，维护国家主权、安全、发展利益，为和平发展营造更加有利的国际环境。[①] 和平与发展是当今时代的主题，但随着世界经济中心自西向东加速转移，亚太地区面临的外部关注与干扰不断增加，我国面临生存安全问题和发展安全问题、传统安全威胁和非传统安全威胁相互交织的局面，安全问题的联动性、跨国性、多样性更加突出。以整体性视角来建设社会治安防控体系，有利于联合多元治安主体，利用多层次治安手段来增强社会治安整体防控效能。2022 年，我国公安机关积极会同有关部门严厉打击治理跨境赌博犯罪，共侦办相关犯罪案件 3.7 万余起，有力打击了境外犯罪势力，为平安中国建设提供了更高水平的安全保障。

从国内安全角度出发，强化社会治安整体防控有利于防范打击暴力恐怖、黑恶势力及新型网络犯罪，维护更高水平中国建设的社会安全。从“平安浙江”到“平安中国”再到“总体国家安全观”，习近平总书记指出，当前我国国家安全内涵和外延比历史上任何时候都要丰富，时空领域比历史上任何时候都要宽广，内外因素比历史上任何时候都要复杂。这意味着更高水平的平安中国建设落脚点不在于“平安”本身，其内涵外延有了更为丰富的发展，从社会平安到国家政治、经济、文化、社会、生态的平安，平安观是系统化、协调化的安全理念。主动预防、积极应对、高效化解时代问题，既是维护社会安全稳定的现实需求，也是“平安中国”建设的题中应有之义。2022 年，我国公安机关持续深入开展常态化扫黑除恶斗争，打掉涉黑组织 160 余个、恶势力犯罪集团 1520 余个，破获各类刑事案件 2 万余起，破获电信网络诈骗案件 39.1 万起，连续 6 年保持暴恐案件“零发生”[②]。动态化的社会治安防控保障了社会和谐稳定，为更高水平平安

---

① 《习近平出席中央外事工作会议并发表重要讲话》，新华网，2014 年 11 月 29 日，http://www.xinhuanet.com/politics/2014-11/29/c_1113457723.htm。

② 《公安机关纵深推进常态化扫黑除恶斗争打掉涉黑组织 160 余个、恶势力犯罪集团 1520 余个》，中华人民共和国公安部网站，2023 年 2 月 27 日，https://www.mps.gov.cn/n2253534/n2253535/c8898406/content.html。

中国建设提供了长治久安的国内安全。

从普遍安全观视角出发，强化社会治安整体防控有利于提供稳定的国内国际安全，为更高水平平安中国建设争取国际支持。当今世界正面临百年未有之大变局，各国之间的联系日益密切，牵一发而动全身，全球化的迅速发展使世界各国共同承担来自内部的风险，没有一个国家可以独善其身。在我国国家安全的治理过程中，强化社会治安整体防控能推动国内安全与国际安全统一，更有利于宣扬总体国家安全观和普遍安全观的普世价值，从而推动我国更好地参与全球安全治理。

三 推动市域社会治理现代化的重要行动

2022 年 7 月，山东青岛举办以“防范化解社会治安风险”为主题的第三次全国市域社会治理现代化试点创新研讨班。会议指出，要全面贯彻落实习近平总书记关于防范化解重大风险的一系列重要论述，充分认识防范化解市域社会治安风险的重要意义，以完备的治理体系、充足的资源力量、多元化的治理手段，真正让市域成为重大风险终结地。作为社会宏观治理与微观治理的转承点，市域就像是观察社会矛盾风险走向的晴雨表，既是突出矛盾、突出问题最广泛、最频发的聚集地，也是防范化解社会治安风险的支撑地。

强化社会治安防控明确出现在市域社会治理现代化的行动框架中。加强社会面治安防控网建设被列入全国市域社会治理现代化建设的重要试点工作，其中提出要结合市域特有的社会治理环境和治理优势，建设完善的市域社会治安防控体系，形成“大防控”格局。2020 年 5 月，中共中央、国务院出台《关于加快推进社会治理现代化开创平安中国建设新局面的意见》，指出加强社会治安防控体系建设是四项重要任务之一，防控化解社会治安风险是防范“五类风险”之一。第三次全国市域社会治理现代化试点创新研讨班正是围绕“常态化开展扫黑除恶斗争、加强重点地区和重点场所防控、加强对重点人群服务管理、加强重点行业和重点物品管理、加强突出违法犯罪打击治理”五大社会治安防控重点任务来展开工作部署。在战略层面，强化社会治安整体防控的重要性已经不言自明，只有将强化社会治安整体防控牢牢嵌入市域社会治理现代化行动框架中，才能以制度保证来激发社会治安动力、提升社会治安效能，从而更好地推进市域社会治理现代化。

强化社会治安整体防控为推进市域社会治理现代化提质增效。我国于2020年公布第一批全国市域社会治理现代化试点城市，数量占全国所有地级行政区划单位的55.3%。2021年，在创新示范活动大幅清理压缩的背景之下，全国社会治安防控体系建设示范城市活动作为首批46个全国性创建活动之一予以保留。广大试点城市以开展全国社会治安防控体系建设示范城市创建活动为契机和引领，为大力推进市域社会治理现代化试点工作提质增效。银川公安坚持“市县主战、派出所主防”理念，推动建立平安建设协调小组和公安机关防控办“双中枢”统筹、党政部门和公安警种“全方位”响应的工作格局，推动公安工作与基层治理深度融合。苏州连续7年将社会治安防控体系建设纳入市委全会报告和市政府工作报告，构建起“党委领导、政府主导、政法协调、公安牵头、部门联动、社会参与”的社会治安防控体系建设新格局，将其作为实现社会治理体系和治理能力现代化的战略性工程。

四　打造新时代高质量发展城市的重要抓手

随着改革开放不断深化，我国城镇化进程加快，国家统计局公布的数据显示，2022年我国城市化水平升至64.72%。城市逐渐成为人民生产生活的主阵地，日益突出的“城市病”问题要求城市从高速发展转变为高质量发展，也对城市的社会治安能力提出了新的挑战。2017年12月18日，习近平总书记在中央经济工作会议上的讲话指出，高质量发展就是能够很好满足人民日益增长的美好生活需要的发展，是体现新发展理念的发展，更明确地说，高质量发展就是从“有没有”转向“好不好”。以前城市发展重在以人口红利和土地财政换取产业规模效益，人民的生活重心在于能不能生活下去，而随着社会主要矛盾发生转变，城市居民的关注点就转变为生活好不好①，而这个“好不好”，很大部分取决于社会治安好不好，也就是安全感高不高。

---

① 卢国显：《城市治安的影响因素及其对策——以泰州为例》，《中国人民公安大学学报》（社会科学版）2017年第4期。

2017 年 9 月，习近平在国际刑警组织第八十六届全体大会开幕式上提出，让民众享有一个安全稳定的生存生活环境，是中国治国理政的重要目标。城市的高质量发展，不仅在于经济规模效益的高质量增长，更在于城市风险防控能力的高质量提升。特大城市及城市群的发展，企业往往是社会治安防范的重点区域。要推动城市发展更具韧性，就需要强化社会治安整体防控理念，面对风险工业、物流园区，要进行安全监管排查、风险调节化解、社会预警防控多层次立体化部署。面对经济犯罪，要对营商环境中扰乱企业生产经营秩序、侵害企业合法权益、影响企业融资安全的非法行为进行监测预警、超前防范、打击惩治、宣传教育。构建稳定的企业营商环境，才能保证企业敢进来、能进来、想进来，从而推动城市企业发展畅通，实现经济高质量发展。

社会生活区域是社会治安防范的又一重点。小到社区居民楼，大到繁华的商业场所，城市居民生活所及之处，都有可能成为社会治安风险的突发地。因此，在城市高质量发展过程中，安全必须被放在更为突出的位置，构成城市安全风险的各类要素都必须纳入社会治安整体防控体系之中，通过构建社会治安防控网络、提高社会治安防控体系建设技术水平、建立健全社会治安防控体系建设工作布局，对事关城市社会治安的重大问题进行深入研究部署，强化城市社会治安风险防控效能，建设更加安全、更具韧性的城市，为城市高质量发展保驾护航。

第二节 河南强化社会治安整体防控的实践探索

社会治安整体防控就是以社会面的巡逻防控网络、社区防控网络、单位内部安全防控网络、重点行业场所治安防控网络为主要框架的社会治安防控体系。[①] 这一防控理念来源于北京市公安局对新中国成立以来公安工作的反思和总结。他们认为市场经济下的违法犯罪行为与计划经济下的违法犯罪行为相比具有新的特点和变化，治安防控进入了新阶段，社会范围内治安工作需要进行深刻变革与反思创新。社会治安整体防控的概念是在新

① 杨玉海：《整体防控理论指导下的社会治安防控体系建设》，《中国人民公安大学学报》（社会科学版）2006 年第 1 期。

形势下提出的，对于维护首都政治稳定和社会安定有重要的价值和意义。河南省作为人口大省，社会治安工作一直是人民的重要关切，党的十八大以来，在省委、省政府的高度关注下，河南公安始终坚持党中央的核心领导地位，以习近平新时代中国特色社会主义思想为指引，坚持为大局服务、为人民执法、为平安尽力，全力以赴防风险、保安全、护稳定、促发展，有力维护了河南省社会治安大局持续平安稳定。2022 年 10 月，中共河南省委宣传部召开“河南这十年”主题系列第二十七场政法改革成效专场新闻发布会，指出人民群众安全感由 2012 年的 90.08%上升至目前的 96.73%，创历史新高。平安河南成果显著，离不开对社会治安整体防控的实践探索。

一　强化党政统揽，打通治安资源壁垒

社会治安整体防控体系的探索建设是一项全局性、综合性、系统性的庞大工程，离不开党委、政府对社会治安工作的全局统揽。2019 年 1 月，习近平总书记在中央政法工作会议上指出，要善于把党的领导和我国社会主义制度优势转化为社会治理效能，完善党委领导、政府负责、社会协同、公众参与、法治保障的社会治理体制，打造共建共治共享的社会治理格局。[①] 这为新时代政法事业发展擘画了宏伟蓝图，也为社会治安工作提出了根本政治遵循。党的十八届三中全会和“十三五”规划提出要加强基层综治中心建设，2016 年，河南省综治中心规范化建设试点工作动员会召开，确定濮阳、南阳、邓州三市为试点。基层综治中心建设，正是发挥党政统揽作用，打破社会治安资源壁垒的有效实践探索。

作为我国第一批全国市域社会治理现代化试点城市，南阳市在社会治安探索方面也不甘落后。在河南省政法委的强力推动下，南阳市、县两级党委政法委加强对综治中心规范化建设、实体化运行的统筹指导，有效将信访接待中心、行政争议调解中心、公共法律服务中心等各部门治安资源整合进综治中心统一平台，从而打破以往各服务平台信息闭塞的孤岛状态，构建起高效运转的统筹协调机制，推动形成综治中心统筹协调、职能部门具体办理、社会力量参与协同的工作格局。此外，南阳市严格落实党委政

---

① 《以共建共治共享拓展社会发展新局面》，新华网，2022 年 9 月 16 日，http：//www.xinhuanet.com/politics/20220916/3fe6c1d126aa45578492ccda78ae9779/c.html。

府“属地管理”主体责任，出台《南阳市社会治理工作“同创计划”实施方案》，夯实各行业、系统一把手社会治理工作责任，全面建立横向部门、纵向系统相互贯通的网络，将行业系统主管部门参与社会治理情况纳入平安建设考核。2018 年，南阳市全面启动县级综治中心建设。在县市区综治中心设立综合协调室、矛盾调处室、监控研判室、社会心理服务室、群众接待厅和综治信息平台。目前，全市 17 个县市区已全部建成综治中心，8 个县市区建成综治信息平台并投入使用。

濮阳市则立足村级组织的桥梁纽带作用，重点强化村（社区）综治中心建设。各村（社区）综治中心将整合重心放在与党群服务中心的有效衔接上，不断完善矛盾调解室、网格化管理室、治安防控服务等空间治安资源，加强统筹调解员、网格员、驻村民警等人力治安资源，推动濮阳市村级治安水平不断上升。在村级综治中心强化达标后，濮阳市持续深化“一村（社区）一警、一网格员、一法律顾问、一民兵连、一矛调委、一支平安志愿者队伍、一平安村官、一信访代理员”建设，自下而上整合起乡镇、村级治安资源。此外，濮阳市综治中心负责收集各乡镇受理的矛盾纠纷，进行分类后交办村（社区），若在村（社区）无法有效处理，则需在每周召开的综治中心全体会议暨信访联席会议上共同研判，从而实现“综治中心吹哨、相关部门报到”的实体化运作模式。

邓州市早在 2004 年就探索实行了“四议两公开”工作法，并先后两次被写入中央“一号文件”，具有丰富的基层治理经验。在确定为河南省综治中心示范点后，邓州市仔细研究社会治理环境的变化，又开始了积极探索实施“四化双评”之路[①]。邓州市构建起市、街道、社区三级联动的网络信息服务平台，在市级建立起综合服务平台，在街道设立为民服务中心，在社区设立服务站，并发挥互联网数据赋能优势，将市直审批服务部门对接河南省电子政务外网平台，推动三级平台资源互通、信息共享。目前，邓州市办理完结的 32 万件各类事项中 20 余万件来自各个社区，均通过线上申请办结。综治中心在简化办事程序、提高服务效能的同时，不仅提升群众

---

① 《河南省邓州市探索实施“四化双评”创新城市基层党建和社会治理新体系》，中国共产党新闻网，2018 年 11 月 6 日，http://dangjian.people.com.cn/n1/2018/1106/c420318-30385205.html。

的幸福感、满意度，也将矛盾纠纷控制在萌发状态，无形中维护着社会的安定。

二 创新“枫桥经验”，构筑河南公安品牌

2023 年是毛泽东批示学习推广“枫桥经验”60 周年，也是习近平总书记指示珍惜、推广、创新“枫桥经验”20 周年。如今“枫桥经验”已经成为家家户户耳熟能详的基层治理样板，面向的是中国特有环境下的社会治安问题，是经过中国人民群众实践验证的行之有效的基层治理经验。20 世纪 60 年代初，浙江省诸暨市“发动和依靠群众，坚持矛盾不上交，就地解决，实现捕人少，治安好”，形成“枫桥经验”，从而有效缓解了当地人口与外来人口的社会治安矛盾。1963 年 11 月，毛泽东同志提出：“要各地仿效，经过试点，推广去做。”“枫桥经验”迅速由点及面地在全国推广学习。2013 年，习近平总书记就坚持和发展“枫桥经验”做出重要指示，强调要把“枫桥经验”坚持好、发展好，把党的群众路线坚持好、贯彻好。步入新时代，“枫桥经验”又发展出新的深度、新的厚度，以人民为中心打造社会治理新格局的内涵依然放在突出位置，围绕这一核心加入了以党建为引领筑牢和谐稳定新防线、以预防为基点构建风险防控新体系、以善治为目标创新基层治理新模式，为新时代社会经济快速发展奠定了坚实的基础。

自“枫桥经验”推广以来，河南省也高度重视这一经验在社会治安防控体系建设中的推进作用，并结合自身实际，创新出具有河南特色的“枫桥经验”。2014 年 3 月，习近平总书记在兰考县公安局坝头乡派出所张庄警务室了解农村治安情况，并做出重要指示，希望公安民警恪尽职守、热情服务，为维护农村社会稳定、保护农民群众利益多做贡献。多年来，在河南省委、省政府和公安部的坚强领导下，河南省公安厅认真贯彻落实习近平总书记重要指示精神，坚持发展和创新新时代“枫桥经验”，构筑起河南“一村（格）一警”的治安战略，建立起党建引领、网格管控、科技支撑、共建共享的公安机关基层社会治理机制，为建设更高水平的平安中国提供了较为完善的经验和做法，河南省“一村（格）一警”也被公安部总结为党的十八大以来全国公安四大品牌之一。

2019 年 11 月，兰考县公安局坝头派出所被评为全国首批“枫桥式公安派出所”。东坝头镇有着强大的红色基因。20 世纪 50 年代，毛泽东主席在

这里提出“要把黄河的事情办好”。焦裕禄书记带领群众在这里战风沙、斗盐碱，摸索发展出了“亲民爱民、艰苦奋斗、科学求实、迎难而上、无私奉献”的焦裕禄精神。作为“一村（格）一警”的战略源头，坝头派出所又率先打造张庄样板警务室，完成12个警务工作站建设，率先投入使用“一村（格）一警”智能工作平台，率先实现驻村民警、辅警全覆盖，最大限度将农村警务触角延伸到底。以坝头派出所为示范，兰考县454个行政村的民辅警全部进入村“两委”班子，兼职基层网格员，参加“5+N”固定党日、村支部会议，协助村“两委”班子开展工作，积极参与基层事务。以“护家义警”为典范，大力培育发展平安类社会组织，全方位推动警务共同体建设。“一村（格）一警”模式的创新之处不仅在于网格化治理的全域性，更在于模式的灵活性。自河南省军区到新密市调研时提出“一村一警一连”建设模式后，新密市人武部便联合市公安局、各乡镇（街道），广泛座谈商讨、认真布局谋划，在省、郑州市军地领导的调研指导下，市、乡（街道）、村（社区）三级靠前推进，“一村一警一连”联动机制建设初具规模，形成了村支书“一肩三挑”“人员双向兼职”“村警连定期沟通”“工作融合联动”的工作机制。民兵连预建联合党支部成立，村支书兼任民兵连指导员，更好吸纳驻村民警担任职务，形成村、警、连双向兼职、一体建设。民兵连连部与警务室合署办公，根据武装工作和治安工作需要来统筹配置治安资源。与此同时，建立联席会议制度，赋予民兵连民兵、国防教育宣传员、治安防范巡查员等职责，推动民兵连深入切实常态参加基层社会治安工作。“一村（格）一警”的治安模式，有力破解了以往基层治安力量不足、治安体系不完善的困境，为稳定社会秩序、建设更高水平的平安中国提供了河南经验。

三　坚持源头治理，完善多元调解体系

2015年10月，习近平总书记主持召开中央全面深化改革委员会第十七次会议时强调，要着力完善制度、健全机制、搭建平台、强化保障，推动各种矛盾纠纷化解方式的衔接配合，建立健全有机衔接、协调联动、高效便捷的矛盾纠纷多元化解机制。社会治安整体防控体系建设重在预防，坚持源头治理的思路，利用线上、线下平台双轨运行，容纳多元主体参与到社会治安防控场景中来，是许昌市、南阳市探索社会治安整体防控建设

的关键。

做好诉源治理，关键在“解”。许昌市魏都区人民法院坚持运用“互联网+”思维，推动构建“远程在线、多元共治”的网络解纷新格局。其主导搭建的“红帆船”诉源治理智慧平台①于2023年2月上线试运行。配合线上平台同时启用的，还有一个中心两个驿站。一个中心是魏都区人民法院“红帆船”诉源治理智慧中心，两个驿站则是魏都区灞陵街道办事处吴庄社区“红帆船”驿站和魏北街道办事处王庄社区“红帆船”驿站。线上的“红帆船”诉源治理智慧平台利用大数据优势，为调解进程提供优质政务服务，并与魏都区人民法院调解平台实现了互联互通，居民纠纷调解成功后，可一键生成调解协议，无须进行线下办理；调解不成功，需要进一步立案的事件，也可以直接申请线上立案，使群众“只进一个门、最多跑一次”，从高质量政务服务、高效率纠纷调解着眼，精准将社会纠纷控制在源头。魏都区在线下的中心驿站还各配备了1名专职调解员来担任汇聚多元调解力量、促进矛盾纠纷就地线上化解的角色。对于基层驿站受理的纠纷，也可利用“红帆船”诉源治理智慧平台对纠纷类型、数量及当事人年龄信息进行系统分析，形成社会治安实况地图、地域纠纷排行榜、当事人画像等具有时效参照性的分析数据，引导诉源治理工作精准发力。下一步，魏都区将继续依托“红帆船”诉源治理智慧平台，推动“红帆船”驿站全域覆盖，以提升群众获得感、幸福感、安全感为目标，为实现市域社会治理现代化和“三零”创建目标提供更有力的司法服务和保障。

南阳市“鉴调一体化”司法鉴定法律服务工作是河南省法学会“我为群众办实事，司法鉴定进基层”实践活动的试点探索，也是推动司法鉴定与调解深度融合、健全多元调处化解社会矛盾纠纷机制、高效专业化解疑难矛盾纠纷、维护社会和谐稳定的一个缩影。道路交通事故案件频发，但牵扯主体众多，成为社会治安的“跨界难题”。唐河县聚焦这一难题，打造道路交通事故损害赔偿纠纷网上数据一体化处理中心（以下简称“道交一体化平台”），并于2018年12月在唐河县交警大队正式挂牌。道交一体化平台的高效运行，规则统一和调解前置是关键。公开公平公正的运行流程、

① 《许昌市魏都区：“红帆船”领航 打造诉源治理新“枫”景》，中国日报中文网，2023年5月23日，https：//cn. chinadaily. com. cn/a/202305/23/WS646c46f1a31053798937580d. html。

统一的赔偿项目计算标准和损害赔偿责任比例标准能够充分保障当事人运用平台远程处理纠纷的透明性和安全感。交通事故发生后，交警在第一时间出警定责，及时将有关数据资料导入平台，引导当事人先行调解，对于因司法鉴定意见出现纠纷未能有效调解的典型案例，则依据司法鉴定专家库，邀请司法鉴定专家深入基层参与疑难司法鉴定案件化解工作。2022 年唐河县道交一体化平台共受理交通事故纠纷案件 777 件，调解成功 746 件，调解成功率达到 96.13%，完成了“鉴调一体化”的初步探索。新野县将视野落在医患纠纷的多元化解上，成立由县委政法委书记为组长，卫生、公安等部门负责人为成员的医疗纠纷处置工作领导小组，先后制定《医疗纠纷调解工作流程》《接访咨询制度》《医疗纠纷调解回避制度》《医疗纠纷调解协议书》，作为医疗纠纷制度保障，搭建了包括法律咨询室、心理咨询师、调解室、医疗纠纷法律服务站的医疗纠纷人民调解委员会，并配备包括 35 名医疗专业技术人员和律师的专家库，从制度保障、平台建设、人才优化方面推动医疗纠纷预防与前置处置的规范化、系统化、专业化。自新野县医疗纠纷人民调解委员会运行以来，全县医疗机构发生 142 起医疗纠纷，成功调处 130 起，赔偿总额 300 余万元。2021 年 12 月，新野县医疗纠纷人民调解委员会被河南省司法厅命名为全省优秀调解委员会。作为调处医患矛盾的第三方平台，医疗纠纷人民调解委员会很好地将政治力量、司法力量与群众力量有机集合，为患者提供了平等表达合理诉求的平台，从源头发现问题、提供解决方案，将风险归零，从而推动社会治安长远稳定。

四　深化政务服务，营造优质营商环境

2018 年 11 月，习近平总书记在首届中国国际进口博览会开幕式上发表主旨演讲，其中提到“营商环境，没有最好，只有更好”。2019 年 2 月，总书记主持召开中央全面依法治国委员会第二次会议并发表重要讲话，“法治是最好的营商环境”。未来我国要建立全国统一大市场，优质的营商环境必不可少。营商环境与市场经济密切联系，需要市场要素、市场资源充分流动，背后依靠的是公安系统提供的高质量高效率政务服务及长久稳定的社会环境。

洛阳公安加大公安“放管服”改革力度，面向企业“急难愁盼”的现实问题开刀，开启上门办理服务、开通异地用工网上审查、新生儿出生入

户登记“全省通办”等政务服务，从而有力推动社会经济发展。截至 2022 年 8 月，洛阳公安为企业上门办理身份证 10 个、办理居住证 90 个，为 5 家企业近 200 位外派人员开辟绿色通道，帮助洛阳市 4 家企业的 102 名外地员工在其居住地就近办理护照，办理 87 笔新生儿出生入户登记“全省通办”业务。在深化政务服务的同时，洛阳公安“雷霆办”严肃整治企业营商环境，化解金融风险。一方面，对涉企违法犯罪“零容忍”，严厉打击贷款诈骗、违法发放贷款、商业贿赂等犯罪行为，组织全市经侦部门依法严厉打击合同诈骗、职务侵占、挪用资金等涉企类重点经济犯罪活动；另一方面，对企业发展“零干扰”，重点对企业开展巡逻普法联络等保障性活动，组建“社区民警+企业保安”群防群治队伍，针对企业内部重点时间重点区域进行巡逻防控，开展“法制课堂进企业”活动，引导企业人员“遇事找法、解决问题靠法”的法治思想入脑入心，社区民警当好辖区企业联络官，及时排查企业内部矛盾纠纷隐患并进行调解，自工作开展以来，全市公安机关排查化解涉企矛盾纠纷 97 起，帮助追讨欠薪涉及金额 181 万元。洛阳市坚持政务服务和治安环境两手抓，推动经济发展和社会稳定两不误。

许昌公安深入贯彻落实许昌市进一步优化营商环境确保“心无旁骛抓发展 全力以赴拼经济”工作会议精神①，研究出台了《许昌市公安机关服务企业五项举措》，着力优化法治化营商环境，高效服务许昌经济发展中心大局。在提升公安政务服务质效方面，许昌市公安行政审批服务大厅（含公安车驾管、出入境大厅）设立了涉企事项办理“绿色通道”，对企业类特殊情况特殊事件安排专人专岗、节假日开展延时服务等举措进行优先办理，对企业员工 10 人以上要办理身份证、护照等证照需求，属地公安机关将根据预约情况提供上门办理、上门送证服务。在保障企业权益方面，许昌市依托 110 报警平台、“12389”举报投诉电话、许昌网上警局“便民利企民意征集”等渠道打通信息壁垒，坚决肃清在维护企业合法权益上层层加码、推诿扯皮等不正之风，推动形成亲清统一的新型警企关系。在保障企业治安环境方面，许昌市公安建立完善“警企地联动”机制，规模以上企业要公示助企民警包联信息，硬性要求企业与属地政府的沟通对接，针对企业

---

① 《许昌公安出台五项举措助推营商环境提升》，河南省政府法制网，2023 年 4 月 10 日，https：//sft. henan. gov. cn/2023/04-10/2721737. html。

反映强烈的治安环境问题，则要定点开展挂牌督导，限期整治到位。同时，要求助企民警要深入包联企业开展走访调研，真正了解企业发展痛点难点，为企业办一批好事实事、解决一批困难问题、化解一批风险隐患。

五　落实严防严巡，常态开展专项行动

2018 年 1 月，党中央、国务院发出《关于开展扫黑除恶专项斗争的通知》，以习近平同志为核心的党中央做出开展扫黑除恶专项斗争的重大决策部署，一场为期三年覆盖 31 个省（区、市）和新疆生产建设兵团的人民战争正式打响。在各省市高位推动、精心组织、周密实施的坚定决心和顽强定力下，坚持“打伞破网”，打赢了扫黑除恶专项斗争攻坚战。2021 年底，国家统计局组织开展的全国群众安全感调查显示，2021 年全国群众安全感为 98.62%，群众对扫黑除恶斗争成效的满意度为 96.19%①，其中群众认为常态化扫黑除恶斗争最有成效的是“社会治安持续好转”和“社会风气持续好转”，比重分别为 82.28%和 76.74%。扫黑除恶专项斗争收官，并不意味着我们停止了对社会治安满分的追求，继续坚持落实好重点区域的严防严巡，将专项斗争常态化开展是很有必要的。

在河南省公安厅的统一部署下，郑州市公安局于 2023 年 2 月 24~26 日组织开展“豫筑平安”社会面集中清理清查统一行动。常态化开展专项行动，依赖的是高强度执行的公安队伍、信息化警务模式及常态化巡防机制。郑州警方针对当前社会治安规律和违法犯罪特点，将市县两级公安机关干部全部下沉一线，3 天出动警力 11161 余人次，全力做好社会面治安防控工作。市公安局逐步建立完善了“1+18+N”的信息化警务模式，并在全国范围内率先将 110 接处警系统与综治中心融合建设，形成覆盖市局、分局、派出所、警务室、网格的 5 级信息化应用体系，全力保障郑州社会治安防控工作稳步推进。充分发挥“一格一干多专多群”市域社会治理网格作用，发动基层社会治理力量进行常态化矛盾纠纷的信息收集、动态排查，建立工作台账，做到销号清零。

---

① 《为期三年的扫黑除恶专项斗争圆满收官 人民群众对平安建设满意度提升》，中国政府网，2021 年 3 月 28 日，http：//www.gov.cn/xinwen/2021-03/28/content_5596258.htm。

2021 年以来，鹤壁市公安局以全国社会治安防控体系建设示范城市创建为抓手，强化科技赋能，着力构建常态化作战体系，开展常态化巡防工作。鹤壁市以各级大数据平台为基础，构建完善“圈层查控、单元防控、要素管控”体系；深化“1+4+N”合成作战体系建设，以联勤中心作为牵头组织和信息研判主体，数据破案中心、治安防控中心、智能交通中心、监督（民意感知）中心作为日常治安工作指挥调度触角，并结合实际需求吸纳其他机构和警种入驻，从而实现“一点发起、全网响应、体系支撑、精准打防”的实战效能。鹤壁市根据治安信息综合评估，将全市划分为两类巡区，成立了 240 人的常态化“突击队”、80 人的“铁骑队”，每天投入 800 余名警力开展常态化巡逻防范，日常群防群治队伍人数达 1.8 万人，其中囊括保安员、治安巡防员、治安信息员等。2021 年以来，鹤壁市可防性案件同比下降 33%，社会治安形势趋于稳定。严密的巡防战线以悄无声息的布局隐入全市社会发展环境中，常态化开展专项斗争能够更好地长期维持斗争成效，强化公安执法队伍，提升公安执法意识，推动社会治安长期向好。

第三节　河南强化社会治安整体防控的显著成效

稳定是发展和改革的前提，经过长期努力，我国社会治安整体防控取得了显著成效。习近平总书记在党的二十大报告中指出，共建共治共享的社会治理制度进一步健全，民族分裂势力、宗教极端势力、暴力恐怖势力得到有效遏制，扫黑除恶专项斗争取得阶段性成果，有力应对一系列重大自然灾害，平安中国建设迈向更高水平。在国家高位推动下，河南省各级党委和政府重视社会治安整体防控体系建设，不断提升社会治安水平，在社会治安形势方面，河南省社会治安平稳，社会治安形势高于全国平均水平，居民安全感稳步提升；在政策机制方面，河南省不断健全社会治安防控政策体系，推动社会治安长效机制落地发挥效能；在治安能力方面，河南省积极创新多元社会治安模式，以信息化、智能化路径推动打击防范能力更为精准；在基层治安方面，河南省坚持法治德治互为支撑，两脚走路，有效引入群防群治力量护航基层治安稳步向前。

一　社会治安形势平稳，居民安全感提升

2022 年 12 月，《河南社会治理发展报告（2022）》在郑州发布。报告指出，2022 年河南省社会治安形势平稳，居民安全感状况整体较好，56.8%的居民安全感较上年有所提升。社会治安形势的平稳要从违法犯罪、社会矛盾、治安灾害等层面来综合分析。

在公安部和省委、省政府的坚强领导下，河南公安机关在 2022 年夏季开启了打击整治“百日行动”①，这次行动分两次集中开展，巡查宣防范围覆盖全省。河南省高度重视此次“百日行动”，两次集中统一行动全省共出动民辅警 33.4 万余人次，发放宣传资料 255 万余份，打击整治范围囊括刑事案件，涉枪案件，妨害国（边）境管理犯罪案件，侵犯公民个人信息、网络攻击、网络黑产犯罪案件，盗抢骗案件，毒品案件，食药环和知识产权领域犯罪案件，涉黄涉赌刑事案件，经济犯罪案件，其中刑事案件破获同比提升 6.97%，省公安厅也连续三年被评为全国扫黑除恶先进单位。此次河南公安严肃整治违法犯罪事件，以强烈的责任担当来坚决维护社会稳定，推动群众安全感实质上升，使群众感到安全是看得见、摸得着的治安成果。

电信网络诈骗犯罪是互联网时代迅速兴起的犯罪形式，诈骗话术难以分辨、诈骗手段防不胜防、诈骗技术日益提升，犯罪覆盖面甚是广泛、犯罪程度轻重不一，为社会治安带来了新的风险和挑战。2021 年 4 月，习近平总书记对打击治理电信网络诈骗犯罪工作做出重要指示。河南省公安机关在省委、省政府的坚强领导下，认真贯彻落实公安部和省公安厅党委统一部署，坚持“四专合两力”，对电信网络诈骗犯罪依法严打，深入推进“云剑”“断流”“断卡”等专项行动，针对高发类案件和重大案件开展集中攻坚，严厉打击犯罪集团；加大预警宣传力度，2022 年累计发布宣传短信 9.8 亿条，预警劝阻 1960 余万人次，持续开展反诈宣传培训 20 余万人次，推广注册“国家反诈中心”App 达 3000 余万人，有力增强了预警劝阻成功率和预警宣传防范实效。通过加强反诈专业队伍建设，成立全国首家省级反诈

---

① 《谱写平安河南更加出彩新篇章丨“百日行动”收官，河南亮出成绩单》，河南人大网，2022 年 9 月 30 日，https://www.henanrd.gov.cn/2022/09-30/147723.html。

中心，充分整合内外部警力资源，全省初步形成了快速联动、以专对专的反诈行动体系。让广大老年人安享晚年是“家事”，也是“国事”。在打击整治诈骗犯罪活动中，养老诈骗专项行动引起国家层面、省市层面的高度重视，随着全国打击整治养老诈骗专项行动的开展，河南省积极深入开展涉养老诈骗线索“大起底、大清查”活动，从举报途径的多元优化、部门工作机制的联动配合、涉养老诈骗追赃挽损机制的建立完善，再到防范养老诈骗系列宣传教育形式的创新，河南省逐渐构建起全链条预防养老诈骗管理治理体系，在社会层面营造出积极防诈骗的舆论氛围，最大限度地挤压“行骗空间”。从成效来看，2022 年河南省累计为老年被骗群众挽回损失 8 亿元，累计查处涉养老诈骗问题 891 个，消除问题隐患 793 个。河南公安累计封堵涉诈网址、域名 340 余万条，先后破获电信网络诈骗犯罪案件 1.6 万余起，河南反诈从一个专业性质的工作迈向全省联动、全民联动的反诈网络，河南反诈效能逐步提升，社会面电信诈骗局势得到有效遏制，社会治安整体防控理念得到深刻实践，人民安全感稳步上升。

2022 年 10 月，中共河南省委宣传部举行“河南这十年”主题系列政法专场新闻发布会，提出全省政法系统执法司法质效和公信力稳步提升，政法机关执法满意度由 88.33%提升至 96.4%。政法机关执法满意度提升，反映的是社会矛盾发生率的降低和化解率的提升。全省政法系统执法重点关注“三零”平安村（社区）、企事业单位创建，“三零”主要指零上访、零事故、零案件，重在以常态化手段来开展矛盾纠纷排查化解。2022 年，河南省共排查化解各类较大矛盾纠纷 57.9 万件，法院受案数从 2013 年的 73.3 万件升至 2021 年的 237.7 万件，审限内结案率在 95%以上，审判效率指标稳居全国前三。常态化矛盾排查的同时，河南省检察院立足河南发展实际，面向群众真实需求，积极探索新的改革方案，其中“河长+检察长”制入选最高检首批检察改革典型案例，并纳入最高人民检察院和河南省“十四五”规划。社会矛盾在地域上是分散的，河南省持续探索覆盖城乡的公共法律服务网络，一方面，以线下法律服务站为依托开展法律咨询服务，十年来共为群众提供法律咨询 940 万人次，办理法律援助 154.2 万件；另一方面，完善线上服务平台，推动便民利民措施线上办理服务，2022 年全省司法行政机关“12348”法律服务热线接听量达 52.7 万人次，全省法院累计直播庭审 102.5 万余场，上网裁判文书 973.3 万余份。与此同时，扩展全省的检察公益诉讼受理面，从生态环境资源、食品药品安全等四大领域拓展到英烈保护、文物保护、个人信息保护等10多个领域。走过新时代非凡十年路，河南省高度重视社会治安形势变化，致力于违法犯罪、社会矛盾的预警预防，推动河南省治安形势平稳发展，居民安全感稳步提升。

二　社会治安防控政策健全，社会治安长效机制落地

社会秩序关乎大局、社会治安无小事。为了推动社会治安长久稳定，河南省从政策体系的建立健全，社会长效治安机制的探索谋划发力，将社会治安作为战略性、全局性、长远性的工作高度重视，以政策保障、制度保障为社会治安保驾护航。

从顶层设计来看，根据党中央、国务院制定下发的《关于加强社会治安防控体系建设的意见》《健全落实社会治安综合治理领导责任制规定》《关于加快推进社会治理现代化开创平安中国建设新局面的意见》等精神指示，河南省委、省政府做出积极回应，先后出台《河南省社会治安综合治理领导责任制实施办法》《关于加快推进社会治理现代化开创平安河南建设新局面的实施意见》《关于进一步深化平安河南建设的若干意见》等文件，为平安河南建设明确了思想指导、目标要求，从顶层设计出发，指导平安河南建设工作稳步推进。落实到地市层级，南阳市修订印发《南阳市社会治安综合治理领导责任制实施办法》《南阳市平安建设工作领导责任制实施办法》《加强平安建设工作党委政法委、政法单位责任落实若干制度》，以党内法规的形式将各级党委政府、行业部门及政法部门的社会治理任务制度化，并以《市域治理指挥部规范化建设指导手册》《行业部门市域社会治理现代化标准规范》来进一步规范化、细化市域治理责任主体，推动社会治理有效落实。国家层面的防控政策为社会治安提供根本遵循，政策自上而下贯彻落实则依赖地方政府的执行力与政治责任感。河南省委、省政府高度重视社会治安防控政策体系的建立健全，致力于做好国家宏观治理与微观治理的传送带和稳定器。

从专门条例规定来看，河南省锚定影响社会稳定的矛盾问题，积极构建配套的政策体系，推动社会治安整体防控走向系统化、精细化。2022年3月，河南省第十三届人民代表大会常务委员会第三十一次会议通过《河南省矛盾纠纷多元预防化解条例》，对河南省社会矛盾纠纷的预防化解主体责

任进行明确界定，提出要构建党委领导、政府负责、民主协商、社会协同、公众参与、法治保障、科技支撑的多元预防化解体系。该条例提出各级人民政府及有关部门要以加强矛盾纠纷源头预防和溯源治理的定力决心来推动构建包括重大决策风险评估机制、政府信息公开、社会信用体系建设、风险提示和社会心理疏导服务机制的矛盾纠纷预防工作机制，并对司法行政部门、公安机关、人民法院、人民检察院做出责任划分，将多元化解主体纳入统一治理体系中，有助于实现灵活衔接、协调联动的高效工作，从而推动形成重大矛盾纠纷事前预防、事中缓和、事后化解的系统执行机制。2022 年 9 月，省委依法治省办印发《河南省公共法律服务体系建设规划（2021—2025 年）》，提出要全面升级覆盖全业务全时空的法律服务网络。通过实施"云公共法律服务中心"建设项目，利用数字化、信息化手段来补齐区域发展不均衡的现实困境，促进优质公共法律服务资源向欠发达地区辐射。到 2025 年，推动河南省基本实现公共法律服务三大平台全面覆盖、互联互通，达到"一端发起、三台响应"的融合建设目标。

长效社会治安工作机制的落实，要与基层组织进行有机融合。2019 年，河南省委组织部、河南省公安厅与河南省民政厅联合发文，指出要全面推行驻村（社区）民警（辅警）在村（社区）党组织或村（居）委会兼职制度，实现村（社区）基层组织建设与"一村（格）一警"工作有机融合，形成推动基层社会治安建设的长效机制。截至 2023 年 2 月 1 日，河南省已有 2300 余名派出所所长进乡镇（街道）党政领导班子；1.06 万名社区民警、4.14 万名社区辅警到全省 5.2 万余个村（社区）兼任职务，覆盖率 100%。社区民警进驻基层，通过"一村（格）一警"长效工作机制，从规范党内生活和制度健全到带领基层干部开展社会治安综合治理，可以有效兼顾社会治安和基层工作，为基层发展促改革、谋稳定。社会治安工作要想落实到位，进行有效监督必不可少。针对侦查监督与协作配合机制落实中存在的查询公安机关办案信息难、检察机关案多人少派驻难、监督刚性不足等问题，河南省纪委常委会统一领导建立工作协调和信息共享机制，致力于打破"室组地巡"之间的信息壁垒，不断增强监督治理机制长效落地。目前，全省 184 个检察院均与公安机关共同挂牌成立侦查监督与协作配合办公室，将有助于推动提升公安执法和检察监督规范化水平。

三 社会治安模式创新，打击防范能力更为精准

随着国内外社会环境发生深刻变革，社会治安面临的问题更加复杂多样。在积极学习全国各地典型社会治安模式的同时，河南省立足自身发展实际和工作痛点，深入具体推进“三零”创建工作，以“咬定青山不放松”的韧劲创新社会治安模式，各地因地制宜，创经验、建亮点，推动社会治安打击防范能力更为精准。

焦作市公安局着眼于矛盾纠纷排查化解中信息收集不全、流转不畅、合力不足等难题，创新推出“四色四单”管控机制，以红、橙、黄、蓝四个颜色区分矛盾风险的危害等级，以风险提醒单、风险督办单、风险移交单、风险问责单进一步精确矛盾的源头管理、多元化解融合、流转反馈、责任倒查环节，以清晰化、透明化模板来闭环式规范矛盾纠纷的流转进程。自“四色四单”机制实施以来，焦作市已化解 168 起高风险矛盾纠纷，其中 130 起 3 日内办结、30 起 7 日内办结。发现一起矛盾纠纷，化解一起矛盾纠纷，正是基于创新的社会治安模式和高效的工作执行力，2022 年 7 月以来焦作市历史遗留和新发生的高风险矛盾纠纷全部化解。

新乡市公安局新一届党委把基层治理比作“一条中医式的治理之路，而非西医头疼医头、脚疼医脚的简单思维”。在新乡市委、市政府主要领导的大力推动下，坚持将网格打造成社会基层治理的神经末梢，创造性地探索了“3+N”网格化管理模式，推动“一村（格）一警”网格化布局下沉式实现。“3+N”网格化管理模式中，政务人员、警务人员和社会事务人员分别下沉到网格长、副网格长、网格员的具体岗位，明确网格长由村（社区）“两委”干部担任，发挥牵头组织、政治引领作用；副网格长由村（社区）民辅警担任，发挥公安机关维护社会治安的专门职能作用，网格员则力求发挥当地居民人熟地熟情况熟的优势，推动工作执行责任到人，执行效能精准化，从而统筹实现多种社会管理职能。

永城市根据人口分布、地域特点、治安状况等情况，在 3795 个村（社区）科学设置 4507 个网格，永城市委、市政府专门分两批为公安机关招聘 260 名辅警和 1700 名警务助理下沉至基层，有力推动矛盾纠纷在一线化解、风险隐患在一线消除、难点问题在一线解决。为着力改善城市区域外延、巡防模式老化等制约治安效能的现实困境，永城市公安局党委积极创新警务模式，探

索出“升级版”治安巡逻防控模式，推动警务工作从“被动”转向“主动”。以“更快地破大案、更多地破小案、更准地办好案、更好地控发案”为治安目标，新的警务模式囊括巡特警大队的队伍整合，巡防网格的重新划定覆盖，巡防布局的见警率和震慑力提升，“动+静”结合、“点+线+面”结合、“5+N”多种巡逻方式结合、“空+地”立体结合的巡逻工作模式，对巡逻防控全面督查为主要职责的“治安防控工作指挥部”，通过多举措有力构建起多种巡逻力量叠加、多种巡逻模式策应的全时空无盲点、全方位无死角的立体化防控新架构。2021 年 1~8 月，永城市公安局刑事拘留、逮捕、公诉数同比分别提升 64.5%、85.6%、29%，全市有效案件报警环比下降 20.70%，该局绩效考评和“商丘卫士杯”竞赛活动始终动态保持商丘市县（市区）序列第一名。

为了营造安全稳定的社会环境，郑州市中原区积极打造“1144”社会治安工作模式，确立起“三零”单位创建工作一个主体，建设信息化应用一个平台，建立健全一站式多元化解纷机制减少信访纠纷、联防联控减少治安案件、预防为主减少生产安全隐患、第三方工作专班参与重大问题化解四项工作机制，在这一系统化工作模式的基础上，郑州市又建立完善了“1+6”巡逻机制和“1、3、5 分钟”快速响应机制，推动公安机关见警率、管事率有效提升，从而全方位、有重点地打击震慑各类违法犯罪活动。与此同时，面对社会出现的新型消费治安风险，郑州市也付诸实践行动，2021 年 12 月，郑州市举行预付式消费第三方监管服务平台工作启动仪式，正式上线第三方监管服务平台，旨在防范化解预付式消费引发的治安风险。

四　法治德治互为支撑，群防群治护航基层治安

法安天下，德润人心。2016 年 12 月，习近平总书记在十八届中央政治局第三十七次集体学习时强调，法律是准绳，任何时候都必须遵循；道德是基石，任何时候都不可忽视。在新的历史条件下，我们要把依法治国基本方略、依法执政基本方式落实好，把法治中国建设好，必须坚持依法治国和以德治国相结合，使法治和德治在国家治理中相互补充、相互促进、相得益彰，推进国家治理体系和治理能力现代化。[①] 在构建社会治安整体防

① 《习近平主持中共中央政治局第三十七次集体学习》，中国政府网，2016 年 12 月 10 日，https://www.gov.cn/xinwen/2016-12/10/content_5146257.htm? _k = pdu8la&wd = &eqid = e1225980000359da00000006646345c8。

控体系的进程中，河南省坚持一手抓法治、一手抓德治，以执法队伍的法治思维强化为基础，法治德治互为支撑，推动社会面形成法治意识，聚集群防群治力量护航基层治安。

2023年5月，河南省委依法治省办和省法治政府建设领导小组办公室通报了118个考核对象2022年度法治河南（法治政府）建设情况，其中“持续深化习近平法治思想学习宣传”优秀占比95.23%，“不断健全党领导依法治省的制度机制”优秀占比94.59%，“切实提升立法质量和效率”优秀占比93.68%。法治河南取得高质量发展的背后，是河南创新实行的“一个意见、五项制度、四合审查、三会两评”的“1543”立法机制①在发挥积极作用。立法质量的不断提升，为执法队伍心中有法、行权依法、尊法守法提供了重要法治环境。“善禁者，先禁其身而后人。”善于用禁令治理社会的人，必然要先按照禁令要求自身，而后才去要求别人。针对公安机关执行规范化问题，河南省公安厅制定印发《关于进一步推进严格规范公正文明执法的实施意见》；为推动辅警队伍迈入法治化轨道，河南省人大常委会审议通过《河南省警务辅助人员条例》；为创建不敢腐、不能腐、不想腐的清廉社会组织，河南省民政厅在广泛听取各方意见建议基础上，联合省委组织部、省高院、省检察院、省公安厅等部门出台《清廉河南建设清廉社会组织创建行动方案》。打铁还需自身硬，河南省执法队伍坚持心中有法律可遵循、行动有法律来保障，将法治思想内化于心、外化于行，推动法律既有力度又有温度。

稳企业就是稳就业、稳民心，企业的健康发展对社会治安有着重要的稳定作用。党的十八大以来，以习近平同志为核心的党中央高度重视民营企业发展环境的优化。面对由企业负责人涉嫌违法犯罪引发“办了一个案件、垮掉一个企业”扰乱企业发展生态和社会治安的现象，我国最高人民检察院积极探索涉案企业合规改革试点工作②。这一改革以发力靠前的政策导向来维护经济安全稳定，适应了我国在涉企犯罪中落实少捕慎诉慎押的刑事司法政策，既为健康发展的企业提供定心丸，又对涉嫌犯罪的企业

① 《河南省司法厅突出河南特色 以高质量立法保障高质量发展》，河南省人民政府网站，2012年3月24日，https：//www.henan.gov.cn/2021/03-24/2114113.html。

② 《涉案企业合规改革两年来十大“争议点”》，中华人民共和国最高人民检察院网站，2023年3月9日，https：//www.spp.gov.cn/llyj/202303/t20230309_607060.shtml。

负责人敲响警钟，将法治理念传递到对社会稳定影响重大的市场主体中去。2021 年 11 月，报经最高人民检察院同意，河南省检察院在许昌市检察院、郑州航空港区检察院、尉氏县检察院、宜阳县检察院、长垣市检察院 5 个检察院开展涉案企业合规改革试点工作，着力深化落实习近平法治思想，切实发挥检察机关应有职能，促进河南省内的企业守法经营，共同为优化河南省营商环境、服务城市高质量发展做出努力。2022 年 4 月，河南省检察院会同省工商联等 8 个单位制定会签了《河南省涉案企业合规第三方监督评估机制实施办法（试行）》等 3 份改革框架文件，推动涉案企业合规改革试点工作全面铺开，这样一项集末端处理与前端治理为一体的创新机制，以法治又不失温情的方式推动着“带病”企业实现康复，重新焕发市场活力。

群防群治力量的发展壮大，依靠的是以德治为支撑的法治观念的宣传普及。目前，河南省所有社区警务室和工作站都设有矛盾纠纷调解室，通过法治德治的联合支撑，有力汇合了基层社会治安防控的生力军。中国长期以来的差序格局深刻影响了基层社会治安模式，兰考县公安局坝头派出所贴合基层实际，建立起“讲理堂”，村民理事会由群众威信高的乡贤和党员群众组成，将家族家风、礼治秩序、道德约束等传统道德文化因素有效融入日常矛盾纠纷调解中，通过法、理、情的融合调解模式，坝头村实现了已发生的矛盾纠纷不再激化、已调处的矛盾不再反复的社会治安形势。随着基层矛盾呈现多样化发展趋势，坝头派出所又进一步牵头组建起“道德大讲堂”，致力于解决邻里、婚姻、经济等突出矛盾问题，并逐渐演化发展成为以传授传统文化、文明礼仪、时事政治等为主要内容的“幸福家园大讲堂”，参与群众达 2.1 万余人次。法律是成文的道德，道德是内心的法律。在构建社会治安整体防控体系的进程中，河南省基层治安主体有效平衡着法治与德治的支撑作用，从一村一镇不断构建起护航基层治安的强大力量。

第四节　河南强化社会治安整体防控的基本经验

社会治安整体防控事关广大人民群众的切身利益，筑牢社会治安整体防控体系，就是防范化解各类风险隐患，就是为人民群众的安全设置“防火墙”，从源头阻断危害人民安全的违法犯罪活动。推动社会治安防控建设是新时代加强基层治理、维护社会稳定的重要手段和方式。河南省省长王凯在 2023 年 1 月 14 日河南省第十四届人民代表大会第一次会议上强调，强化社会治安整体防控，推进扫黑除恶常态化，依法严惩群众反映强烈的各类违法犯罪活动。健全网络综合治理体系。深化群防群治，形成人人有责、人人尽责、人人享有的社会治理良好局面[①]，可以看到河南省从宏观层面为进一步提升全省社会治安防控能力，推进社会治安防控体系建设工作做出了明确指示。从实践来看，近年来，河南省公安部门立足辖区实际，充分发挥职能作用，依托省委、省政府和各职能部门，扎实推进各项公安重点工作，强化政治引领、创新整体防控机制、重视科技赋能、推动防控力量下沉，着力落实严密的社会治安整体防控举措，切实织密社会治安管控防护网，人民群众安全感稳步提升，社会大局稳中趋好，为全力打造和谐稳定的“平安河南”奠定了基础。

一　强化政治引领，保障社会治安防控稳步改善

坚持政治引领是多年来中国共产党领导我国社会治理各项工作积累的宝贵经验，是区别于其他国家的特色所在。在构建社会治安防控体系现代化过程中强化政治引领是中国特色社会主义道路的显著标志，也是坚实的后盾和保障。习近平总书记明确指出，要坚决维护党中央权威和集中统一领导，坚持从国家发展全局去看待问题、思考问题，分析目前面临的困难和挑战，并结合实际去提出解决问题的办法，要注意打好防范和管控重大风险攻坚战。[②]。河南省站在新的历史阶段，始终坚持党的领导，发挥党委总揽全局、协调各方的领导作用，坚持以邓小平理论、“三个代表”重要思想、科学发展观为指导，全面贯彻落实党的十九大、二十大和历次全会精神，落实习近平新时代中国特色社会主义思想，把推进国家治理体系和治理能力现代化作为发展的总目标，在社会治安整体防控方面主动深入学习中共中央关于加强社会治安总体防控的文件和政策，汲取各种先进思想和具有实践指导意义的理论来武装头脑，为推进治安防控体系建设提供坚实

---

① 《政府工作报告》，《河南日报》2023 年 1 月 28 日。

② 《习近平在会见全国社会治安综合治理表彰大会代表时强调 坚持走中国特色社会主义社会治理之路 确保人民安居乐业社会安定有序》，《中国应急管理》2017 年第 9 期。

的思想保障。不断提高政治站位，从宏观层面进行部署，推动省委、省政府将社会治安防控体系建设上升为“党政工程”，使我们党的领导体现到社会治安体系建设的方方面面。深入开展各种反颠覆、反渗透、反分裂的斗争，并结合“三严三实”开展专题教育活动[①]，使机关事业单位的干部职工能够从中有所获得，坚定思想，从理论学习层面夯实政治引领的基础。除此之外，还开展“三查三保”专项活动，循序渐进消除在经济运行、社会稳定等方面的安全隐患，以实实在在的工作成效，满足人民群众对平安生活的期待。

在改革开放不断深化，经济转轨、社会转型的新形势下，政治建警是中国共产党对公安队伍的政治建设，是中国共产党领导的公安事业的“灵魂”工程[②]，而公安机关处于治安防控的前线位置，因此政治建警也应当是提升城市治安防控能力和水平的重要一环。习近平总书记在2019年全国公安工作会议上强调，公安机关要坚持稳中求进工作总基调，坚持政治建警、改革强警、科技兴警、从严治警，履行好党和人民赋予的新时代职责使命，努力使人民群众安全感更加充实、更有保障、更可持续[③]。由此可见，政治建设是新时代公安工作的重中之重。事实上，从党的百年奋斗历史经验来看，中国共产党通过指导保卫事业和公安工作，不断适应复杂的斗争和建设形势，已经积累了丰富的政治建警经验，形成了政治建警的理论和实践自觉。站在新的历史节点上，河南省公安机关始终坚持站在人民的立场上为人民服务，确保在中国共产党的领导下有序开展社会治安防控工作，不偏离正确的政治路线；以“四史”宣传教育为脉络，梳理公安队伍成长壮大的过程，加强机关内部作风建设，增加公安民警的党性，提高民警执行党的基本路线的坚定性、自觉性；加强自我革命，将政治建警与铁腕治警相结合，纯洁公安队伍，促进队伍的革命化、正规化和现代化建设，树立良好警风。作为维护河南社会稳定的重要力量，河南省公安部门落实政治

---

① 张春义：《强化政治引领 突出专业特色 努力培养合格的公安专业人才》，《中国刑警学院学报》2018年第3期。

② 包力维：《中国共产党“政治建警”理论和实践问题研究》，《领导科学论坛》2023年第4期。

③ 《习近平在全国公安工作会议上强调 坚持政治建警改革强警科技兴警从严治警 履行好党和人民赋予的新时代职责使命》，《公安研究》2019年第5期。

建警，有利于打好正风肃纪的攻坚战，保障人民群众的切身利益，提高社会治安整体防控能力，推动社会治安防控持续稳步改善。

二　向改革要战力，创新社会治安整体防控机制

进入新时代以来，以习近平同志为核心的党中央深刻把握我国发展要求和时代潮流，加强对全面深化改革的顶层设计和整体谋划[①]，领导全党全国人民开创了改革开放的新局面。社会治安整体防控体系建设作为推动新时代国家治理体系和治理能力现代化的基础性工程，毫无疑问应当从国家政治系统和社会管理的整体视角来看待[②]，在着力推进发展的过程中也需要改革创新。习近平总书记提出加强和创新社会治理，非常符合社会发展需要和基层实际情况。2015 年 2 月，中共中央审议通过了《关于全面深化公安改革若干重大问题的框架意见》及相关改革方案，明确指出在创新社会治安治理机制方面，要完善治安管理防控机制、创新惩防犯罪工作机制、完善国际警务合作机制、健全情报信息主导警务机制，围绕创新立体化社会治安防控体系，建立健全更加注重源头预防、综合治理的社会治安治理模式。[③] 近年来，全国各地公安机关以中央文件为指导，坚持从“改革”上下功夫，把“科技创新”作为重要的突破口，结合自身实际情况多举措深化改革，探索适合本地的社会治安防控运行机制，细心编织了条条社会治安防控网，督促相关任务高标准、高质量落地落实，在深化平安建设，构建和谐社会方面做出了重要贡献，有效增强了人民群众的安全感和幸福感。

河南省作为人口大省，区域稳定和谐发展是重要现实目标。为了实现更高质量的平安建设，河南省全面启动辖区治安防控体制机制改革，紧抓改革任务的方案统筹、进度统筹、质量统筹、落地统筹，建立以多警种、多力量为主体的专业化、网格化、扁平化治安防控新机制，突出理念思路、体制机制、方法手段创新，突出现代科学技术应用和基层基础建设支撑，将全面深化公安改革和深入推进社会治安防控体系建设这两项任务与以往

---

① 杨宜勇：《新时代全面深化改革的变革性实践和突破性进展》，《人民论坛》2023 年第 4 期。

② 宫志刚、李小波：《立体化社会治安防控体系：从理论到实践》，《山东警察学院学报》2016 年第 3 期。

③ 《全面深化公安改革 创新立体化社会治安防控体系》，中国安全防范产品行业协会网站，2015 年 2 月 17 日，http：//news. 21csp. com. cn/c3/201502/79696. html。

所做工作有机衔接起来，与当前全省实际紧密结合起来，充分释放改革方案的含金量，力求改革成果最大化。在这一过程中，全省各级公安机关不仅加深了对公安改革的理解和把握，还进一步加深对社会治安防控体系建设的理解和把握，有利于公安部门履职尽责，提升维护省域政治稳定、公共安全的能力水平。

“全域警务”是新时代公安机关坚持共建共治共享和全生命周期理念，顺应时代发展大势、符合社会治理规律、契合民众对平安产品需要而生成的创新机制。[①] 其基本要求在于通过抓市域建设来促进县域建设、抓基层工作强化基础应用、抓联动建设强化治理能力，总体目标是实现警务要素全域、警务内容全域、警务方式全域，推动公安工作更好履行新时代使命任务，构建高标准社会治安防护体系，保障高水平安全，助力高质量发展。河南省公安机关纵深推进“全域警务”工作机制，不断深化“1、3、5分钟”快速反应机制，坚决巡好“线”、织密“圈”，组织发动公安民警、武警和群防群治力量等持续深化社会治安防控“六联”机制，做到24小时“见警察、见警车、见警灯、见治保力量”，构建“警务共同体”，形成工作合力，增强社会治安整体防控能力，全面提升基础管控工作水平。

三　突出科技赋能，推动社会治安防护网全覆盖

城市社会治理能力和服务全面升级的背后，离不开科技的助力。科技支撑作为创新社会治理模式的重要内容，不可避免地在城市社会治安防控体系建设方面发挥着重要作用。中共中央办公厅、国务院办公厅印发的《关于加强社会治安防控体系建设的意见》明确指出，把社会治安防控信息化纳入智慧城市建设发展规划之中，充分运用新一代互联网、物联网、大数据、云计算、卫星定位、地理信息系统等高科技，创新社会治安防控手段，提升公共安全管理数字化、网络化、智能化水平。[②] 习近平总书记在会见全国社会治安综合治理表彰大会代表时，也强调要着力推进社会治理系统化、科学化、智能化、法治化，运用先进的理念、专业的方法来提高社

---

① 李长安：《新时代全域治理警务模式构建》，《中国刑警学院学报》2021年第5期。

② 《中共中央办公厅　国务院办公厅印发〈关于加强社会治安防控体系建设的意见〉》，中国政府网，2015年4月13日，https：//www.gov.cn/gongbao/content/2015/content_2847873.htm。

会治安综合治理效能。[①] 因此，按照科技引领、信息支撑的思路，构建共享共用、安全可靠的信息化综合平台，不仅是推进现代科技与社会治安防控体系建设深度融合、打造新时代整体防控格局的必要举措，也是大势所趋。

在纷繁复杂的现代社会，只有依托现代信息技术这样一种特殊又强大的网络工具，才能把“碎片化”的社会和“部门化”的治安力量整合起来[②]，共同为实现社会长治久安蓄力，向美好便捷的生活方向迈进。尽管河南省整体科技水平并没有那么靠前，但河南省紧紧围绕中央关于推进国家治理体系和治理能力现代化的部署要求，全面分析新时期省内工作面临的新形势、新问题，主动聚焦“实战实效、群众满意、民警减负”，充分发挥公安信息化引领作用，将数字化、网格化、智慧化作为突破口，以“智能感知、融合共享、智慧应用、精准服务”的社会治安防控体系建设为重点，推动公安工作向智慧警务发展，整合各种警务管理资源[③]，全面助推公安工作现代化，织密社会治安防控体系建设过滤网，推动实现社会治安防控的全覆盖、立体化和社会化，维护辖区社会治安大局的持续稳定。

鹤壁市致力于科技赋能，把大数据、物联网等信息化技术，融合到社区警务、巡逻防控等工作中，打造了智慧安防、智慧巡防等治安防控平台，通过搭建社区公共安全视频监控实战平台等方式，将社区治安、民生服务等信息进行分类整合，实现了社会数据与公安数据的有效衔接。鹤壁市公安局还将全市划分为975个村（格），坚持“脚板+科技”，由“汗水警务”向“智慧警务”转变，为全市社区民警、社区辅警发放配套的工作专用智能手机，主要进行各类要素的采集和上传，推送各类与社会治安防控相关的信息，着力将派出所建成最强战斗单元。利用“1+N”微信群将信息触角伸展到村民小组、楼院单元，由社区民警、辅警入驻多个小区业主群、商户群，在群内发布日常安全防范知识和现实诈骗案例，并定期收集居民服务需求，切实解决社区居民遇到的困难和问题，引导群众主动参与社会治

① 《习近平在会见全国社会治安综合治理表彰大会代表时强调 坚持走中国特色社会主义社会治理之路 确保人民安居乐业社会安定有序》，《中国应急管理》2017年第9期。

② 杨昌军：《论新时代公共警务战略的构建——中国社会治安基础、矛盾及其治理》，《中国人民公安大学学报》（社会科学版）2019年第1期。

③ 吴晓、岳清春、张敏鹏：《基于智慧警务的社会治安管理研究》，《中国人民警察大学学报》2022年第9期。

理，形成“向群众发声”和“听群众呼声”的智能互动渠道。微信群俨然成为基层治理、安全宣传、反诈宣传的新阵地。

四　防控力量下沉，打造多元共联共治新局面

推动治安防控力量下沉，加强基层一线执法力量，提升警务实战水平是社会治安防控网格化布局的重要抓手。日前，公安部印发的《加强新时代公安派出所工作三年行动计划（2023—2025年）》对公安力量下沉基层做出重要强调，争取2025年底前实现“一村（格）一警”全覆盖；建立健全110报警服务台与“12345”政务服务便民热线等平台高效对接联动机制；持续推动重心下移、警力下沉、保障下倾。[①] 在上述方案的指导下，全国多地发力推进“一村（格）一警”建设，充分释放群防群治力量，构建共建共治共享的社会治理格局。作为人口大省的河南省坚持把“一村（格）一警”建设落实情况列入政府工作报告，把警务室建设纳入城乡建设总体规划，并建立了省级经费补助长效机制，为“一村（格）一警”机制的持续推进提供了坚实的物质基础。河南省公安部门还把社区民警从派出所日常的值班备勤、巡逻防控中置换出来，推动社区民警真正沉到社区、扎根群众，集中精力开展人口管理、情报收集、治安防范、消防检查、矛盾纠纷排查等基础工作，最大限度地把警力推向街面，推向有需要的居民身边，维护基层社区居民的切身利益。同时，公安消防警力还下沉到派出所指导消防工作，协助组建消防中队，进一步夯实了派出所消防基础工作。

构建立体化社会治安防控体系，保障社会治安防控的长效性和可持续性离不开多元主体的协调配合。中共中央办公厅、国务院办公厅印发的《关于加强社会治安防控体系建设的意见》强调，要加强党委和政府对社会治安防控体系建设的领导，充分发挥综治组织的组织协调作用，充分发挥政法各机关和其他各有关部门的职能作用，充分发挥社会协同作用，积极扩大公众参与。[②] 在长期实践过程中，河南省形成了党政领导、公安牵头、

---

① 《公安部印发〈加强新时代公安派出所工作三年行动计划（2023—2025年）〉》，中国政府网，2023年3月29日，https://www.gov.cn/xinwen/2023-03/29/content_5748938.htm。

② 《中共中央办公厅、国务院办公厅印发〈关于加强社会治安防控体系建设的意见〉》，中国政府网，2015年4月13日，https://www.gov.cn/gongbao/content/2015/content_2847873.htm。

部门联动、社会协同、公众参与的社会治安防控体系建设工作格局。人民群众是社会治安建设的力量源泉，激发群众参与社会治安建设，依靠群众开展群防群治，是加强基层治理的时代要求。河南省尤其重视治安防控体系建设中社会各界的参与，并将这一理念纳入治安防控体系建设。“小力量”汇聚“大平安”，河南省以“警力有限、民力无穷”的思想为指导，借助警力下沉的契机，探索建立“一村一警一连”联动机制，联合召开推进会议，不断加强社区警务和基层社会治理“警格+网格”双向深度融合，坚持警社共商、警网共建、警民联防，充分调动辖区内网格长、网格员、企事业单位内保人员、物业保安、治安积极分子、平安志愿者等各方力量共同参与社会治安防控体系，不断拓宽群众参与社会治安防控工作的途径和渠道，打造“群防群治”特色品牌，形成辖区全民参与的整体防控格局，进一步筑牢了社会治安防控体系。

第五节 多措并举构筑新时代河南社会治安防控体系新格局

社会治安防控体系建设是城市安全的有力保障。自20世纪90年代社会治安防控体系提出至今，已经有三十多年的发展历史，我国的社会治安防控体系实现了从无到有、从弱到强、从单一到系统条理，为城市和农村社会安稳运行提供了保障，已经成为我国社会治理现代化的一项重要工程。[①]进入新时代以来，河南省持续扛稳抓牢维护安全稳定的政治责任，从严从实从细狠抓各项安保工作措施落实，切实在社会治安防控体系建设上下功夫，做深、做实基础工作，取得了较为明显的进步，也积累了一些经验。但仍存在部分地方政府专业部门缺乏社会综合治理的思维、政策法规体系有待完善、基础数据平台比较薄弱、数据挖掘应用和数据共享水平不高、系统联动和协同治理能力有待提升等问题。这些问题阻碍着河南省社会治安防控体系的健全和完善，不利于社会治安稳定和谐，甚至可能会形成潜在的安全隐患。基于此，河南省迫切需要采取一系列有针对性的措施来改

① 宫志刚、李小波：《立体化社会治安防控体系：从理论到实践》，《山东警察学院学报》2016年第3期。

进社会治安防控能力，构筑新时代河南社会治安防控体系新格局。多措并举主要可以概括为以下四个方面：一是整体性，构建社会治安防控立体化网络布局；二是法治化，推动社会治安整体防控高质量运行；三是精准性，数据赋能引领社会治安防控智能化；四是协同性，系统化提升社会治安整体防控效能。

一　整体性：构建社会治安防控立体化网络布局

第一，要宏观统筹，将社会治安防控体系建设这一基础性工程上升到国家社会治理层面，探索建立集防控、预警、指挥、处置、保障于一体的治安防控新模式。目前，地方政府在制定社会发展规划和社会政策时并未将治安问题放在重要的位置上，可以看到社会治理问题与社会治安问题呈现“两张皮”[①]的状态，根本没有体现出中共中央办公厅、国务院办公厅印发的《关于加强社会治安防控体系建设的意见》中“源头预防”的要义。基于此，河南省一方面要从省域发展全局的角度来看待社会治安防控体系的建设，在制定社会发展规划和相关政策时把治安问题放在重要的位置上，给予治安防控这个层面更多的关注和投入；另一方面要推动立体化社会治安防控体系建设，把提升居民群众的社会治安安全感和满意度作为服务的目标，以法定的治安主体为主导，依靠社会力量，充分调动各种社会资源，对危害社会的行为进行预防和控制，减少损失。[②]另外，不仅要加强实体社会的防控体系建设，还应当重视虚拟社会治安防控建设；不仅要关注城市社会治安防控网络，还应当关注农村地区社会治安防控网络建设。

第二，完善社会治安防控体系的系统结构，充分发挥各个治安主体的作用，形成整体合力。公安机关虽然在社会治安防控体系中居于主导地位，但并不是唯一的参与主体，没有其他的治安主体与其相互配合，没有其他治安主体的协助和信息互通，公安机关就会成为“孤独的战斗者”，就不能充分发挥践行社会治安防控的职能，也不能很好地维护良好的社会秩序。因此，河南省一方面要不断优化各主体内部的运行机制，使治安主体的职

① 张勇：《立体化社会治安防控体系建设中的问题与对策研究》，硕士学位论文，苏州大学，2021。

② 董士昙：《对立体化社会治安防控体系建设的探索》，《山东警察学院学报》2017 年第 4 期。

能制度化、规范化、可操作化，并对其在治安防控方面发挥的作用和价值进行考核，避免其社会治安防控职能出现虚化、弱化的现象，更避免敷衍、推诿等现象的发生；另一方面，应当建立和完善多元化防控主体之间的信息沟通交流机制和平台，推动多元主体之间相互配合，共同履行社会治安防控的职能，尤其要重视主体间的信息反馈机制，保证信息互通，防止出现彼此相互不理解、合作不力，甚至互相扯皮等现象。

第三，组织动员社会力量，共同参与社会治安防控体系建设。现代社会治安问题具有复杂性，仅仅依靠传统的社会治安防控主体很难轻松应对，只有组织动员社会各界力量，尤其是发挥人民群众的力量，走治安社会化之路，通过协作互通更好地发挥治安防控体系的功能，才能使社会治安局势向越来越好的方向发展。因此，河南省当前社会治安工作的一个重点应当是鼓励和支持社会组织参与治安防控体系建设，并承认社会组织在治安防控工作中的作用和地位，加强对这些组织的监督、管理和指导，使其有意愿、有能力参与治安防控体系建设①。除此之外，唤醒民众的潜能，使之自愿参与社会治安防控体系建设，也是至关重要的一点。具体来说，就是应当在日常社会生活中，加大对犯罪危害性的宣传，增强其维护社会治安的自觉性，让每个公民都能清晰认识到任何人都有可能成为犯罪的受害者，参与社会治安防控体系建设，是每个公民应尽的义务和责任。

二 法治化：推动社会治安整体防控高质量运行

第一，加强地方性立法，将治安防控体系建设予以制度化、规范化，完善法治保障，做到有法可依。中共中央办公厅、国务院办公厅印发的《关于加强社会治安防控体系建设的意见》强调要运用法治思维和法治方式推进社会治安防控体系建设、建立健全社会治安防控体系建设工作格局。但事实上，地方的法治实践难以很好地服务于社会，治安防控体系也多老化、僵化。针对治安防控体系建设不能持之以恒的问题，河南省应当积极推动相关法律法规和政策的制定完善工作，适时出台相关地方性法规、地

---

① 赵耿：《县域社会治安防控体系建设路径初探——以新蔡县为例》，《西部学刊》2022 年第 10 期。

方政府规章，因地制宜地为本地域社会治安防控体系建设提供有力的法治保障[①]。以坚实的基础、上层的建设为主要方法，双管齐下推进体系完善，循序渐进、持之以恒地建设立体化的社会治安防控体系。

第二，运用法治思维引领社会治安防控体系建设，营造良好的法治秩序。运用法治思维引领社会治安防控体系建设主要体现在两个方面。一是法治思维的树立，树立法治思维应当耐心学习相关的法律知识，尊重法律权威。领导干部尤其要形成法治理念，坚持严格规范文明执法，用法治思维解决实际问题，认真践行政法机关“努力让人民群众在每一个司法案件中感受到公平正义”的庄严承诺。二是法治思维的运用，社会治安防控的手段既有法律手段，也有行政手段、教育手段、科技手段和文化手段。面对复杂的社会治安问题，应尽可能选择和使用法律手段来应对和解决。[②] 此外，受到中国传统“熟人好办事”等人治因素的影响，社会治安问题在调查处理中常常表现出非规律性，因此为了促使社会主体积极、持之以恒参与社会治安社会化治理，应当加强普法宣传，增强公众的法治理念，自觉依法办事，建立和营造全社会崇尚和维护的法治秩序[③]。

第三，调动社会力量参与社会治安防控执法行动，推动公安部门依法强制与公民守法自治相统一，着力形成上下互动的社会治安防控法治网。当前社会基本依赖于国家执法机关来实施执法活动，但这种方式的成本相对较高，从长远来看，调动社会力量参与执法，才是双赢的路径。一方面，公安机关应主动为专业性的信息及网络安全组织、专业性的安防组织、民间社团等志愿组织创造参与社会治安的条件，利用社会组织的力量共同为社会治安防控执法行动蓄力；另一方面，要坚持人民群众的主体地位，保障人民对社会治安事务的知情权、参与权、表达权、监督权，不断创新方式吸收群众参与执法，如组织志愿者参与社区巡逻防控、纠纷调解等事务，制定奖励措施鼓励社区居民直接拍照上传交通违章等各种违法行为[④]，推动

---

① 杨保国：《完善社会治安防控体系法治保障研究》，第十四届中部崛起法治论坛，2021。

② 王建新：《社会治安防控体系法治保障研究》，《中国人民公安大学学报》（社会科学版）2015 年第 2 期。

③ 胡金龙、张杰：《运用法治思维推进社会治安防控建设》，《河南法制报》2021 年 3 月 8 日。

④ 杨昌军：《论新时代公共警务战略的构建——中国社会治安基础、矛盾及其治理》，《中国人民公安大学学报》（社会科学版）2019 年第 1 期。

群众成为监督违法行为的“移动摄像头”，在全社会形成多数人监督少数人的良好氛围。

三　精准性：数据赋能引领社会治安防控智能化

第一，推进“公安大脑”建设①。在新一轮科技革命的推动下，人类正在加速迈进数字社会。2022 年上半年，我国互联网普及率已经达到 74.4%，在信息技术和人类生产生活联系愈加紧密的同时，城市治安风险因素也呈几何倍数叠加、积累。传统的社会治安防控力量已经不足以应对分析形式多样、线索复杂的社会治安问题。随着河南省向现代化水平快速发展，需要迅速积累超大城市社会治安治理经验，构建河南省“公安大脑”的神经中枢与神经网络，促进社会治安信息高质量充分流动，从而有效解放警力资源，推动公安治安模式转型升级。依托国家超级计算郑州中心和河南智库的专业人才优势，立足河南公安机关社会治安的乏力点、关键点。构建囊括防范、打击、管理、服务为一体的治安运行程序，作为“公安大脑”的神经中枢，利用人工智能、大数据、云计算等现代信息技术，充分推动社会治安精细感知、精准确认、精准行动。统筹推进智慧城市、智慧社区、智慧城镇等基础设施建设，布建完善整合门禁系统、视频监控、物联网等智能化信息采集渠道，强化社会治安信息采集的全面性和采集质量，建成联通市级、区级、街镇、网格（社区）四级架构的社会治安信息网络作为“公安大脑”的神经网络。同时要重视疏通神经中枢与神经网络的结点，突破海量集聚、复杂冗繁的数据限制，推动覆盖省域的社会治安信息资源共享机制；增设“公安大脑”面向社会的神经触点，针对校园、医院等社会治安重点防控单元合理布局警力防控资源，推动公安资源运行科学化、高效化、智能化。

第二，提升治安主体数据决策能力，引导社会治安问题解决前置化、精准化。2017 年 12 月，习近平总书记主持中共中央政治局第二次集体学习时强调，善于获取数据、分析数据、运用数据，是领导干部做好工作的基本功。进入数字时代，我们要始终明确大数据作为推进决策科学化、社会

① 朱志萍：《智慧赋能与治理力：智能时代超大城市社会治安治理创新——兼论上海社会治安治理实践》，《公安学刊》（浙江警察学院学报）2020 年第 5 期。

治理精准化的辅助作用，要着力突破智能化过度嵌入治安工作带来的“事本主义”倾向[①]。无论是“公安大脑”或者是其他类别的社会治安管理综合应用系统，其所具有的超强计算能力与信息综合分析能力，不能脱离于人的决策而单独有效运行，反而需要治安主体更高的数据获取能力、分析能力与应用能力，需要治安主体做出最终的关键决策。因此，河南省在推动数据赋能社会治安防控智能化的进程中，需要培养治安主体“数据决策”意识，加快信息深度规模应用机制建设，提高治安主体把握大数据发展规律、动态研判重大群体性事件数据的能力，在社会治安问题萌芽之时及时评估、及时预警，降低社会治安风险发生率，推动社会治安问题化解前置化；培养治安主体“数据决策”指挥实战能力[②]，通过数据模型学习，增强利用数据应对汽车租赁、寄递等互联网新兴业态的监控布防能力，提升对涉恐、群体性事件等爆发性强、影响严重的社会治安问题的动态预防、动态治理能力，推动社会治安问题解决精确化。通过专业化、高素质治安主体人才的培养，推动平安河南建设迈向更高水平。

四　协同性：系统化提升社会治安整体防控效能

第一，加强省域内外社会治安联动体系构建，增强社会治安整体防控效能。从治安系统内部来看，2016 年 3 月中共中央办公厅、国务院办公厅印发的《健全落实社会治安综合治理领导责任制规定》指出，我国严格落实属地管理和谁主管谁负责原则，构建党委领导、政府主导、综治协调、各部门齐抓共管、社会力量积极参与的社会治安综合治理工作格局。而在实际运行中，公安机关内部存在“打击控制工作”和“预防管理工作”负相关动态膨胀的问题，缺乏整体合力的稳定协同机制[③]；政法机关尤其是公安机关与其他职能部门之间由于职责优先性不同面临压力不对等的非协调关系，从而难以形成整体合力，影响社会治安协同性。河南省要推动社会治安整体防控体系不断优化，下一步要着力于理顺社会治安防控体系内部

① 胡业勋、王彦博：《社会治安防控体系中智能化嵌入困境及优化》，《中国人民公安大学学报》（社会科学版）2020 年第 4 期。

② 祝胜强、周冰、任子阳：《社会治安防控实战应用系统设计》，《计算机与网络》2020 年第 16 期。

③ 李富声：《推进社会治安防控体系建设的一种思路》，《山东警察学院学报》2016 年第 3 期。

关系，增强治安系统内部联动性。在充分认识党建引领社会治安统领作用的基础上，既要充分发挥政法机关中公安机关的牵头作用，推动探索静态控制型警务向动态反应型警务的转变探索，也要充分发挥法院、检察机关等职能部门的协同治安治理作用，坚持把专项治理与系统治理、依法治理、综合治理、源头治理结合起来的新理念新思想。从治理系统跨域联动来看，当前我国属地管理模式下的社会治安模式是“辖区化”的，而城市风险的“超辖区化”[①] 突破了地方政府的风险治理权限与治理资源，极易存在跨部门协同权力失范、资源失衡、认识失准、文化失信[②]的困境。对河南省而言，要着力探索建立以沟通机制、评估机制、利益机制和信任机制为主的跨域社会治安协商合作机制，推动社会治安风险常态化化解与动态化化解有效衔接，推动社会长治久安。

第二，培育社会治安公共服务理念，构建多元社会治安服务提供机制。当前我国城市公共安全服务面临着需求的快速增长与有效供给不足的矛盾以及供给的单一性与社会需求的多样性之间的矛盾[③]。这是社会结构转型的时代背景下我国各个城市存在的普遍现实问题，而随着我国服务型政府建设愈加深入，由政府包揽所有社会治安服务已成为不可能的事。根据公共产品的属性，可将社会治安划分为纯公共治安服务、可私有化的治安服务和可社会化的治安服务，社会治安服务的市场化和社会化也成为现阶段治安服务供给的新趋势。因此，河南省可在社会范围内积极培育社会治安公共服务理念，积极提供打击恐怖犯罪、扫黑除恶等具有非竞争性、非排他性的社会治安服务，同时借助大数据系统梳理省域内社会治安供需矛盾突出的社会治安服务，培育社会治安市场服务主体、第三方服务主体，并构建合作规范、过程协调、高标准绩效评估的多元社会治安服务提供机制，推动社会治安服务不断弥合供需缺口，逐渐向高质量提供多元社会治安服务的方向稳步迈进。

---

① 张小明：《城市跨域风险协同治理的模式与路径》，《人民论坛》2022 年第 22 期。

② 吴丰、杨剑：《社会治安防控体系中的跨部门协同问题——以反恐工作为例》，《河南警察学院学报》2020 年第 4 期。

③ 侯雷：《城市公共安全服务供给的基本机制及其整合——以城市社会治安服务为例》，《东北师大学报》（哲学社会科学版）2014 年第 3 期。

新中国成立 70 多年来，中国共产党领导人民仅用几十年时间走完发达国家花几百年走过的工业化历程，创造了世所罕见的经济快速发展奇迹和社会长期稳定奇迹。2021 年《全球法律与秩序报告》显示中国排名第三，仅次于挪威和阿联酋，这说明我国人民群众对国家的安全感和满意度在世界范围内都是很高的。社会治安形势的稳定为国家发展、人民安居乐业提供安全环境，对国家和人民来说意义重大。当前河南省社会治安形势总体来看呈平稳态势，但社会治安风险仍然存在，不可掉以轻心。习近平总书记在党的二十大报告中强调，推进国家安全体系和能力现代化，坚决维护国家安全和社会稳定。因此，河南省要从立体化、法治化、智能化与协同化的视角入手，构建长效稳定的社会治安整体防控体系，不断增强社会治安整体防控效能，推动更高水平的平安河南建设。

第八章　积极应对老龄化与少子化背景下的人口问题

当前，我国的人口发展面临着老龄化和少子化的明显趋势。在此背景下，河南结合自身人口发展实际，围绕老龄化和少子化问题进行了分析研判，着力开展解决老龄化、少子化突出矛盾的实践探索，形成了一些有河南特色的经验做法，推动了新时代河南人口高质量发展，为全国的人口发展贡献了中原力量。

第一节　老龄化与少子化背景下积极应对人口问题的重大意义

2020 年，我国进行了第七次全国人口普查，普查数据显示，我国的总人口约 14.1 亿人。其中，60 岁及以上老年人口总数为 2.64 亿人，占比为 18.7%；65 岁及以上老年人口为 1.9 亿人，比重为 13.5%。由此可见，我国的老龄化趋势不断加深。2020 年我国出生人口数约为 1200 万人，出生人口数持续下降，并且当年我国育龄妇女的总和生育率为 1.3，处于较低生育水平，0~14 岁人口占总人口的 17.8%，也低于 20%的正常标准，说明我国进入了少子化阶段。在老龄化与少子化叠加的双重压力下，积极应对老龄化与少子化带来的问题和挑战，对促进我国人口高质量发展具有重要意义。

一　优化人口结构、促进人口长期均衡发展的重要手段

人口结构是指一个国家或地区在一定时点总人口内部的关系特征和分布状况，也称为“人口构成”。随着时代变迁和社会发展，人口结构会呈现不一样的特点，不同地区的人口结构也存在差别。按照人口发展的规律及发展特点，可以将人口结构分为人口自然结构、人口社会结构、人口地域

结构三个部分。人口自然结构反映的是人口本身的自然特性，主要包括年龄结构和性别结构，它是人口结构中最基础、最本质的属性，是人口再生产的起点，关系当下及未来的经济社会发展状况，体现人口对社会生产和社会发展的强大影响力。人口社会结构主要包括阶级情况、婚姻情况、职业情况等，反映一定的社会属性。人口地域结构主要是自然地理结构和行政区域结构，反映一定居住范围内的人口特点。目前，我国人口结构中最突出的矛盾就是老龄化和少子化，这两个压力的叠加使我国的人口结构面临着巨大的挑战。

党的二十大报告对中国式现代化的本质问题做了明确表述。报告指出"中国式现代化是人口规模巨大的现代化"，这是当前我们国家人口发展的客观现状，人口规模越大，国家发展的责任也会越重。第七次全国人口普查结果表明，我国人口持续增长，人口与人才红利依然存在，发展动力依然强劲。"十四五"规划明确提出，要实施积极应对人口老龄化的国家战略，制定长期的人口发展战略，优化生育政策，完善"一老一小"人口服务体系，促进人口长期均衡发展。在新的发展阶段，需要持续深化对人口现状的了解，关注人口变动趋势，重视老龄化和少子化对经济社会发展的影响，积极应对人口发展中的各类难题，从而更好地优化人口结构，促进人口的长期均衡发展。

二　践行党的初心使命、坚持以人民为中心的发展思想的重要体现

中国共产党自成立以来，始终把为中国人民谋幸福、为中华民族谋复兴作为自己的初心和使命，并一以贯之体现到党的全部奋斗之中。党的十八大以来，中国特色社会主义进入新时代，我们党又提出"以人民为中心"的发展思想。中国是世界人口大国，人口问题始终是我国面临的全局性、长期性、战略性问题，在复杂的人口发展形势下，党和政府坚持全心全意为人民服务的宗旨和理念，从维护人民利益、促进人民发展的角度出发，关心并解决我们当前面临的诸多人口问题，建立符合国情的科学人口发展战略，保证人民生活水平持续提高。

在应对老龄化问题方面，党和政府高度重视老龄事业发展，初步形成了政府主导、社会参与、全民关怀的老龄事业工作格局，出台多项法律法规和

保障政策，缓解人口发展中的老龄化压力。国家专门成立全国老龄工作委员会，协助加强老龄工作，确定老龄工作的一系列目标、任务和基本政策，颁布了《中华人民共和国老年人权益保障法》《中共中央 国务院关于加强老龄工作的决定》《养老服务标准体系建设指南》《“十四五”国家老龄事业发展和养老体系建设规划》等诸多旨在解决人口老龄化难题的利好政策。党的十八大以来，以习近平同志为核心的党中央高度重视老龄工作，精心谋划、统筹推进老龄事业发展。针对新时代我国人口老龄化的新形势、新特点，党中央、国务院立足中华民族伟大复兴战略全局，坚持以人民为中心的发展思想，为全面贯彻落实积极应对人口老龄化的国家战略，印发了《中共中央 国务院关于加强新时代老龄工作的意见》，该意见明确提出了走出一条中国特色的积极应对人口老龄化的道路，这为新阶段的老龄化工作指明了方向。

面对少子化现象，国家立足实际，通过问题看本质，出台了很多相关政策。从 2013 年实施单独两孩政策，到 2016 年实施全面两孩，再到 2021 年三孩政策落地，各地政府对生育进行全面补贴，稳住人口出生量。2023 年 5 月 5 日，二十届中央财经委员会第一次会议召开，对我国的人口问题进行了专门研究并做出重要论断，即当前我国人口发展呈现少子化、老龄化、区域人口增减分化的趋势性特征。从语句内容表述看，将少子化放在首要位置，也体现了国家对少子化现象的高度重视。

三　维护国家人口安全和社会和谐稳定、实现第二个百年奋斗目标的重要考量

人口是社会的基本构成单位，也是社会生产的基础和主体，只有把人口问题解决好、稳定好，才能真正实现社会的长治久安。当前，我国的人口演变规律是低出生率、低死亡率、低增长率，面临着严重的老龄化和少子化的人口发展压力，如何做好人口工作成为社会可持续发展的重要问题。

人口老龄化是社会经济发展的必然结果，会给政治、经济、社会、文化发展带来广泛且深远的影响。从时间演进上看，我国快速的人口老龄化，将与实现第二个百年奋斗目标的历史进程紧紧相随。人口老龄化不仅是指老年人口在数量上相对增多，也指一个国家的人口结构呈现老年状态，老年人口的持续增加，会带来一系列社会问题。老龄人口的发展问题已成为社会亟须关注的热点，尤其是老龄人口的养老服务、社会保障和医疗健康问题，

关系到庞大的老年群体的基本生活和保障，是最突出的问题。同时，老龄人口的就业、社会参与、权益保护等问题，也是需要思考的问题。人口老龄化牵动全局，关系国计民生、社会稳定，而解决好老龄化问题，必须坚持系统观念，建立稳定的养老体系，促进人口的安全稳定，构建和谐社会。

少子化是中国人口的另一个问题，深刻影响着我国的人口安全和社会稳定。少子化主要是因为生育率的下降，生育动力不足，直接导致出生人口的持续减少，少年儿童数量持续走低，这最直接的影响就是我国劳动人口的减少，人口红利期缩短，这可能引发人口负债，给社会稳定及人口安全带来隐患。

在第一个百年中，中国共产党向人民、向历史交出了一份优异的答卷。如今，中国共产党团结带领中国人民又踏上了建设社会主义现代化强国、实现第二个百年奋斗目标的新的赶考之路。在这条前进道路上，需要积极关注和应对人口问题，解决好发展中的人口阻碍，为实现第二个百年奋斗目标创造良好的人口环境。

四　推动经济社会高质量发展、加快构建新发展格局的重要举措

人口是经济社会持续发展的基本要素，人口规模和结构的变动不仅是统计学意义上的变化，更与经济社会的发展息息相关。人口问题始终是我国面临的全局性、长期性、战略性问题，在未来相当长的时期内，我国人口众多的基本国情不会变，人口对经济社会发展的压力不会发生根本改变。人口问题，说到底是发展问题。新的人口发展态势会对经济社会发展产生深刻和深远的影响，同时也决定了中国经济发展的途径、模式和速度。据第七次全国人口普查结果，我国总人口超 14.1 亿人。我国人口持续增长，人口与人才红利依然存在，发展动力依然强劲。但是，随着我国人口预期寿命的不断增长，人口老龄化的压力依然巨大，出生率的持续下降也导致出生人口数走低和少子化问题严重。“十四五”规划明确提出，要实施积极应对人口老龄化的国家战略，制定长期的人口发展战略，优化生育政策，完善“一老一小”人口服务体系，促进人口长期均衡发展。在经济社会快速发展的今天，立足新发展阶段，贯彻新发展理念，构建新发展格局，更需要积极应对人口问题，稳定人口发展，为经济社会的发展提供充足的动力和资源。

第二节　河南积极应对人口问题的实践探索

党的十八大以来，河南省委、省政府高度重视人口发展问题，深刻领悟习近平总书记关于人口的重要论述，认真贯彻落实党中央、国务院对人口发展问题的决策部署，深入解决好“一老一小”问题，并结合河南的发展实际，不断进行创新实践探索，推动河南人口的持续稳定发展。

一　不断完善多层次的养老保障体系

养老问题既是家事，更是国事。在国际上，60 岁及以上人口占总人口的比达到 10%或 65 岁及以上人口占总人口的比达到 7%是国家或地区进入老龄化社会的标准。河南是我国的人口大省，和全国一样，自 2000 年起进入老龄化社会，并且老龄化程度不断加深。根据河南省统计局发布的数据，2022 年河南常住人口总量为 9872 万人，其中 60 岁及以上人口为 1862 万人，占全部人口的 18.9%。通过河南省历年常住人口总量和 60 岁及以上人口变化趋势图，可以看出，除了 2021 年老龄人口总数及占比略有下降，河南省的老龄化程度正在持续加深（见图 8-1）。

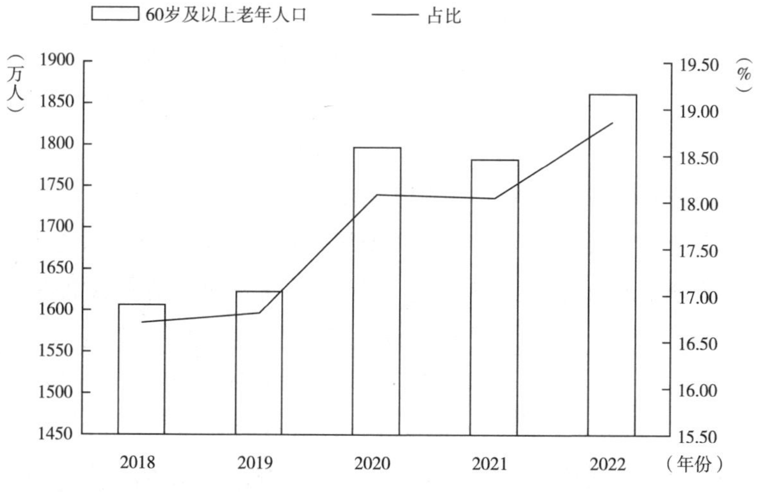

图 8-1　河南省 60 岁及以上老年人口数量及占比

资料来源：河南省统计局。

老龄化的加剧给河南经济社会的发展带来很大压力。为应对“银发浪潮”，河南自党的十八大以来，相继出台了多项法律法规，督促各级民政部门深入贯彻、不断完善老龄工作的方针政策，推动河南形成了多层次的养老保障体系。

（一）建立健全养老保险制度

近年来，河南省委、省政府以习近平新时代中国特色社会主义思想为指导，坚持以人民为中心的发展思想，按照建成覆盖全民、城乡统筹、权责清晰、保障适度、可持续的多层次社会保障体系要求，兜底线、织密网、建机制，逐步完善河南省城乡居民基本养老保险制度。2011 年 7 月 1 日，我国启动了城镇居民社会养老保险试点，这意味着我国实现了养老保险全覆盖。河南省委、省政府对养老保险的建设也颇为重视，结合本省实际，于 2011 年 7 月出台了《河南省人民政府关于开展城乡居民社会养老保险试点工作的实施意见》，提出将新型农村社会养老保险和城镇居民社会养老保险制度合并实施，在全省开展城乡居民社会养老保险试点工作。2014 年 11 月，出台了《河南省人民政府关于建立城乡居民基本养老保险制度的实施意见》，在全省范围内建立统一的城乡居民基本养老保险。2018 年又颁布《河南省人力资源和社会保障厅　河南省财政厅关于建立健全多缴多得激励机制完善城乡居民基本养老保险制度的意见》，通过鼓励、引导广大城乡居民早参保、多缴费、长缴费，进一步提高全省城乡居民养老保险水平。2019 年 3 月出台《河南省人力资源和社会保障厅　河南省财政厅关于建立城乡居民基本养老保险待遇确定和基础养老金正常调整机制的实施意见》，逐步提高了城乡居民基础养老金的最低标准。2019 年 5 月发布《河南省人力资源和社会保障厅　河南省财政厅　河南省自然资源厅关于对被征地农民参加基本养老保险实施补贴的意见》，将被征地农民养老保障纳入基本养老保险制度。2020 年相继出台《河南省人民政府关于规范完善企业职工基本养老保险省级统筹制度的通知》《河南省企业职工基本养老保险工作责任和激励约束机制实施办法》，保障企业职工的基本养老保险权益。2021 年 10 月发布《河南省关于建立城乡居民基本养老保险丧葬补助制度的意见》，对参加基本养老保险缴费期间或领取待遇期间死亡的城乡居民，发放丧葬补助费。2023 年 1 月，发布《河南省人力资源和社会保障厅　河南省财政厅关于提高全省城乡居民基本养老保险基础养老金最低标准的通知》，提出提高本省城乡居民基本养老保险基础养老金最低标准。综合来看，河南省建立健全养老保险制度，加大政策支持力度，实现了城乡居民养老保险的全覆盖，保障了老年人的晚年生活。

（二）构建完善养老服务体系

河南省委、省政府以满足广大老年人多样化、多层次养老服务需求为出发点，不断完善本省养老服务体系，保障老年群体的权益，使老年人共享经济社会发展成果。2014 年 3 月，出台了《河南省人民政府关于加快发展养老服务业的意见》，鼓励各地市制订养老服务业发展规划，加快对养老服务的政策扶持力度，建立养老服务业发展的长效机制。2016 年 8 月，发布了《关于推进医疗卫生与养老服务相结合的实施意见》，设立了建立医养结合的养老服务目标，显著提升老年人医疗养老服务可及性。2017 年 9 月，《河南省人民政府办公厅关于全面放开养老服务市场提升养老服务质量的实施意见》发布，加快推进养老服务业供给侧结构性改革，促进养老服务业的高质量发展。2019 年 1 月 1 日，正式施行了《河南省老年人权益保障条例》，从家庭赡养、社会保障、宜居环境、法律责任等方面，为河南省“银发族”新增法定福利；同年，相继出台《河南省社区居家养老服务规范》《河南省医养结合机构服务规范》《河南省养老服务机构服务质量规范》，规范了河南省养老服务业的行业标准。2021 年 12 月，出台了《关于加强养老服务体系建设的意见》，提出要推动养老事业和养老产业协同发展，加快构建居家社区机构相协调、医养康养相结合的养老服务体系。2022 年 1 月，出台《河南省“十四五”养老服务体系和康养产业发展规划》，明确了“十四五”时期河南省养老服务体系建设的目标和方向，养老服务体系和康养产业的结合发展呈现新特色。2022 年 10 月 1 日，《河南省养老服务条例》正式实施，该条例是适应小型化、少子化、空巢化趋势，破解养老服务工作中的难点、堵点问题而推行的重要支持政策。2023 年 3 月出台的《关于财政支持居家社区基本养老服务体系建设与发展的实施意见》提出，要加大政府对养老事业的财政支持力度，发挥财政资金支持导向作用，不断健全居家社区基本养老服务体系，提升养老服务能力和水平，有效满足老年人多样化、多层次养老服务需求。总体上看，河南省积极出台法律法规，大力支持养老领域的发展，积极应对老龄化问题，有效缓解了老龄化发展压力。

（三）加快培育养老服务人才

人才是发展的核心竞争力，也是先进生产力的主要创造者。作为支撑养老服务业发展的基础，养老服务人才肩负着守护最美“夕阳红”的重要使命。河南省委、省政府高度重视养老服务人才的培养，着力打造一支规模适度、结构合理、德技兼备的养老服务人才队伍，为本省养老服务高质量发展提供有力的人才支撑。2022 年 10 月，河南省民政厅按照“人人持证、技能河南”目标要求，强力推进养老服务人才建设，加快培育“河南护工”品牌。省民政厅党组建立专班工作小组，督促工作进度，利用线上直播和网络课程对学员进行培训，在线学员 25097 人，其中，养老服务管理人员 15280 人，养老服务人员 9817 人。在对养老服务人才进行奖励补贴方面，郑州市对本科及以上从事养老服务的给予 5000 元、中职中专及以上的给予 3000 元入职奖励；漯河市对本科毕业从事护理等养老服务一线工作的给予每月 600 元岗位补贴。新乡市联合市养老服务业协会开展养老护理员职业技能培训和评价取证工作，要求养老机构中级以上护理员持证率在 85%以上，每个单位至少配备两名老年人能力评估师，将护理员持证率作为养老机构星级评定的有力支撑。同时，与社工站点合作，推动社工养老人才培训项目联动。2022 年 12 月，河南省人民政府办公厅印发《关于加强养老服务人才保障的实施意见》，大力支持养老服务人才的培养和培育，全面落实就业创业扶持政策，广泛吸纳有劳动能力的农村转移就业人员、城镇登记失业人员、未就业大中专毕业生等重点就业群体到养老服务岗位就业。同时，加快发展养老服务职业教育，加大养老服务应用型人才培养力度，支持高校、职业院校发挥专业优势，建设康养产业学院。

（四）河南省发展养老服务的创新案例

1. 郑州市金水区丰庆路街道养老服务中心助力社区养老

丰庆路街道是郑州金水区下辖人口最密集的街道之一，辖区共有 16 个社区，60 岁及以上的老年人占比较大。近几年，随着河南不断推进养老服务工程建设，丰庆路街道的 1 个养老服务大中心和 16 个社区日间照料小中心已经全部完成建设并投入运营，由专业的第三方养老机构运营管理。这些养老服务中心无论规模大小，设施和服务都很齐全，主要为居家老人提供“两护六助”等服务，也为老人提供居家巡访和视频巡访。可以满足老人就餐、文化娱乐、康复疗养、健康监测等基本的日常需求。老人们可以选择吃住在养老中心，也可以选择白天来日间照料中心过热闹的集体生活，还可以按个人需求，定制个性化的居家养老服务。这些养老服务中心由政府补贴，集中养老的老人根据身体状况每月收取 2000~4000 元的费用，居家养老的老人则按照养老中心提供的服务内容付费。

2. 开封市发展智慧养老，打造“15 分钟养老服务圈”

开封市民政局依托信息化数字技术，建立智慧养老服务平台，将居家养老服务与社区、商圈、医院等服务资源对接，创建 5G 智慧社区养老新模式，打造“15 分钟养老服务圈”；通过互联网、物联网等技术手段创新居家养老服务和产业发展模式；通过线上平台和线下服务，整合家政、物业、餐饮、医院等周边资源，形成居家养老服务供给体系，让老年人尽享数字红利。同时，充分发挥社区养老服务中心的作用，为老年人提供“一站式”服务，积极开展助餐、助浴、助洁、助行、助医、助急“六助”服务，为老年人提供包括紧急救援、生活帮助、主动关怀、家政服务、精神慰藉、文体娱乐、生活照料等在内的综合性养老服务项目，满足老年人家庭和个人多层次、多样化的养老服务需求，推动“居家—社区—机构”养老融合发展。此外，开封还推行了“点单式”养老服务，充分发挥社区、社会工作者、社区社会组织、社区志愿者和社区公益慈善资源“五社联动”作用，老人只需打开“汴地有爱”小程序，在手机上轻轻一点，老年助餐、家政保洁、心理疏导、跑腿代购等服务应有尽有，为老人的日常生活带来诸多便利，满足老人多层次服务需求，从而提高老人的幸福感和获得感。

二 实施更为积极的人口生育政策

近 20 年来，河南省的出生人口数以及出生率经历了先缓慢下降，再缓慢上升，最后又快速减少的变化。2015 年，我国开始实施全面二孩政策，2016 年河南人口出生率出现小幅度提升，但这种增长趋势并没有维持很久。2017 年以来，河南人口的出生率急速下降（见图 8-2）。面对少子化趋势的加剧，河南省委、省政府高度重视人口生育支持政策体系建设，实施积极的人口生育措施，确保河南维持适度生育水平，稳定人口发展规模。

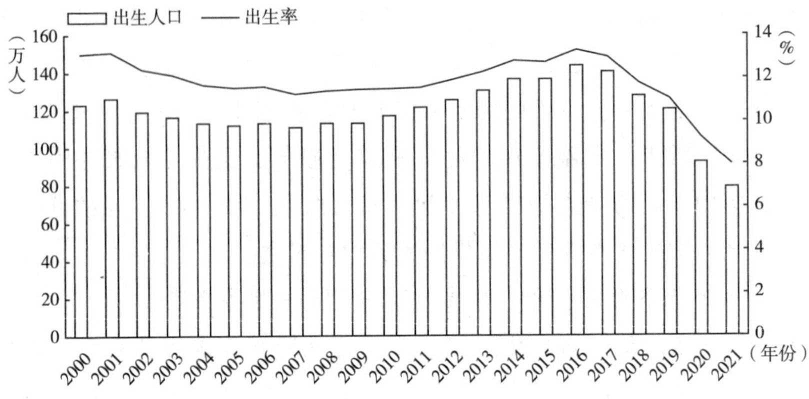

图 8-2　2000~2021 年河南省出生人口及人口出生率

资料来源：2001~2022 年《河南统计年鉴》。

（一）出台人口生育支持政策

2021 年 11 月新修订的《河南省人口与计划生育条例》提出，采取综合措施，调控人口数量，提高人口素质，推动实现适度生育水平，优化人口结构，促进人口长期均衡发展。各级人民政府有关部门制定经济与社会发展相关的政策，应当征求同级卫生健康主管部门意见，做好相关政策与人口和计划生育政策的衔接，提供财政、税收、保险、教育、住房、就业等支持措施，减轻家庭生育、养育、教育负担。保证计划生育家庭优先分享改革发展成果，并根据经济社会发展及国家民生政策有关规定提高奖励标准。为优化生育政策，实施好全面三孩政策，全面落实《中共中央 国务院关于优化生育政策促进人口长期均衡发展的决定》《关于进一步完善和落实积极生育支持措施的指导意见》，河南省委、省政府于 2022 年 5 月出台《河南省优化生育政策促进人口长期均衡发展实施方案》，并配套实施了一系列积极生育支持措施，降低公众生育、养育、教育成本，促进河南人口长期均衡发展。

（二）建立普惠托育服务体系

2016 年全面二孩政策实施之后，我国的生育政策已经宽松，政策原因已不再是抑制人口出生率的主要因素，婴幼儿托育服务短缺成为制约公众生育的关键因素。[①] 尤其是市场化快速发展的今天，人们更多地投入生产生活中，传统的家庭化照料已无法满足多样化的婴幼儿照料需求。2019 年 5 月，国务院办公厅印发了《关于促进 3 岁以下婴幼儿照护服务发展的指导意见》，婴幼儿托育行业自此逐步走上了规范化、专业化发展的道路。

河南省是人口大省，托育需求目前有很大缺口，在家庭小型化、居住方式分离化、女性职业发展意愿强烈的背景下，河南托育服务供给不足问题日益凸显。[②] 2020 年 4 月，河南省贯彻落实国家关于婴幼儿托育服务的指导意见，出台了《河南省人民政府办公厅关于促进 3 岁以下婴幼儿照护服务发展的实施意见》，坚持“家庭为主、托育补充，政策引导、普惠优先，安全健康、科学规范，属地管理、分类指导”的原则，积极满足人民群众对婴幼儿照护服务的多样性需求，多元化、多样性、多层次覆盖全省城乡的婴幼儿照护服务体系基本形成。2022 年 5 月出台的《河南省优化生育政策促进人口长期均衡发展实施方案》也提到，将婴幼儿照护服务纳入经济社会发展规划，编制实施“十四五”托育服务体系建设规划，到 2025 年，全省每千人口拥有 3 岁以下婴幼儿托位数达到 4. 5 个。大力发展多种形式的托育普惠服务，发展社区托育服务，支持有条件的用人单位以单独或联合举办的方式为职工提供托育服务，通过建立多种形式的普惠托育网络，满足群众日益旺盛的托育需求，建立积极的人口支持政策体系。

（三）提高优生优育服务水平

解决低生育水平问题不仅要鼓励生育，也要注重对育龄人群生育服务的保障。在减少婴幼儿出生缺陷、提高出生人口质量、保障儿童身体健康等方面，优生优育工作肩负着至关重要的责任和使命。在优生优育服务方面，河南省积极落实国家的相关要求，于 2022 年 5 月出台《河南省优化生育政策促进人口长期均衡发展实施方案》，提出要实施妇幼健康促进行动，推进本省各级妇幼保健机构的标准化和规范化建设，全面提高妇幼保健能

---

① 吴帆、王琳：《中国学龄前儿童家庭照料安排与政策需求——基于多源数据的分析》，《人口研究》2017 年第 6 期。

② 李二勇：《河南省托育服务供需现状分析及对策》，《开封文化艺术职业学院学报》2021 年第 3 期。

力，全面落实妊娠风险筛查与评估、高危孕产妇专案管理、危急重症救治、孕产妇死亡个案报告和约谈通报母婴安全五项制度，持续实施儿童营养改善项目。严格落实《河南省出生缺陷综合防治方案》，持续实施婚前保健、孕前优生健康检查基本公共服务、免费产前筛查和新生儿疾病筛查，加快推进产前诊断、产前筛查机构规划建设，扩大新生儿疾病筛查病种范围，到2025年，婚前医学检查率达75%以上，孕前优生健康检查率达80%以上，产前筛查率达75%以上，新生儿遗传代谢病筛查率达98%以上，新生儿听力筛查率达95%以上。同时，提高辅助生殖技术，建设覆盖全省、布局合理、管理规范、有序发展的人类辅助生殖技术服务体系，健全动态监管和退出机制，建立全省辅助生殖机构白名单制度，每半年公开一次白名单。围绕婚前、孕前、孕产、产后、儿童五个时期，以开展婚前保健、孕前优生健康检查、产前检查、住院分娩、产后访视、预防疾病母婴传播、新生儿疾病筛查、预防接种、儿童健康管理等16项服务为抓手，逐步推进形成链条式生育全程服务新局面。

（四）加强女性劳动权益保护

随着社会的发展进步和女性受教育程度的提升，越来越多的女性走入职场，职业女性的数量持续提升，成为顶起“半边天”的中坚力量。历史地看，女性一直是生育、养育子女的主要承担者和责任人，育龄女性往往面临着家庭生育与职场就业间的平衡问题，这个矛盾也深刻影响着女性的婚育观，在一定程度上降低了女性的生育意愿。因此，要想保障生育率的稳步提升，对女性的合法权益进行保障必不可少。着眼于保障女性劳动权益，河南制定了《河南省就业促进条例》《河南省女职工劳动保护特别规定》等法律法规，严格规范用人单位的招聘行为，建立就业性别歧视约谈制度，保护女性在职场上的合法权益。2018年11月实施的《河南省女职工劳动保护特别规定》，在国家规定的女职工“孕期、生育期、哺乳期”劳动保护的基础上，增加了“经期、更年期”的劳动保护，加强女职工5个特殊时期的保护力度，用人单位还为在职女职工每人每月发放不低于35元的卫生费。鼓励用人单位实施有助于照顾婴幼儿的灵活休假和弹性工作方式，将生育友好作为用人单位承担社会责任的重要方面。同时，加强女性的生育休假保障，增加生育假种类及天数。在国家规定的产假（98天）、婚假

（3天）基础上，2021年河南省在《河南省人口与计划生育条例（修订）》中，增加了生育奖励假（三个月）、配偶护理假（一个月）、夫妻育儿假（子女三周岁前，夫妻双方每年10天），同时将婚假增至28天（国家规定3天+省增加18天+参加婚前医学检查的再增加7天），婚假、生育奖励假、配偶护理假天数在全国属于较高水平。

（五）河南省发展托育服务的创新案例

1. 郑东新区博学路办事处全力打造“1+8+N”托育服务体系

郑东新区博学路办事处高度重视普惠托育服务建设，科学布局“1+8+N”托育服务体系，即打造1个博学路托育综合服务中心，8个社区托育服务站和为N个家庭提供专业育儿服务，全力推动托育服务早落地、早见效、早惠民，切实解决辖区群众后顾之忧。一是全孵化，打造1个综合托育服务中心，高标准建成郑东新区第一家公建民营的综合托育服务中心，包含托育、孵化、人才培养等功能。二是全覆盖，铺开建设8处托育服务机构，在辖区内6个社区、2个工作站推行托育服务，力争通过嵌入式、标准化的家门口服务点将婴幼儿照护服务融入居民“15分钟社区生活圈”。三是全参与，为N个家庭提供科学常态化的育儿指导服务。运用“1+8+N”模式，依靠博学路托育综合服务中心，依托周边8家社区托育点，联动郑州市人民医院东院区妇产科专家团队、博学路社区卫生服务中心，利用公众号、短视频、微信群等信息化手段，通过线上答疑解惑、家庭课堂，线下预约专家、上门指导等途径，走进辖区N个有“孕产育”需求的家庭，为3岁以下婴幼儿建立健康档案，提供生长评估、预防接种、生长发育监测等科学专业的“医育结合”服务，开展兼具保育指导、家庭教育、亲子活动、人才培养等功能的育儿指导活动，为婴幼儿家庭解决托育问题，解决家庭育儿之忧。

2. 洛阳市成立托育综合服务中心

洛阳市立足为3岁以下婴幼儿家长提供优质托育服务，减轻“养孩”负担，推进洛阳市妇幼保健院投入建设市级示范性托育服务机构，依托医学、护理、儿童早期发展、心理等多学科联合优势，建设医育融合的服务体系，探索0~3岁婴幼儿高质量托育服务的实践路径。全力打造集科研、培训和社会服务为一体的托育综合服务中心，提供全市托育服务人员业务培训、家庭养育指导、婴幼儿早期发展、托育产品研发等多项服务。

三 持续优化人口分布结构

人口是经济社会发展的重要基础，河南作为人口大省，承担着全国经济发展的重任，经济高质量发展任务艰巨。在当前老龄化和少子化的趋势下，解决好河南省的人口结构与经济协调发展问题，对河南省乃至全国都意义重大。在新的发展阶段，河南省尤为重视本省的人口分布结构调整，不断进行优化升级，持续保障稳定的人口生产力。

（一）人口产业结构优化升级

产业结构转型是一个地区经济快速增长的核心驱动力，在复杂的经济社会形势下，需要不断对产业结构以及人口产业结构进行调整，及时适应社会的变化，稳定经济的发展。从供给端与需求端的角度来看，人口老龄化趋势加快，对河南省的产业结构调整既是一个挑战，也是一个契机。人口老龄化加深意味着“人口红利”的不断衰减，这会导致社会劳动力供给明显不足、抚养比快速上升以及抑制科技创新等，阻碍地区的产业结构调整升级，影响经济的增长。① 但就积极影响来说，老龄化能够通过人力资本的积累以及居民消费需求多元化来改善产业结构，促进经济发展。②

应当看到，河南省在经济发展面临老龄化与少子化的压力时，通过积极调整人口产业结构，促进产业结构优化升级，催生新的经济增长点。2013年，河南省出台《河南省人民政府关于加快推进产业结构战略性调整的指导意见》，提出以“一个载体、三个体系”为抓手，以提升产业竞争力为目标，做大服务业、做强工业、做优农业，加快构建结构优化、技术先进、清洁安全、附加值高、吸纳就业能力强的现代产业发展新体系。2014 年 9 月出台的《河南省人民政府关于进一步促进服务业发展若干政策的通知》提出，加快高成长服务业大省建设，推动产业结构战略性调整。2016 年 12 月

---

① 蔡昉：《人口转变、人口红利与刘易斯转折点》，《经济研究》2010 年第 4 期。

② 张秀武、赵昕东：《人口年龄结构、人力资本与经济增长》，《宏观经济研究》2018 年第 4 期。

发布的《河南省“十三五”现代服务业发展规划》提出，要着力壮大主导产业、培育新兴产业、提升传统产业，全力推动现代服务业强省建设，努力实现全省产业结构由“二三一”向“三二一”的历史性跨越。2022年8月出台的《河南省加快推动现代服务业发展实施方案》，从优化结构、引领消费、扩大就业、增强经济韧性和活力等方面，进一步助推了河南省现代服务业发展。河南省委、省政府也高度重视对老龄产业的支持，不断打造符合时代的新型产业发展态势。2014年3月出台《河南省人民政府关于加快发展养老服务业的意见》，提出要开展老年生活服务、医疗康复、托管托养、教育娱乐、食品用品、休闲旅游、信息咨询等老年产业服务内容，实施品牌战略，形成一批产业链长、覆盖领域广、经济效益显著的产业集群。2022年8月发布《河南省“十四五”老龄事业发展规划》，实施“互联网+养老”行动，推动智慧健康养老技术创新，促进银发经济发展，大力发展老年社会工作队伍，拓宽老年人就业渠道。

在产业结构转型的关键时期，河南准确把握发展大势，促进产业结构升级，支持服务业和老龄产业发展，使得人口能更多地集中在第三产业和新兴产业。一方面，促进人口产业结构优化升级；另一方面，也解决老龄群体就业问题。2000~2021年，河南省的第三产业从业人员逐年增加，从业人员数量占比越来越高，三次产业结构逐渐进入了“三二一”格局，第三产业已经成为经济发展的主力军（见图8-3）。

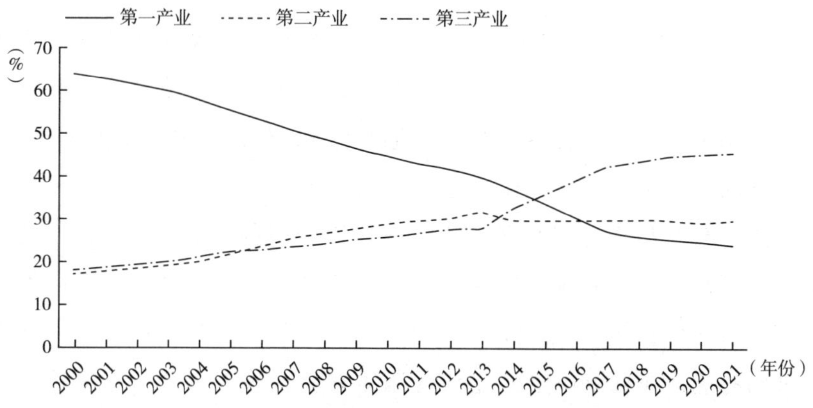

图8-3　2000~2021年河南省从事三次产业的人员数量占比

资料来源：2001~2022年《河南统计年鉴》。

（二）人口城乡结构持续转型

根据第七次全国人口普查结果，河南省常住人口中，居住在城镇的人口为5507.86万人，占55.4%；居住在乡村的人口为4428.7万人，占44.6%。与2010年第六次全国人口普查相比，城镇人口增加1885.88万人，乡村人口减少1352.32万人，城镇人口比重上升16.91个百分点（见图8-4）。

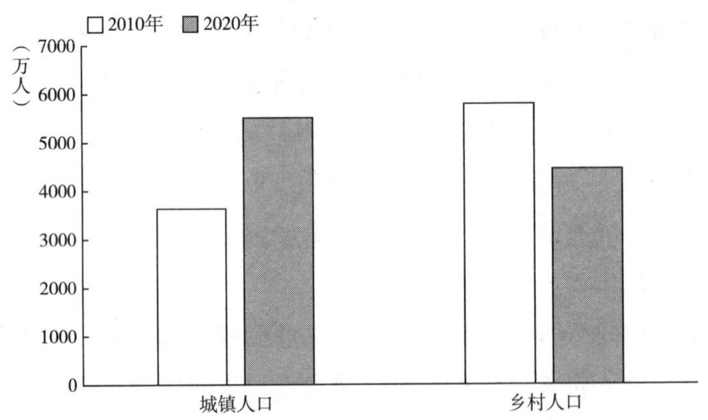

图8-4　2010年和2020年河南省城乡人口数量

资料来源：2021年《河南统计年鉴》

在推动人口城镇化的过程中，河南省委、省政府出台多项法律法规，确保乡村人口的稳妥有序城镇化。2014年7月印发的《河南省新型城镇化规划（2014—2020年）》提出，到2020年，常住人口城镇化率达到56%左右，争取新增1100万左右农村转移人口，破除城乡二元结构。2016年9月出台的《河南省人民政府关于深入推进新型城镇化建设的实施意见》提出，要有序推动农业人口向城镇转移落户，放宽落户条件，凡在城镇具有合法固定住所（包含租赁房屋）的，不受房屋面积限制，均准予入户，建立健全农业人口转移激励机制。2017年2月，河南省政府出台《关于印发推动非户籍人口在城市落户实施方案的通知》，全面放宽农业转移人口落户条件，鼓励有能力在城镇稳定就业和生活的农业转移人口及其他常住人口落户城镇，加快本省新型城镇化进程。2017年3月发布《河南省人民政府办公厅关于实施支持农业转移人口市民化若干财政政策的通知》，建立健全财政政策支持体系，强化“一基本两牵动三保障”（产业为基，就业为本，住房和学校牵动，基本公共服务保障、社会保障和农民权益保障）机制，促进农业转移人口有序城镇化。2017 年 5 月出台《河南省人口发展规划（2016—2030 年）》，强调围绕建设以城市群为主体形态、大中小城市和小城镇协调发展的现代城镇体系，推进新型城镇化，引导人口流动的合理预期。2021 年 12 月发布《河南省新型城镇化规划（2021—2035 年）》提出，到 2025 年，全省常住人口城镇化率达到 63%左右，城镇化率年均增速 1.5 个百分点左右，5 年新增城镇常住人口 800 万人左右，城镇基本公共服务覆盖全部未落户常住人口。可以发现，河南省深入实施以人为核心的新型城镇化战略，鼓励乡村人口积极落户城镇，使人口的城乡分布结构更加协调。

四　积极推动人口素质提升

全面提升人口素质，既是现代化的重要内容，又是现代化建设最基本、最重要的支撑。习近平总书记在二十届中央财经委员会第一次会议上强调，要着眼强国建设、民族复兴的战略安排，完善新时代人口发展战略，认识、适应、引领人口发展新常态，着力提高人口整体素质，努力保持适度生育水平和人口规模，加快塑造素质优良、总量充裕、结构优化、分布合理的现代化人力资源，以人口高质量发展支撑中国式现代化。同时，要深化教育卫生事业改革创新，把教育强国建设作为人口高质量发展的战略工程，全面提高人口健康素质、文化素质、思想道德素质。

（一）改善人口健康素质

在推进人口健康素质提升方面，河南省积极深化医疗卫生体制改革，打造健康保障服务体系。2017 年 1 月出台的《“健康中原 2030”规划纲要》提出，提高全民公共卫生服务水平，提供以人为本的整合型医疗服务，加强对重点人群的健康保障，提升老年人、妇女儿童、残疾人的健康服务；完善全民健身公共服务体系，打造 15 分钟健身圈，培养良好生活习惯，提高身体素质。2021 年 4 月发布的《河南省国民经济和社会发展第十四个五年规划和二〇三五年远景目标纲要》强调，加快优质医疗资源扩容下沉和区域均衡布局，推进国家区域医疗中心、省医学中心、省区域医疗中心、县域医疗中心建设，构建四级中心联动发展格局；加快建设分级诊疗体系，拓展“互联网+医疗健康”医疗服务模式；开展爱国卫生运动，加强卫生健康知识普及，提高民众健康素养。2021 年 12 月出台的《河南省“十四五”公共卫生体系和全民健康规划》提出，全面改善疾病预防控制机构设施设备条件，建设“防、控、治”三位一体的疾病预防控制中心，完善省、市、县三级传染病救治网络，建立健全重大疫情救治机制；做好“一老一小”健康保障服务，加强老年医院、康复、护理、安宁疗护等医疗卫生机构和综合医院老年医学科建设，完善妇女儿童全生命周期健康服务。

（二）提升人口文化素质

人口文化素质是人口总体受教育程度和文化素养水平高低的体现，对地区经济发展和社会进步有重要的影响。在推进人口文化素质提高上，河南省大力支持本省教育的发展，人口受教育水平得到明显提高。2019 年 12 月出台的《河南教育现代化 2035》《加快推进河南教育现代化实施方案（2019—2022 年）》提出，统筹推进各类教育协调发展，实施建设提标、教学提质、“改薄”提速等行动计划，夯实义务教育根基，促进优质均衡发展；着眼全省产业结构调整、技术升级、发展转型，巩固职业教育优势，促进产教融合发展；立足既要建设服务国家战略的一流大学，又要建设服务地方发展的特色大学，提升高等教育水平，促进内涵特色发展；抓好师资力量培养、加大师范院校支持、完善师范招生制度，强化师范教育地位，促进教育优先发展。2021 年 6 月出台的《关于深化职业教育改革推进技能社会建设的意见》提出，要完善现代职业教育体系，深化“三教”改革，重点加强面向离校未就业高等学校毕业生、退役军人、农民工、高素质农民、残疾人、去产能分流职工、企业职工等群体的职业技能培训，提升技术技能人才培养质量。2021 年 12 月印发《河南省“十四五”教育事业发展规划》，提出完善学前教育、义务教育、高中教育、职业教育、高等教育，进行教育体制改革，推动教育服务更加公平均等化；建设全民学习型社会，推动职业教育、开放教育、社区教育、老年教育等协同发展；逐步建成优质均衡的基本公共教育服务体系、支撑技能社会建设的职业教育体系、开放多元的高等教育体系、服务全民终身学习的继续教育体系以及面向现代化的教育治理体系。

（三）增强思想道德素质

判断一个地区人口素质的高低，思想道德素质是一个重要标准。河南省始终坚持把加强公民思想道德建设作为推进文明河南建设的重要内容，实行多项政策措施来提高民众的思想道德素质。河南省积极培育和践行社会主义核心价值观，加强社会公德、职业道德、家庭美德、个人品德建设。实施文明创建工程，拓展新时代文明实践中心建设，落实《河南省文明行为促进条例》，持续开展文明城市、文明村镇、文明单位、文明家庭、文明校园等创建活动。广泛开展志愿服务关爱行动，强化奉献意识，推动志愿服务制度化、社会化、专业化。完善市民公约、乡规民约、学生守则、团体章程等社会规范，建立惩戒失德行为机制。弘扬诚信文化，推进全社会诚信建设。倡导艰苦奋斗、勤俭节约，大力弘扬劳模精神、劳动精神、工匠精神，开展以劳动创造幸福为主题的宣传教育。加强国家勋章、国家荣誉称号获得者和道德模范、时代楷模、身边好人学习宣传，培育出更多出彩河南人。

第三节　河南积极应对人口问题的主要成就

面对老龄化和少子化问题的冲击，河南省坚持以习近平新时代中国特色社会主义思想为指导，认真贯彻落实积极应对人口老龄化的国家战略，建立生育支持政策体系，降低生育、养育、教育成本。同时，以“一老一小”为重点完善人口服务体系，采取一系列卓有成效的改革，促进人口长期均衡发展，取得了重大成绩。

一　养老保障体系日益完善

河南省委、省政府高度重视老龄问题，切实加强老龄工作，逐步建立起完善的养老服务体系，也涌现出一批富有河南特色的养老模式。

（一）养老保险覆盖面扩大

2009 年实行新型农村社会养老保险，2014 年建立城乡居民基本养老保险，河南实现了“制度从无到有、覆盖由窄到宽、待遇从低到高、统筹从分到合、服务从弱到强”的转变。全面实施全民参保计划，完善职工基本医疗保险和城乡居民基本医疗保险制度，稳步推进基本医疗保险省级统筹，全省基本养老保险参保人数从 2011 年的 4474.29 万人增长到 2021 年的 7695.27 万人，[①] “十三五”时期参保率达 94.8%，基本实现了养老保险全覆盖。根据工作计划，到 2025 年，全省基本养老保险参保率要达到 95%以上。2023 年 1 月，《河南省人力资源和社会保障厅　河南省财政厅关于提高全省城乡居民基本养老保险基础养老金最低标准的通知》，提出将河南省城乡居民基本养老保险基础养老金最低标准提高至每人每月 123 元，即在原每人每月 113 元的基础上增加 10 元。同时，河南省城乡居民养老保险丧葬补助标准提高 120 元，即从 1356 元提高至 1476 元。

（二）养老服务体系健全

近年来，河南省不断推进养老事业建设，养老服务体系获得了持续健全，主要体现在以下三个方面。一是加大养老服务体系的财政投入。从 2014 年起，省财政从一般公共预算中每年安排 6000 万元用于推动养老服务业扩量提质发展，从用于社会福利事业的彩票公益金中安排 50%以上的比例用于支持发展养老服务业。2018 年底以来，河南省先后下拨中央福利彩票公益金 1 亿元、省级彩票公益金 3.5 亿元和省级高成长服务业专项引导资金 3000 万元，用于支持养老服务体系建设。二是养老设施不断完善。2022 年以来，河南省财政厅会同相关部门采用竞争性评审方式，支持养老服务设施建设项目 159 个，下达补助资金 4.2 亿元，主要用于支持街道（社区）养老服务设施、县级供养服务设施（敬老院）、医养结合项目、智慧养老管理和服务平台、经济困难老年人家庭适老化改造五类项目建设。2022 年，全省 673 个街道全部实现有 1 处综合养老服务设施，7334 个社区全部实现有 1 处养老服务场所，4 个试点城市完成了 10534 户经济困难老年人家庭适老化改造，智慧养老平台已录入 1718 万老年人信息，完成了“推进居家社区养老服务设施建设”目标。全省社区养老服务设施建成面积达到 418.7 万平方米，仅 2017 年以来审批的新建小区项目就同步规划养老设施 278 处、建成面积 16.5 万平方米。全省街道综合养老服务中心统一要求面积在 2000

---

① 数据来源：2022 年《河南统计年鉴》。

平方米左右、有 50 张以上托养床位，全省新增托养床位 6 万张以上，“15 分钟养老服务圈”给老年人日常生活带来保障。三是探索医养结合新模式。医养康养融合、“养老+行业”融合、公建民营等运营服务模式，不仅满足了老年人多样化、个性化的养老服务需求，也带动了社会资本的参与热情。全省连锁运营 30 个网点以上的养老服务企业达到 8 个，床位超过 500 张的企业达到 6 个，首次评出 18 家四星级养老机构，41 家省级养老服务人才基地，市场活力持续激发。

（三）养老人才队伍壮大

在加强老龄事业人才队伍建设方面，河南将老年医学、护理、康复、全科等医学人才作为医疗卫生与养老服务紧缺人才进行培养，推进老龄相关学科建设。培养训练养老服务技能，依托“豫佳养老幸福学堂”，累计开展养老服务职业技能培训 10.8 万人次。依托“人人持证、技能河南”建设，围绕“一老一小”健康照护打造“河南护工”品牌，全面开展养老服务人才技能等级认定，命名了首批 41 个养老服务人才培养基地和实训基地，建立 248 家养老服务人才评定机构，5.8 万人取得养老护理员、老年人能力评估师等养老服务相关证书，实现健康照护技能类职业（工种）认证全覆盖。评选 380 名先进个人、134 个先进集体，对在各类技能大赛中获奖的选手，按规定落实荣誉称号、晋级、奖励补贴等政策，全面建立入职补贴、岗位补贴、公益性岗位配备等制度，增强养老服务人才的获得感。对入职养老服务行业的大中专以上人员实行奖励，郑州市对本科及以上从事养老服务的给予 5000 元、中职中专及以上的给予 3000 元的入职奖励。河南省对养老服务人才的建设和培养，保障了养老服务体系的稳定发展。

二　劳动力资源依然丰富

作为人口大省，河南虽然受老龄化和少子化的冲击，也面临人口外流的压力，但仍然是劳动力资源丰富的地区，与国内其他省份相比具有一定的优势。

（一）劳动力绝对规模较大

根据国家统计局官网年度数据，2021 年河南 15~64 岁劳动年龄人口为

66799 人，绝对规模在全国位居第三（第一为广东省 96922 人；第二为山东省 70725 人）。就抚养比来看，广东省的总抚养比为 38.6%，其中少年儿童抚养比为 26%，老年人口抚养比为 12.6%；山东省的总抚养比为 52.3%，其中少年儿童抚养比为 28.1%，老年人口抚养比为 24.3%；河南省的总抚养比为 56.7%，其中少年儿童抚养比为 34.8%，老年人口抚养比为 21.9%。[①] 可以看出，广东省的劳动力资源最为丰富，河南省和山东省相比，少年儿童抚养比更大，意味着未来河南省仍有新一波的“人口红利”。根据河南省统计局官网数据，2021 年河南省常住人口中 60 岁及以上人口占比为 18.6%，其中 60~69 岁人口占比为 9.9%，这也说明 60~69 岁的低龄老年人口占全部老年人口的 53.2%。[②] 虽然老龄人口的逐年增多是一个严峻的现实，给就业以及经济社会发展带来压力，但就低龄老年人来说，他们大多具有知识、经验、技能方面的优势，身体状况还比较健康，在就业市场上发挥余热和作用的潜力比较大，因此，也是可利用的丰富劳动力资源。此外，据 2020 年第七次全国人口普查结果测算，河南省常住人口平均年龄为 37.2 岁，比全国平均年龄 38.8 岁年轻 1.6 岁。在全国来说，还是一个比较“年轻”的省份，依然年富力强，劳动力资源比较充足。尤其是郑州市，2020 年的常住人口平均年龄为 34.7 岁，比全省水平还要低 2.5 岁，大量流入的劳动年龄人口拉低了郑州市的平均年龄，使郑州成为全省“最年轻”的城市。

（二）劳动力综合素质较高

高素质的劳动力是现代经济增长的核心要素，河南省委、省政府一直非常重视河南教育的发展。根据 2010 年和 2020 年全国人口普查数据，在全省所有就业人口中，2020 年未上过学的人口占比为 1.2%，比 2010 年的 3.8%低 2.6 个百分点；[③] 小学学历的人口占比为 14.1%，比 2010 年的 19.1%降低 5 个百分点；高中学历的人口占比较 2010 年增加 5.9 个百分点；2020 年大学专科、大学本科和研究生学历的人口占比分别较 2010 年高 5.3

---

① 数据来源：国家统计局发布的分省年度数据。

② 数据来源：2022 年《河南统计年鉴》。

③ 国家统计局：《中国人口普查年鉴 2020》，中国统计出版社，2020。

个、4.4 个和 0.5 个百分点。[①] 由此可见，十年间河南省的就业人口学历水平有很大的提升，劳动力综合素质有质的飞跃。除了提高教育水平，河南省委、省政府也特别重视就业人口的技能培训，以促进更高质量就业为导向，深入推进全民技能振兴工程和就业创业服务体系完善工程，进一步提升人口大省的人力资源优势。目前，河南省共有技工院校 97 所，每年招生超过 11 万人，招生规模在全国保持前列。河南深入实施“人人持证、技能河南”建设工程、大众创业培训计划、“文化河南”技能提升计划等。在省级层面重点打造“河南码农”“河南护工”“豫农技工”“河南建工”“河南织女”“物流豫工”“河南跑男”“豫菜师傅”“豫匠工坊”“河南电商”10 个人力资源品牌；在地市层面，重点推进“一县一品牌”建设，遴选培育“登封武术生”“兰考乐器工”“平舆防水工”“长垣起重工”“镇平玉雕师”等 100 个区域人力资源品牌。2022 年河南省开展职业技能培训 432.3 万人次，新增技能人才（取证）403.2 万人、高技能人才（取证）140.8 万人；“人人持证、技能河南”建设群众知晓率达 94.5%，培训效果满意度达 96%。

三　城镇化水平快速提高

城镇化是现代化的必由之路，也是乡村振兴和区域协调发展的有力支撑。党的十八大以来，河南省委、省政府认真贯彻落实党中央、国务院关于深入推进以人为核心的新型城镇化和促进城市发展的重大战略部署，坚持以新发展理念推动城市高质量发展，加大财政支持力度，城镇化水平和质量都得到稳步提高。

（一）城镇化进程加快

近年来，河南省新型城镇化建设持续发展，城镇化率平稳增长。2022 年末，全省常住人口 9872 万人，其中城镇常住人口达到 5633 万人，比 2021 年末增加 54 万人；乡村常住人口 4239 万人，比 2021 年末减少 65 万人。常住人口城镇化率为 57.1%，比 2021 年的 56.5%提高 0.6 个百分点。

① 国家统计局：《中国人口普查年鉴 2010》，中国统计出版社，2010。

党的十八大以来，推进新型城镇化成为重要的国家战略，在国家的大力支持下，河南省的城镇化率逐年增长，从 2012 年的 42%增长到 2022 年的 57.1%，2022 年的城镇化率比 2012 年提升了 15.1%，可以说发展迅速。对比来看，虽然河南省的城镇化率一直低于全国水平，但近十年两者间的差距在逐渐缩小，从 2012 年的 11.1%缩小到 2022 年的 8.2%（见图 8-5）。

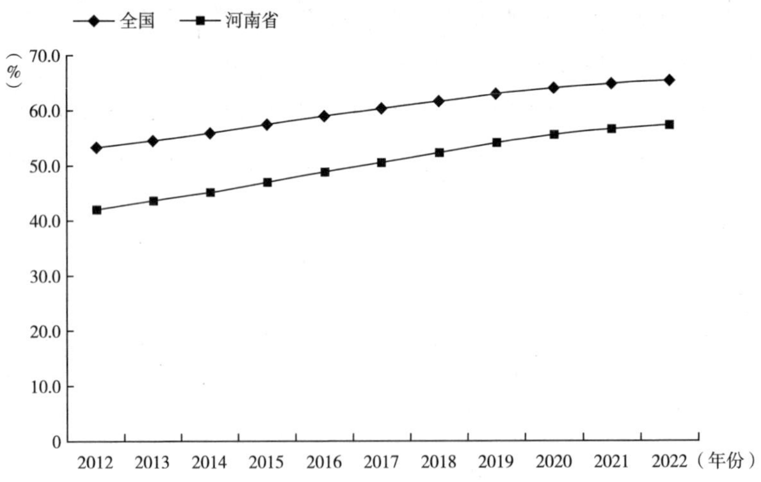

图 8-5　2012~2022 年全国和河南省城镇化率

资料来源：国家统计局历年年度数据。

（二）城镇化质量提升

河南省的新型城镇化发展之路，除了体现在快速发展外，还体现在高质量发展上。河南省委、省政府贯彻落实《中华人民共和国国民经济和社会发展第十四个五年规划和 2035 年远景目标纲要》的“提升城镇化发展质量”目标，扎实推进河南省城镇化又好又快发展。2021 年，全省共完成城镇老旧小区改造 6065 个，惠及居民 71.53 万户，完成年度改造任务 143.1%，超额完成省定 50 万户的目标任务。连续三年，河南省老旧小区改造规模位居全国前列。通过实施城镇老旧小区改造，加装电梯 472 部，改造供水管网 133 公里、排水管网 227 公里、供气管网 83 公里、供电线路 92 公里，接入供热小区 671 个，建筑节能改造 456 万平方米，改造增设文化休闲设施 1166 个，增设安防设施及系统 5900 套，改造物业管理用房 1.39 万平方米，拆除违法建设 75.67 万平方米。[①] 累计改造脏乱差居民区和城中村 4431 个，涉及棚户区居民 200 多万户，开工棚改安置房 320 多万套，已建成交付 187 万多套，回迁安置居民约 123 万户，累计完成投资 7900 亿元。[②] 这些利民举措解决了群众面临的“急难愁盼”问题，切实改善了民众的日常生活，保障了民生，满足了人民群众对美好生活的更高期待。

四 中心城区的人口集聚效应持续显现

近年来，随着城市化水平的日益提升，河南省内一些中心城市以及城市的中心城区，均出现不同程度的人口增加趋势，城镇化水平不断提升，常住人口数量也日益增多，人口集聚效应持续显现。

（一）中心城市人口集聚明显

对比表 8-1 中 2011 年和 2021 年河南省内各地市的常住人口分布可以看出，目前郑州市常住人口总量最多，达到 1274 万，常住人口的变化幅度最大，比 10 年前增加 365 万人，在省内的排名从 2011 年的第二跃升为 2021 年的第一。作为中原城市群副中心城市，洛阳市人口吸引力也具有一定的优势，人口变化幅度居第二位，2021 年常住人口比 2011 年增加 47 万人。新乡、商丘、安阳、濮阳等也有一定程度的人口集聚。从 2021 年省内城镇化率来看，郑州的城镇化率最高，达到 79.1%，济源次之，城镇化率为 68.5%。纵观这 10 年间城镇化率的变化，可以看出 2021 年各地市城镇化率均比 2011 年有所提升，洛阳市的城镇化率提升最多，达 20 个百分点，濮阳的城镇化率也明显增加，增幅为 18 个百分点。结合 10 年间河南省内常住人口变化情况以及城镇化发展情况来看，可以发现中心城市的人口集聚效应比较明显，人口吸引优势比其他城市更明显。

---

① 《2021 年，河南省共完成城镇老旧小区改造 6065 个》，快资讯网，2022 年 2 月 15 日，https：//www.360kuai.com/pc/9638527b3bd0d36e8？cota = 3&kuai _ so = 1&sign = 360 _ 57c3bbd1&refer_scene=so_1。

② 《河南省棚改工作连续三年获国务院激励表彰 累计改造脏乱差居民区和城中村 4431 个》，河南省住房和城乡建设厅网站，2021 年 6 月 1 日，https：//hnjs.henan.gov.cn/2021/06-01/2155934.html。

表 8-1　河南省各地区人口分布情况

地区	常住人口（万人）		常住人口变化（万人）	城镇化率（%）		城镇化率变化（百分点）
	2011 年	2021 年		2011 年	2021 年	
郑州	909	1274	365	64.8	79.1	14.3
开封	470	478	8	37.7	52.9	15.2
洛阳	660	707	47	45.9	65.9	20.0
平顶山	488	497	9	42.6	54.5	11.9
安阳	521	542	21	40.1	54.1	14.0
鹤壁	156	157	1	49.4	61.8	12.4
新乡	580	617	37	42.8	58.3	15.5
焦作	352	352	0	48.6	63.9	15.3
濮阳	362	374	12	33.1	51.1	18.0
许昌	429	438	9	40.8	54.6	13.8
漯河	251	237	-14	41.0	55.7	14.7
三门峡	222	204	-18	45.9	57.8	11.9
南阳	1026	963	-63	34.5	51.6	17.1
商丘	741	772	31	31.4	47.3	15.9
信阳	613	619	6	36.1	51.1	15.0
周口	899	885	-14	31.1	43.6	12.5
驻马店	716	692	-24	31.1	45.2	14.1
济源	68	73	5	51.5	68.5	17.0

资料来源：2012 年、2022 年《河南统计年鉴》。

（二）中心城区人口逐渐增多

城镇化进程的加快，不仅使中心城市的人口集聚效应凸显，而且城市的中心城区人口集聚效应也较为明显。以郑州市为例，郑州是河南省常住人口最多的城市，吸纳各地区的人口数量庞大，分区来看，中心城区人口集聚效应也较为明显。从表 8-2 郑州市各区人口分布情况可以发现，不管是 2011 年还是 2021 年，金水区人口总数最多，2011 年为 162.56 万人，

2021 年为 215.76 万人。分区来看，2021 年各区常住人口均比 2011 年有所增加。其中，中原区人口增量最大，增加 59.46 万人；金水区人口变化情况次之，增加 53.20 万人；上街区的人口变化幅度最小，增加 6.73 万人。在一定程度上，中心城区的人口集聚反映出本地区的经济社会发展状况，社会发展情况越好，越容易吸引更多的人来此地工作生活。

表 8-2 郑州市各区常住人口数变化情况

单位：万人

	2011 年	2021 年	人口变化
中原区	92.75	152.21	59.46
二七区	72.96	106.32	33.36
管城区	68.35	118.95	50.60
金水区	162.56	215.76	53.20
上街区	13.36	20.09	6.73
惠济区	27.40	55.95	28.55

资料来源：2012 年、2022 年《河南统计年鉴》。

五 人口质量稳步提升

近年来，河南省不断实施人口发展战略，出台的多项惠民政策也取得一系列成效，民众的生活水平得到提升，各方面发展均成绩显著。河南省的人口发展不仅具有数量优势，质量优势也得到快速提高。

（一）健康水平持续提升

河南省坚持以人民健康为中心，以改革创新为动力，努力维护和增进城乡居民健康，初步建立了基本医疗卫生制度，全力提升了卫生健康综合服务能力，城乡居民健康水平不断提升。2021 年，河南省人均预期寿命达到 77.9 岁，居民健康素养水平达到 28.4%，双双超越全国平均水平；全省婴儿死亡率、5 岁以下儿童死亡率、孕产妇死亡率分别降至 2.9‰、4.2‰、9.9/10 万，连续多年优于全国平均水平。其中，城市婴儿死亡率、5 岁以下儿童死亡率、孕产妇死亡率分别为 2.8‰、4.2‰、10.3/10 万，农村婴儿死亡率、5 岁以下儿童死亡率、孕产妇死亡率分别为 2.9‰、4.2‰、9.6/10 万。[①]

（二）学历层次不断提高

河南省委、省政府高度重视本省教育发展，做出了一系列重大决策部署，出台了关于学前教育、义务教育、普通高中、特殊教育等的一系列重要政策文件，基础教育呈现全面发力、多点突破、亮点纷呈的良好态势。2021 年，河南省 15 岁及以上常住人口的人均受教育年限达到 9.89 年，较 2020 年提高 0.10 年，较 2010 年提高 0.94 年。河南省是我国人口大省、经济大省，也是高等教育生源大省，全省常住人口中，每 10 万人中拥有大学（指大专及以上）文化程度的人口为 12244 人，高中（含中专）文化程度的人口为 15739 人，初中文化程度的人口为 36619 人，小学文化程度的人口为 24821 人。大学（指大专及以上）文化程度的人口增长最快。[②]

第四节　河南积极应对人口问题的基本经验

作为人口大省，河南在现阶段面临人口老龄化和少子化的双重压力，有效应对人口发展问题至关重要。近年来，河南结合自身发展实际，加强顶层设计、统筹协调推进，积极探索出了符合自身经济社会发展的基本路径，形成了一些应对人口问题的发展经验。

一　必须坚持以人民为中心的理念

马克思主义唯物史观认为，人民群众是历史的创造者，是社会物质财富和精神财富的创造者，是社会变革的决定力量。我们党的初心和使命，就是为中国人民谋幸福、为中华民族谋复兴，党的根本宗旨是全心全意为人民服务，根本工作路线就是一切为了群众、一切依靠群众，从群众中来、到群众中去的群众路线。积极应对人口问题，体现了党中央对民众生活的

① 《去年河南人均预期寿命公布！77.9 岁！》，光明网，2022 年 7 月 7 日，https://m.gmw.cn/2022-07/07/content_1303033062.htm。

② 《2021 年河南人口发展报告公布 常住人口总量减少》，搜狐网，2022 年 5 月 25 日，https://www.sohu.com/a/551066160_121119015。

持续关心，对经济社会发展的高度重视，坚持发展为了人民、发展依靠人民、发展成果由人民共享的原则。党的二十大报告强调，必须坚持在发展中保障和改善民生，鼓励共同奋斗创造美好生活，不断实现人民对美好生活的向往。要实现好、维护好、发展好最广大人民的根本利益，紧紧抓住人民最关心、最直接、最现实的利益问题，着力解决好人民群众“急难愁盼”问题。因此，积极应对人口问题，就要毫不犹豫坚持以人民为中心的理念，站在人民立场，把人民对美好生活的向往作为价值追求的奋斗目标，真正解决好人口难题，以人口高质量发展推动中国式现代化行稳致远。

二　科学看待人口变化是统筹解决人口问题的关键

人口状态是一个国家最基本、最重要的国情，人口问题在不同的发展阶段，也会呈现不一样的特点。我国的人口发展历经了高出生率、高死亡率、低自然增长率的“高—高—低”阶段，到高出生率、低死亡率、高自然增长率的“高—低—高”阶段，再到现在的低出生率、低死亡率、低自然增长率的“低—低—低”阶段，这种人口模式的变化符合我国国情的阶段性特点，也是不同时期社会发展状况的反映。当前，我国人口发展呈现少子化、老龄化、区域人口增减分化的趋势性特征，这是由当前社会发展状况所决定的。要解决目前面临的复杂人口问题，就要正确、科学地看待我国人口发展的新形势，并主动适应我国人口发展新常态，既抓住主要矛盾和矛盾的主要方面，也要看全局、看趋势、看长远。加强人口发展的前瞻性、战略性研究，有针对性地制定人口发展的相关战略和政策，逐步调整人口生育政策，着力锻造我国人口发展新优势。

三　积极应对人口变化带来的挑战需要综合施策

习近平总书记强调，人口问题始终是我国面临的全局性、长期性、战略性问题。“人口”是一个复杂的组成要素，不仅是人口本身的属性，更重要的是与社会发展相联系的社会属性，人口的变化自然而然地牵动着多方面的变动，引发一系列深刻的问题，应当始终把人口变化作为发展中的关键变量来考虑。人口变化的原因是多方面的，想要解决变化所带来的挑战，就要以系统观念统筹谋划，不仅需要从各方面思考制定相关政策，也需要调动各部门力量相互协作综合施策。具体来说，应对人口老龄化问题，需要从完善养老服务体系、建立养老机构、加强养老照护体系、智慧养老等多个方面综合施策。应对少子化问题，需要从建立生育支持政策体系、发展普惠托育服务、加强生育保险等方面综合施策。显然，人口问题不是单一手段和方法就能妥善解决的，需要高站位思考、高标准谋划、高质量推进，注重前瞻性思考、战略性布局，并结合经济社会发展实际，综合施策来全力应对人口问题。

第五节 新时代推进人口均衡高质量发展的河南路径

人口问题，关系千家万户，也关乎国家发展。在当今少子化、老龄化和区域人口增减分化的发展趋势下，优化人口发展战略，推动人口均衡高质量发展至关重要。近年来，河南认真贯彻落实党中央关于人口发展的总体部署，锚定“两个确保”目标，坚持在发展中保障和改善民生，把提高人口质量作为事关全局和长远的大事来抓。

一 努力维持适度的生育水平

习近平总书记在二十届中央财经委员会第一次会议上强调，要建立健全生育支持政策体系，推动建设生育友好型社会，努力保持适度生育水平。河南是全国人口大省，担负着人口发展的重任，更需要全面部署、多措并举来努力维持适度生育水平。要坚持依法实施全面三孩生育政策，提高人口生育率，保持适度人口总量，促进人口稳定增长。建立健全人口生育支持政策体系，全面加强聚焦实施优化生育政策，营造生育环境，建立政策支撑，落实生育保障，优化生育服务水平，发展普惠托育服务体系，全方位促进人口生育水平的提升，建立具有河南特色的人口生育支持政策体系。预计到 2025 年，积极生育支持政策体系基本建立，优生优育服务水平明显提高，普惠托育服务体系加快建设，生育、养育、教育成本显著降低，生育水平适当提高，人口结构逐步优化，人口素质进一步提升；到 2035 年，促进人口长期均衡发展的政策法规体系更加完善，生育水平更加适度，人口结构进一步改善；优生优育、幼有所育服务水平与人民群众对美好生活的需要相适应，人的全面发展取得明显的实质性进展。

二　全面贯彻落实积极应对人口老龄化国家战略

积极应对人口老龄化，事关国家发展和民生福祉，是实现经济高质量发展、维护国家安全和社会稳定的重要举措。河南省委、省政府结合河南实际，遵循政府主导、社会参与、市场运作、统筹发展、保障基本、普惠多样的原则，出台多项法规政策，全面保障老年群体的养老权益，建立完善的养老服务体系，发展普惠型养老服务，构建居家社区机构相协调、医养康养相结合的养老服务模式，推动河南省的养老事业和养老产业协同发展。同时，树立积极老龄观，重视发挥低龄老年人的价值，不仅让老年人实现“老有所养”，更让低龄老人“老有所为”，深入释放老龄社会潜能，大力推动银发经济高质量发展，最大限度发挥老年人口在促进河南经济社会发展过程中的能动作用，使经济社会发展始终与人口老龄化进程相适应，促进人口与社会的协调统一发展，将养老问题转化为新的发展契机，实现社会发展的新突破，构建了具有河南特色的养老新范式。

三　加快完善以家庭为单位的支持政策

2021 年 6 月出台的《中共中央 国务院关于优化生育政策促进人口长期均衡发展的决定》强调，要建立健全覆盖全生命周期的人口服务体系。这意味着要解决好“一老一小”问题，不能仅靠政府单方面的政策支持和帮扶，要倡导家庭作为重要主体参与服务体系的建设，重构家庭价值，发挥家庭功能，提高家庭发展能力，构建科学完备的家庭支持政策体系，与社会一起努力打造服务共同体。为推进养老服务模式的创新发展，河南扎实开展居家社区养老服务设施建设，由街道辐射带动社区，再由社区延伸居家上门服务，形成有序衔接的居家社区养老服务链条，让老年人期盼的“15 分钟养老服务圈”看得见、摸得着。在构建生育支持体系方面，河南省注重提高家庭婴幼儿照护能力，在发展普惠托育服务的同时，形成家庭养育的社会化形式，巩固家庭的抚育功能。开展“寻找最美家庭”活动，实施“家长成长行动”，每年开展家庭教育讲座 1000 场以上。河南省不断推进家庭支持政策的建立完善，立足家庭视角，纾解家庭养老之忧、育儿之难，降低家庭负担，家庭发展能力得到显著增强，社会发展也获得长足进步。

四 实施更为积极的人才战略

马克思认为，人是生产力中最活跃的因素。党的二十大也指出，人才是第一资源，在经济社会发展中起着战略性、基础性和决定性的作用。河南省具有人口数量优势，但是立足新发展阶段，想要获得更长远的发展，还需要持续实施人才强省战略，加大招才引智力度，建立人才支撑体系。《河南省国民经济和社会发展第十四个五年规划和二〇三五年远景目标纲要》强调，加快建设人才强省，积极实施人才强省“八大行动”，预计到2025年，全省每年吸引10名左右顶尖人才、200名左右领军人才、2000名以上青年人才、30万名以上潜力人才来豫、留豫创新创业。要有力推进国家创新高地和全国重要人才中心建设，必须持续优化人才生态、发挥人才集聚效应效能，打造具有河南特色的人才发展雁阵格局，将河南的“人口红利”加速转变为“人才红利”，以人才的力量助推河南社会高质量发展。

第九章　完善有效预防和化解社会矛盾体制机制

新时代，社会主要矛盾发生转变，各种矛盾风险相互交织，经济和社会发展面临更加复杂的环境。预防和化解社会矛盾，增强社会环境的稳定性，依然是我们需要解决的重要课题。不断完善预防和化解社会矛盾的体制机制，对于巩固现有发展成果，促进经济社会实现高质量发展，实现社会主义现代化建设的既定目标，具有非常重要的意义。党的十八大以来，河南立足本省实际情况，着力推进社会治理方式变革，积极创新社会实践，持续做好社会矛盾治理的体制机制建设，推动社会矛盾化解，不断提升河南社会和谐稳定水平。

第一节　完善有效预防和化解社会矛盾体制机制的重要意义

积极完善有效预防和化解社会矛盾体制机制，既是积极贯彻落实总书记重要指示精神、党中央的重大决策部署的重要行动，也是维护人民群众权益、推动经济高质量发展、实现社会公平正义的积极行动，对构建和谐稳定社会、建设现代化河南具有非常重要的意义。

一　贯彻落实习近平总书记重要讲话精神的内在要求

党的十八大以来，习近平总书记围绕社会治理、社会矛盾化解发表了一系列重要讲话，提出了众多富有创见性的新思想、新理念、新举措，为社会矛盾治理实践提供了根本遵循与原则指引，也成为河南加强和改进社会矛盾治理工作的总纲领，为河南实践指明了前进方向，提供了根本遵循。习近平总书记指出，社会和谐稳定是改革发展的前提，没有和谐稳定的社会环境，一切改革发展都无从谈起，再好的规划和方案都难以实现，已经取得的成果也会失去，必须保持清醒头脑，始终牢记和谐稳定是根本大局的道理，着力提升维护社会和谐稳定的能力和水平，为经济社会持续健康发展创造良好环境。[①] 立足河南社会的实际，积极完善有效预防和化解社会矛盾体制机制，是贯彻落实习近平总书记关于社会治理重要讲话精神、重要决策部署的必然要求。而维护社会和谐稳定，需要妥善处理社会矛盾，社会矛盾处理得当与否直接关系人民群众的切身利益、社会整体的公平正义以及地方经济社会的发展大局。河南在推进社会矛盾和纠纷治理的实践中，始终紧紧围绕习近平总书记关于预防和化解社会矛盾的立场观点方法，深入推动河南社会治理的体制创新、方式变革，努力开创社会和谐稳定的河南新篇章，为和谐中国的实现贡献河南力量。因此，要准确理解和把握总书记提出的一系列治国理政新理念、新思想、新战略，积极用贯穿其中的科学思想和工作方法指导实践，提高应对风险、化解矛盾的能力，不断开创河南现代化建设的新向度。

二　有助于维护人民群众权益

习近平总书记在 2014 年的中央政法工作会议上提出，要处理好维稳和维权的关系，要把群众合理合法的利益诉求解决好，完善对维护群众切身利益具有重大作用的制度，强化法律在化解矛盾中的权威地位，使群众由衷感到权益受到了公平对待、利益得到了有效维护。[②] 中国式现代化是全体人民共同富裕的现代化，是以人民为中心、促进人的全面发展的现代化。推进社会矛盾治理，就要坚持维护人民群众的切实利益，切实解决好人民群众的合理合法诉求，使人民真切地感受到中国特色社会主义制度的优势，由衷感受到生活在社会主义国家的幸福感、获得感与安全感。同时，解决好人民群众的合理诉求，也是全心全意为人民服务的重要体现。党在领导人民进行革命、建设、改革的伟大实践中，始终将实现好、维护好、发展好人民群众的根本利益作为践行党的宗旨的出发点、落脚点。新时代，推

---

① 《习近平总书记系列重要讲话读本》，学习出版社、人民出版社，2014。

② 《坚持严格执法公正司法深化改革 促进社会公平正义保障人民安居乐业》，《人民日报》2014 年 1 月 9 日。

进经济社会发展也应坚定不移地将这一宗旨贯彻下去。特别是，随着社会各个领域的改革不断深入，社会转型不断升级，利益主体不断增多且分化加剧，利益之间的冲突更加明显，人民群众对利益的维护需求日益升高。[①]矛盾纠纷会发生在就业创业、教育医疗、环境保护、养老等各个民生领域，它们深刻影响群众的社会生活。因此，在利益诉求内容日趋多元多样，利益表达日趋活跃，解决好矛盾纠纷、维护好自身权益的期待日益提升的当下，[②] 河南作为人口大省，更应该积极回应人民群众对于利益协调的需求，解决好现代化建设中的这道必答题。更加以人民为中心，维护好人民群众的切身利益，实现好人民群众合理合法权益，把人民群众的工作做实、做细、做好。

三　有助于推动经济社会高质量发展

党的十八大以来，河南经济社会发展取得了长足进步，从高速增长转向高质量发展。但是，河南作为人口大省、农业大省，发展不均衡不充分的问题依然存在，推进城乡融合发展还面临不少困难和挑战。因此，河南应积极抓住发展机遇，完整、准确、全面贯彻新发展理念，加快构建新发展格局，推动河南经济社会实现高质量发展。而这离不开良好的社会环境作支撑，离不开以积极心态投入生产劳动的社会个体，也离不开社会主体之间良好的社会协作。对于个体而言，矛盾纠纷的产生，会降低参与生产的积极性，减少劳动时间投入，进而影响到人的经济基础与社会发展。就业是最大的民生，积极做好就业工作，推动人实现自我价值，为经济社会发展贡献力量，才能真正地从根源上减少社会矛盾。因而，推动河南经济社会高质量发展，就必须积极化解社会矛盾，预防群体性社会事件的发生，减少因社会矛盾造成的社会冲突，进而影响社会生产的稳定性与持续性。同时，也应通过多元的社会矛盾化解方式，积极协调各个阶层、各个主体之间的利益关系，减少因利益纠纷造成社会心态失衡，破坏社会主体之间的信任，造成社会协作生产难以开展，增加不必要的经济社会运行成本。

---

① 方辉：《我国社会转型期的利益分化对人发展的影响探析》，硕士学位论文，湘潭大学，2009。

② 舒晓琴：《把群众合理合法的利益诉求解决好》，《人民日报》2014 年 3 月 5 日。

四 有助于实现社会公平正义

作为中国特色社会主义的内在要求，公平正义始终贯穿于党和国家的制度建设、政策制定以及改革实践中。中国的现代化是人数众多的现代化，社会公平与否，公平正义的理念是否被坚持，关系到有多少人能够实现发展，能够享受到国家发展带来的福利。党的十八大以来，习近平总书记高度重视维护和促进社会公平正义，多次在讲话中强调要维护和实现社会的公平正义。2013 年，习近平总书记在武汉主持召开的部分省市负责人座谈会讲话时指出，要进一步实现社会公平正义，通过制度安排更好保障人民群众各方面权益。[①] 2020 年，在召开经济社会领域专家座谈会时，总书记提出要更加注重维护社会公平正义，促进人的全面发展和社会全面进步。[②] 2023 年，在《求是》杂志上刊发的文章中指出，要坚持纠正一切损害群众利益的腐败和不正之风，让人民群众感到公平正义就在身边。[③] 总书记的系列重要讲话、重要指示，充分显示了实现社会公平正义的重要意义。如何维护社会的公平正义，更好地促进社会整体公平正义的实现，从而不断增强人民群众获得感、幸福感、安全感，仍旧是社会治理中需要回应和面对的现实问题。公平正义关系着中国共产党为中国人民谋幸福，为中华民族谋复兴的初心和使命。因此，重视和做好矛盾化解工作，以人民利益为落脚点，缩小城乡发展差距，解决实实在在的民生问题，解决好人民群众在社会物质生活中的社会关系、利益关系的矛盾，特别是在比较突出的民生领域中存在的社会矛盾，协调好群众之间的利益关系，运用好社会主义法治这个重要手段和保障，维护好人民群众的公平正义，才能更好地促进社会整体公平正义的实现，从而在解决矛盾中维护社会的公平正义，实现全过程人民民主，在回应人民群众的需求中实现全社会的公平正义。

五 有助于推进社会和谐稳定

习近平总书记在党的二十大报告中指出，国家安全是民族复兴的根基，

---

① 《习近平在武汉主持召开部分省市负责人座谈会时的讲话》，《人民日报》2013 年 7 月 25 日。

② 《正确认识和把握中长期经济社会发展重大问题》，《求是》2021 年第 2 期。

③ 《全面从严治党探索出依靠党的自我革命跳出历史周期率的成功路径》，《求是》2023 年第 3 期。

社会稳定是国家强盛的前提。[①] 社会和谐稳定对国家和人民利益来说都至关重要，全面建设社会主义现代化强国需要安全稳定的社会环境，人民的全面发展也需要稳定的社会环境。因此，要在党的全面领导下，坚定不移地走中国特色社会主义社会治理之路，不断创新治理方式，完善治理体系，提升治理能力，推动和谐稳定社会的实现。伴随着产业升级加快、社会结构转型加剧，矛盾纠纷增长且日益复杂化、多样化，不及时采取解决措施，矛盾纠纷就可能扩大，甚至演变成群体性事件，直接构成威胁社会稳定的不和谐因素。基层是社会治理的基础和重心，最突出的矛盾和问题在基层[②]，基层社会需要切实做好矛盾预防和化解工作。习近平总书记在经济社会领域专家座谈会上提出，要加强和创新基层社会治理，使每个社会细胞都健康活跃，将矛盾纠纷化解在基层，将和谐稳定创建在基层[③]，为做好基层治理工作提供了新的思路。建设和谐稳定的社会环境，要做好基层社会治理这篇大文章，提高基层社会的稳定能力和水平，才能更好地推进整体社会的和谐稳定。因此，要立足基层社会客观实际，以客观现实问题为着力点审视社会矛盾纠纷，不断完善有效预防和化解社会矛盾的体制机制，综合运用人民调解、行政调解、仲裁调解等方式，最大限度地调动各方积极因素，及时化解矛盾纠纷、减少矛盾冲突，防止社会矛盾激化，防范社会矛盾纠纷演变成大的风险事件，促进社会和谐，增加社会稳定性。

第二节　河南完善有效预防和化解社会矛盾体制机制的实践探索

近年来，河南坚持学习和发展新时代的“枫桥经验”，积极创新实践，充分发挥人民调解的积极作用，创建“枫桥式”基层社会单位，推动“枫桥经验”在中原大地落地生根，不断促进基层社会稳定。从实践上看，河南积极推动人民调解制度创新，在探索适合河南社会的治理方式上下了不少功夫，在夯实基层社会矛盾纠纷治理基础的同时，推动了河南在完善预

---

① 《高举中国特色社会主义伟大旗帜 为全面建设社会主义现代化国家而团结奋斗：在中国共产党第二十次全国代表大会上的报告》，《人民日报》2022 年 10 月 26 日。

② 张术平：《切实提高基层社会治理成效》，《人民日报》2020 年 11 月 5 日。

③ 《正确认识和把握中长期经济社会发展重大问题》，《求是》2021 年第 2 期。

防和化解社会矛盾的工作方法、工作机制、社会力量以及服务保障等方面不断取得进步，涌现了一批持续提升基层矛盾纠纷预防化解水平的典型经验做法。

一 坚持学习和发展新时代“枫桥经验”

20 世纪 60 年代初，浙江诸暨枫桥干部群众创造了“发动和依靠群众，坚持矛盾不上交，就地解决，实现捕人少，治安好”的“枫桥经验”[①]，有效解决了基层社会各类矛盾和问题。作为中国基层社会治理的一面旗帜[②]，“枫桥经验”在实践中得到不断丰富和发展，对于新时代的基层社会治理依然具有重要的指导意义。习近平总书记多次就坚持和发展新时代的“枫桥经验”做出重要指示。2013 年 10 月，习近平总书记就坚持和发展“枫桥经验”做出批示，提出各级党委和政府要充分认识“枫桥经验”的重大意义，发扬优良作风，适应时代要求，创新群众工作方法，善于运用法治思维和法治方式解决涉及群众切身利益的矛盾和问题，把“枫桥经验”坚持好、发展好，把党的群众路线坚持好、贯彻好[③]；2020 年 11 月，习近平总书记在中央全面依法治国工作会议上强调，要完善预防性法律制度，坚持和发展新时代“枫桥经验”，促进社会和谐稳定[④]；2021 年 11 月，习近平总书记在《中共中央关于党的百年奋斗重大成就和历史经验的决议》中指出，坚持和发展新时代“枫桥经验”，坚持系统治理、依法治理、综合治理、源头治理，完善信访制度，健全社会矛盾纠纷多元预防调处化解综合机制[⑤]。经过不断发展，新时代“枫桥经验”的内涵得到不断丰富和拓展，在全国范围内得到推广，实践形式也得到不断创新。党的十八大以来，河南的经济社会发展都实现了质的提升，但各种社会矛盾纠纷也日益繁杂，如何有效化解社会矛盾纠纷成为迫切的现实需要。立足河南社会矛盾的新特点、新

① 《习近平谈治国理政》(第三卷)，外文出版社，2020。

② 陆健等:《“枫桥经验”: 基层社会治理的中国方案》，《光明日报》2021 年 3 月 17 日。

③ 《把“枫桥经验”坚持好、发展好 把党的群众路线坚持好、贯彻好》，《人民日报》2013 年 10 月 12 日。

④ 《习近平在中央全面依法治国工作会议上强调 坚定不移走中国特色社会主义法治道路 为全面建设社会主义现代化国家提供有力法治保障》，《人民日报》2020 年 11 月 18 日。

⑤ 《中共中央关于党的百年奋斗重大成就和历史经验的决议》，《人民日报》2021 年 11 月 17 日。

形势，河南省委、省政府坚持学习和发展新时代的“枫桥经验”，围绕“依靠群众，化解矛盾”的核心要义，加强源头治理，以基础建设为保障，通过不断加强基层矛盾纠纷排查化解力度，完善基层多元矛盾化解体制机制，加强基层公共法律服务，解决好人民群众的“急难愁盼”问题等措施，夯实了基层社会治理的稳定基础，推动河南社会治理工作开创新局面。

二　推动建立矛盾纠纷排查评估机制

基层矛盾纠纷与人民群众的切身利益息息相关，事关地域社会和谐稳定，如果处理不好，很可能造成非常严重的后果。当前，社会矛盾纠纷类型和表现形式多样，各类社会矛盾纠纷频发，且随着社会发展形势变化呈现新的特点。因此，需要从源头上解决社会矛盾纠纷，将矛盾纠纷化解在基层，降低社会风险的发生，不断提升社会治理效能，提高社会稳定性。为加快推进社会治理体系和治理能力现代化建设，河南积极推进基层矛盾纠纷排查评估机制，探索从源头上解决社会矛盾纠纷。一是推进基层社会矛盾纠纷排查机制建设。积极推进基层综治中心平台建设，以网格化服务和管理为基础，运用互联网、大数据等数字技术，对矛盾纠纷隐患进行常态化排查，同时针对重点地区、重点领域、重点人群、重点时段开展针对性重点排查。对排查出的问题，列出清单、建立台账，分级分类管理，控新治旧，动态流转“体系库”。例如，安阳市不断推动市、县、乡、村四级矛盾纠纷排查调处工作网络建设，积极在全市开展矛盾纠纷排查工作；开封市构建以基层人民调解委员会为基础，社会矛盾纠纷排查化解组成员单位、司法所、村（居）法律顾问、法律援助、社区矫正等力量参与的农村基层矛盾纠纷调解大格局；[①] 滑县依托“微网格”积极开展矛盾纠纷排查化解工作，将村（社区）临近居住的十户居民划分为一格，创新推出“十户联治”基层微治理模式，全县共建立“微网格”29818 个，每格选出一名“微格长”负责格内群众事务的处理，“微格长”每日通过微信群以谈心、拉家常等形式排查矛盾纠纷。[②] 二是健全重大决策的社会稳定风险评估机

---

① 《以一域之稳护全省平安我省开展农村基层矛盾纠纷集中排查化解专项行动综述》，《河南法制报》2022 年 1 月 21 日。

② 《法治日报丨八百人民调解员活跃滑县乡村》，河南省司法厅网站，2022 年 5 月 1 日，https：//sft. henan. gov. cn/2022/04-11/2429241. html。

制。对于重大社会事项，健全社会公示听证、专家咨询、合法性审查、执法监督等制度，涉及人民群众切身利益的重大决策、重大事项等做到应评尽评。[①] 通过程序的公正、公平、公开，保障人民群众的公共权益，降低重大决策实施带来的不稳定社会风险的可能性。鹤壁市在着力提升基层矛盾纠纷化解水平实践中建立了“一评四会”机制，“一评”即社会稳定风险评估。同时，出台了《重大决策事项社会稳定风险评估规范》，将征地拆迁、环境影响、社会保障等8个领域12个方面的直接关系群众利益的重大工程项目、政策和改革事项等纳入评估范围，从制度上将稳定风险评估纳入党委政府决策程序和议事规则及年度综合考核。[②] 通过社会稳定风险评估机制的推行，有效降低了社会矛盾风险发生概率。

三　推动建立矛盾纠纷多元解决机制

党和国家历来高度重视构建多元化的矛盾纠纷解决机制，出台了系列政策举措。习近平总书记也在多次讲话中指出，要健全矛盾纠纷多元化解机制。2015年，习近平总书记在主持召开中央全面深化改革领导小组第十七次会议时指出，要着力完善制度、健全机制、搭建平台、强化保障，推动各种矛盾纠纷化解方式的衔接配合，建立健全有机衔接、协调联动、高效便捷的矛盾纠纷多元化解机制[③]，为推进多元机制的实践提供了总的遵循与指引。党的十八大以来，河南围绕总书记的重要指示精神，积极推动矛盾纠纷解决机制的多元化构建。一是推动顶层设计不断完善。出台《河南省矛盾纠纷多元预防化解条例》，以立法促进和规范矛盾纠纷多元预防和化解工作，破解实践面临的难题。出台《中共河南省委政法委省综治委关于完善基层矛盾纠纷预防化解机制的指导意见》《河南省政府法律顾问工作规定》《河南省医疗纠纷预防与处理办法》《河南省“12348”公共法律服务热线平台应急管理办法（试行）》等政策文件，为河南探索矛盾纠纷多元化解机制提供政策指引与依据。二是加强源头治理，推进人民调解制度建设。

---

① 《全省平安建设工作会议精神系列解读（6期合集）》，河南省文化和旅游厅网站，2021年10月25日，https://hct.henan.gov.cn/2021/10-25/2334044.html。

② 《鹤壁市创新打造“枫桥经验”升级版》，河南省人民政府网站，2018年12月4日，https://www.henan.gov.cn/2018/12-04/724752.html。

③ 《鼓励基层改革创新大胆探索 推动改革落地生根造福群众》，《人民日报》2015年10月14日。

创新发展人民调解制度，加强人民调解网络建设，深化拓展调解平台，充实调解人才队伍，加大矛盾化解力度，建立矛盾排查化解的长效机制，对排查化解工作进行量化考核，实行动态管理、落实奖惩措施。推进基层人民调解组织、人民调解员队伍建设，完善"一村（格）一警一法律顾问一支民调员队伍"机制，做好人民调解员与"一村（格）一警"和村（居）法律顾问的有效衔接和联动。三是积极构建人民调解、行政调解、司法调解相衔接的"大调解"工作格局。推进访调对接、完善诉调对接、加强警调对接，健全联合调处的工作机制，提供集约高效、智慧精准、多元融合的矛盾纠纷服务，最大限度地把风险隐患消除在源头、化解在基层、消除在萌芽状态。例如，舞钢市的"七晚工作法""四色督办"等模式，南阳市的"警司访+"多元预防调处化解工作机制，鹤壁市的"一站式"矛盾纠纷调处中心，洛阳市的行政争议化解中心，濮阳市的民营企业商事纠纷调解中心等。

四　推动多元社会力量参与社会矛盾化解

2014 年，习近平总书记在中央政法工作会议上指出，在具体工作中，不能简单依靠打压管控、硬性维稳，还要重视疏导化解、柔性维稳，注重动员组织社会力量共同参与，发动全社会一起来做好维护社会稳定工作①，为我们探索完善社会矛盾纠纷治理体制机制提供了新思路与新方法。推动社会力量参与矛盾纠纷化解，可以拓宽资源来源和渠道，破解基层社会面临的资源配置不足的困境，以更加丰富、多元的资源满足人民群众个性化、精准化的需求。近年来，河南积极探索社会力量参与矛盾纠纷治理工作的方法路径，积极开展创新实践，最终普遍建立了社会力量参与矛盾纠纷化解机制。一是积极动员社会力量参与人民调解队伍建设。2018 年，省司法厅联合省委政法委等六部门出台了《关于加强人民调解员队伍建设的实施意见》，明确提出要发动社会力量参与人民调解工作，推动建立人民调解咨询专家库。2022 年出台的《河南省矛盾纠纷多元预防化解条例》提出，鼓励社会力量开办专业化、职业化的调解员培训机构，鼓励高等学校加强矛

① 《坚持严格执法公正司法深化改革 促进社会公平正义保障人民安居乐业》，《人民日报》2014 年 1 月 9 日。

盾纠纷多元预防化解理论研究和人才培养。[①] 在有效推动社会力量参与矛盾化解工作上做了政策引导。目前，全省积极从人大代表，政协委员，法学专家，退休法官、检察官、民警等主体中吸收力量，不断充实人民调解队伍，普遍建立了社会力量参与人民调解的机制。二是以平台搭建为基础，吸纳社会力量积极化解社会矛盾纠纷。积极发挥老干部、老党员等群体优势，建立具有区域特色、个人特色的品牌调解工作室。通过政府购买的方式，积极营造“政府退出，社会进入”的良好氛围，充分发挥社会力量的作用进行协同治理。拓宽社会组织、社会力量参与渠道，共用发挥调解员、律师、心理咨询师、社会工作者、司法鉴定人员等主体的专业知识，帮助群众理顺情绪、解开疙瘩、解决问题，推动矛盾纠纷得到有效化解。例如，平顶山团市委动员大量团员、青年、团组织，积极开展矛盾纠纷化解、心理疏导；老干局号召离退休老干部，为助力“六防六促”专项行动贡献“银发力量”。

五　强化社会矛盾纠纷化解工作的服务保障

推动社会治理效能的不断提升，离不开必要资源投入与支持。河南在完善有效预防和化解社会矛盾体制机制的实践过程中，持续在基础设施改造、资金来源、人员配备以及数字技术的支持与投入上下功夫，强化了社会矛盾纠纷治理工作的服务保障。一是加强基础设施建设与改造。出台《关于进一步推进公共法律服务工作室（村居法律顾问）建设的通知》《河南省加快推进公共法律服务体系建设实施方案》《河南省公共法律服务实体平台服务规范》《河南省“12348”公共法律服务热线平台应急管理办法（试行）》等文件，推进法律服务实体平台、热线平台、网络平台建设，搭建市、县、乡、村四级公共法律服务实体平台。同时，以信息化建设为支撑，强化数字技术的应用，推动公共法律服务实体平台、热线平台、网络平台融合发展，提供智能化、精准化、高效率的服务。例如，开封市打造了“实体+热线+网络”为一体的“三纵四横”公共法律服务体系，让人民调解、法律援助、法律咨询等法律服务触手可及；许昌市打造“一站式”公共法律服务中心，服务中心建有办事大厅，内设法律援助、公证、仲裁、

① 《河南省矛盾纠纷所愿预防化解条例》，《河南日报》2022 年 4 月 6 日。

综合服务等服务窗口[①]，为群众咨询和办理法律服务业务提供便利；鹤壁市开展“城区半小时，农村一小时”多元法律援助和矛盾纠纷调解网络试点，有效打通了公共法律服务“最后一公里”；[②] 新乡市联动“平安新乡”App“线上一网通调”，线上办结矛盾纠纷。二是加强资金支持与保障。河南省出台了《关于加强人民调解员队伍建设的实施意见》《河南省法律援助资金管理办法》等政策，要求加强人民调解、法律援助等工作的经费保障，将人民调解工作经费保障列入全省综治平安建设和依法行政考核的重要内容。全省 18 个省辖市、10 个省管县（市）全部制定出台了人民调解经费保障标准。[③] 三是强化普法宣传，提升人民群众法律意识。党的十八大以来，河南持续在全省开展法治宣传教育，开展普法教育专项行动，在全社会营造学法用法的良好社会氛围，努力提升人民群众的法治意识，规范群众的意见表达与权益维护。例如，洛阳市利用报纸、电视、网络、新媒体等积极宣传新出台的各项法律法规和国家方针政策，以普法案例开展以案释法，以普法动态信息宣传推广典型经验，着力提升普法质效。2021 年出台《河南省委宣传部、省司法厅关于开展法治宣传教育的第八个五年规划（2021—2025 年）》，对新阶段的普法宣传教育做了相应的规划设计。在“八五”普法期间，河南将进一步深化法治乡村（社区）建设，完善“一村（格）一警一法律顾问一支民调员队伍”机制，深入实施乡村（社区）“法律明白人”培育工程，出台《在全省农村实施“法律明白人”培育工程的意见》，培养“法律明白人”，更好地让身边人带动身边人，使法律真正走进老百姓心中。例如，开封市把“法律明白人”培育纳入《中共开封市委全面依法治市委员会 2021 年工作要点》《2021 年开封市普法教育工作要点》，利用“法律明白人”人熟、地熟、情况熟的特点，积极组织“法律明白人”参与乡村治理、人民调解、普法宣传等工作，充分发挥“法律明白人”在推进基层民主法治建设、提高群众法治素养、预防和化解社会矛盾等方面的示

---

① 《许昌“一站式”公共法律服务中心让群众办事更便捷》，河南省政府法制网，2023 年 2 月 27 日，https：//sft. henan. gov. cn/2023/02-27/2696599. html。

② 《中共鹤壁市委鹤壁市人民政府关于 2022 年法治政府建设工作情况的报告》，鹤壁市人民政府网站，2023 年 3 月 6 日，http：//wap. hebi. gov. cn/zwgk/gsgg/art/2023/art_8b2d05905d334e469146ffdae803959c. html。

③ 《我省各地人民调解经费保障标准出台》，“河南法制报”百家号，2019 年 7 月 3 日，https：//baijiahao. baidu. com/s？ id＝1638025927546299818&wfr＝spider&for＝pc。

范引领作用，明确推进工作的“硬性目标”。同时，做好培训师资优化工作，从法学专家、执业律师、人民调解员、司法行政工作者中优选充实“法律明白人”培训师资力量；优化培训形式，充分发挥基层社会治理“一中心四平台”作用，采用网络视频授课的方式，实现培训全覆盖；优化培训内容，以宪法、民法典、法律援助法等与群众生产生活密切相关的法律法规作为重点内容，培训内容精准实用；优化学习资源，为“法律明白人”发放法律书籍，依托市、县、村三级“法律顾问之家”微信工作群推送法律法规知识，营造浓厚的学法氛围。①

第三节 河南完善有效预防和化解社会矛盾体制机制的主要成就

党的十八大以来，河南积极推动全省社会矛盾治理体制机制建设和实践探索，取得了长足进步。这些成绩主要体现在社会矛盾排查评估预警体系建设不断完善，人民调解制度得到充分发展，矛盾纠纷多元化解机制基本构建，公共法律服务体系不断完善等方面。得益于社会矛盾治理体制机制的完善，河南全省的矛盾纠纷得到不断化解，社会稳定性逐渐增加，最终助推了河南经济社会发展不断取得进步。

一 社会矛盾预防排查机制不断发展

近年来，河南统筹推进系统治理、依法治理、综合治理、源头治理，社会矛盾的预防机制、排查体系不断完善，推动社会矛盾不断化解在基层、化解在萌芽状态。在社会矛盾预防机制上，一是将社会心理服务纳入基层社会矛盾治理。采取政府购买服务等形式，将社会组织、心理咨询师、社会工作者等引入县、乡两级综治中心，加强考核监督，推动建立纵横交叉立体化的社会心理服务体系，提高民众健康水平，防止个人极端行为发生，构建积极和谐的社会心理环境。二是法治政府建设不断进步，社会公正廉洁性不断增加。坚持推进依法行政制度体系、行政决策制度体系、行政执

① 《有效提升基层社会治理法治化水平开封市大力推进“法律明白人”培育工程》，河南省人民政府网站，2021 年 11 月 17 日，https://www.henan.gov.cn/2021/11-17/2348978.html。

法工作体系，全面推进政务公开化，加强信息公开与信息发布，强化行政执法的监督。完善重大决策、重大社会事项建立风险评估机制，加大对行政规范性文件合法性审核和备案审查力度。全面推动法律顾问制度落实，对政府重大事项开展合法性论证，增强公正性与合法性。据统计，2020年底，省、市、县、乡四级共有公职律师2171人，同比增长120%。[①] 三是切实解决涉及群众利益的民生实事。自2005年开始，河南已连续17年列出群众关注度最高、利益关联最密切的民生实事。每年开展“十项重点民生工程”建设，已先后实施超过110件省重点民生实事，涉及支农惠农、劳动就业、社会保障、医疗卫生、基础设施、城乡住房、生态环境、科教文化、社会治理等领域，切实回应人民群众关切，解决民生实事，有效提升群众的获得感、幸福感、安全感[②]。2021年、2022年的民生实事满意度均在95%以上。在基层社会矛盾排查机制上，河南积极推进综治中心建设，以“综治中心+网格化”管理为基础，推进市、县、乡、村四级矛盾排查调处工作体系构建，综治中心的规范化建设取得了进步。同时，深化“一村（格）一警一法律顾问一支民调员队伍”机制，依靠基层司法力量、人民调解员、志愿者等开展常态化矛盾排查工作，建立台账，进行分级分类动态管理。

二　人民调解制度不断完善成熟

从实践上看，河南人民调解工作在组织网络、队伍建设、职能作用发挥等方面，都取得了明显的成效。一是全省基本形成了市、县、乡、村四级调解组织，在基层形成了以乡镇（街道）调委会为龙头、村（社区）调委会为基础、行业调委会为补充，横向到边、纵向到底的人民调解网络。二是人民调解组织队伍建设不断发展。推动乡镇（街道）、村（社区）人民调解委员会与公共法律服务工作站（室）一体化、规范化建设，确保乡、村两级人民调解委员会覆盖率达100%。加强与有关行业主管部门协调配合，指导医疗纠纷、交通事故、信访、知识产权、商会等重点领域行业性

---

① 《河南省人民政府关于2020年度法治政府建设情况的报告》，河南省人民政府网站，2021年3月20日，https://www.henan.gov.cn/2021/03-30/2117585.html。

② 《“数”说民生成绩单 十年间河南110多件省重点民生实事办到百姓心坎上》，河南省人民政府网站，2022年9月23日，https://www.henan.gov.cn/2022/09-23/2612385.html。

专业性人民调解组织建设。推进专职人民调解员队伍建设，按照县、乡、村三级调委会分别不少于 5 人、2 人、1 人，行业性专业性调解组织不少于 3 人的配备要求，采取政府购买服务的方式，配齐配强专职人民调解员[①]。据相关数据统计，全省人民调解委员会、调解员数量呈现波动增长状态，2019~2021 年持续上涨（见表 9-1）。截至 2023 年 5 月，河南已经建立人民调解组织 5.62 万个，拥有人民调解员 16.34 万人，其中，专职人民调解员 5.41 万人。[②] 三是人民调解工作在矛盾纠纷调处上取得实效。据统计，河南年均调处矛盾纠纷 60 余万件，在提升基层社会治理水平，维护社会大局稳定上贡献了力量。2022 年，全省人民调解组织共排查化解矛盾纠纷 61.8 万件[③]，较 2021 年增长 2.88 万件，上涨 4.66%。

表 9-1　2012~2021 年河南省人民调解委员会、人民调解员数量统计

年份	人民调解委员会（万个）	人民调解员（万人）	调解民间纠纷（万件）
2012	5.52	—	52.12
2013	5.53	21.83	49.72
2014	5.56	20.57	90.76
2015	5.57	20.68	101.8
2016	5.58	20.78	100.71
2017	5.52	21.51	101.75
2018	5.49	14.9	80.79
2019	5.41	15.54	81.82
2020	5.47	16.43	48.54
2021	5.51	16.82	58.92

数据来源：2013~2022 年《河南统计年鉴》。

① 《省司法厅部署开展“践行‘枫桥经验’助力平安河南”人民调解专项活动》，河南省人民政府网站，2023 年 2 月 28 日，https://www.henan.gov.cn/2023/02-28/2698310.html。

② 《省人民调解员协会第二届会员代表大会暨全省调解工作会议召开》，河南省人民政府网站，2023 年 5 月 26 日，https://www.henan.gov.cn/2023/05-26/2750149.html。

③ 《省司法厅部署开展“践行‘枫桥经验’助力平安河南”人民调解专项活动》，河南省人民政府网站，2023 年 2 月 28 日，https://www.henan.gov.cn/2023/02-28/2698310.html。

三　矛盾纠纷多元化解机制基本建立

近年来，河南积极推进矛盾纠纷多元化解机制建设，初步形成了“三调联动”（人民调解、行政调解、司法调解）、“三位一体”的大调解格局，推动了调解、仲裁、行政复议、行政裁决、诉讼、信访等社会矛盾纠纷调处方式综合发挥作用，实现了矛盾纠纷联动共治、多元化解。一是矛盾纠纷多元化解机制得到构建。立足于基层社会，河南推动了综治中心与信访接待中心、公共法律服务中心、行政争议调解中心、政务咨询投诉举报平台等融合，整合政法部门、职能部门以及社会各方力量，推动形成综治中心统筹协调、职能部门具体办理、社会力量参与协同的工作格局。而综治中心的规范化建设、实体化运行，也为多元化解社会矛盾体制机制的构建奠定了基础。二是基层社会矛盾治理资源进一步整合。通过加强基层司法所规范化建设，河南推进司法所职能与法律援助、律师、公证、司法鉴定等服务指引功能的有机整合，实现了“一站式”法律服务指引。目前，河南全省 2460 个司法所已全部建成星级规范化司法所，年均参与排查化解矛盾纠纷 19 万件，法治宣传教育受众达 4600 万人次，解答法律咨询超过 35 万人次，参与乡镇党委政府制定规范性文件 3400 余件。①

四　公共法律服务体系进一步完善

党的十八大以来，河南积极推动公共法律服务体系建设，法律服务不断向基层扩展，覆盖城乡居民的公共法律服务网络已初步建立，法律服务对矛盾纠纷化解的促进效能进一步提升。一是河南公共法律服务实体平台实现有效覆盖。河南省建成市级公共法律服务中心 18 个、县级公共法律服务中心 164 个、乡镇（街道）公共法律服务站 2469 个、村（社区）公共法律服务室 50821 个，选配 13396 名法律服务人员担任村（居）法律顾问，市、县、乡、村四级公共法律服务实体平台实现全覆盖。② 二是法律援助服务不断完善。2012~2021 年，河南省的法律援助机构和工作人员数量变动幅

---

① 《强基固本 厚植基层法治底蕴——河南省司法所标准化规范化建设工作走笔》，河南省人民政府网站，2023 年 4 月 13 日，https：//www. henan. gov. cn/2023/04-13/2724961. html。

② 《解群众烦心事 办百姓开心事——河南市域社会治理实现矛盾纠纷联动共治多元化解》，《法治日报》2022 年 11 月 29 日。

度不大，但是受理案件数量不断增加（2021 年除外），咨询人次不断增长。特别是在 2021 年法律援助机构数量减少的同时，咨询人次出现大幅上涨（见表 9-2）。三是法律服务的覆盖面进一步扩大，法律服务的支撑力进一步增强。2013～2022 年的《河南省统计年鉴》数据显示，全省律师人数、专职律师人数、逐年增加，公证员人数在 2019～2021 年保持增长态势，获得法律援助的受援人数在 2021 年出现了下降，其余时间均呈现上升趋势（见表 9-3）。2023 年以来，全省“12348”热线平台共为公众提供法律咨询 14.13 万人次，群众满意率达 99.8%。公共法律服务体系的进一步完善，将更多的法律服务送到人民群众身边，有效发挥了帮助群众预防和化解涉法涉诉矛盾纠纷的作用。

表 9-2　2012～2022 年河南省法律援助情况统计

年份	法律援助机构（个）	工作人员（人）	受理案件（件）	咨询（人次）
2012	207	999	68904	382219
2013	207	1040	81442	497242
2014	209	1023	81540	648100
2015	211	1032	88402	688791
2016	213	1061	97390	719332
2017	234	998	105648	785623
2018	207	1054	112041	795174
2019	252	955	141509	803267
2020	278	796	146109	806347
2021	179	999	94521	1128873

数据来源：2013～2022 年《河南统计年鉴》。

表 9-3　2012～2021 年河南省法律服务基本情况统计

单位：人

年份	律师	专职律师	公证员	获得法律援助的受援人
2012	11347	10284	1237	—
2013	12422	11292	1256	—
2014	13571	12345	1257	87043

续表

年份	律师	专职律师	公证员	获得法律援助的受援人
2015	13571	12349	1257	87043
2016	13233	12809	1221	92855
2017	18681	16848	675	110997
2018	21760	20361	711	115310
2019	23964	21476	679	146428
2020	27454	23575	729	151958
2021	29245	24886	749	116338

数据来源：2013~2022 年《河南统计年鉴》。

第四节　河南完善有效预防和化解社会矛盾体制机制的基本经验

党的十八大以来，河南积极开展社会治理实践，在预防和化解社会矛盾的工作方法、工作机制、参与主体以及服务保障等方面积累了经验，为新时代继续做好社会治理实践创造了基础。在正确认识河南社会矛盾的基础上，坚持以人民为中心、多部门联动、社会力量协同，依法依规解决人民群众合理合法诉求的治理实践，促使河南社会矛盾化解稳定持续推进。

一　坚持依法治理社会矛盾

依法治理是化解社会矛盾的重要途径，[①] 也是推动社会治理实践的必然选择。习近平总书记强调，要坚持依法治理，加强法治保障，运用法治思维和法治方式化解社会矛盾。[②] 河南化解社会矛盾的成功实践表明，坚持依法开展社会矛盾的化解，可以确保化解的结果更加公正；坚持提升社会矛盾化解主体的法治能力，可以从主体自身出发规范自身行为，从源头上预防社会矛盾的发生。一是坚持依法开展治理实践，确保矛盾化解合乎法律

① 《坚持运用法治思维和法治方式推进改革》，中国网，2018 年 11 月 21 日，http：//www.china.com.cn/opinion/theory/2018-11/21/content_74156506.htm。

② 《让老百姓过上好日子——关于改善民生和创新社会治理》，《人民日报》2021 年 5 月 6 日。

程序要求。社会矛盾涉及多元社会主体的利益，矛盾化解的过程也是协调各方利益、维护社会公正性的过程，应该有公正的参照体系。因此，在推进矛盾纠纷化解的过程中，河南持续深化执法的规范化建设，不断强化社会矛盾化解的立法工作，确保治理实践有法可依。同时，大力推进法治政府建设，严格落实执法主体责任，强化执法监督管理，推进政务公开，确保执法权力的公开透明。二是坚持培育社会矛盾化解主体的法治能力，确保社会矛盾化解主体能够运用法治方式化解矛盾。在治理实践中，河南持续加强全社会的法治宣传教育，创新宣传教育的方式方法，深入实施普法规划、乡村（社区）“法律明白人”工程，营造全民学法守法用法的良好氛围，不断夯实全民守法的社会基础，增强社会矛盾化解主体的法治能力。同时，着力提升治理主体对法治方式的理解，深化社会矛盾化解的法治实践，提高社会矛盾化解的合法性。

二　建立多部门联动的工作机制

社会矛盾的预防和化解，是一个系统性工程。推动社会矛盾纠纷的化解，需要理顺各方合作关系、凝聚各方力量，共同开展系统治理。由于社会矛盾利益主体的多元化、利益关系的多样化以及利益诉求的复杂化，其解决必然需要各个部门、各方力量共同努力。从治理实践上看，河南建立了党委领导、政府负责、民主协商、社会协同、公众参与的体制机制，充分发挥了党委在协调各方、统领全局中的核心作用，协同推进了社会矛盾治理。在党委政府的领导下，组织、统战、共青团、妇联、教育、公安、司法行政、信访等有关部门，有序参与了矛盾纠纷排查化解工作，形成了工作合力。可以看到，多元社会主体在矛盾纠纷的化解过程中发挥了重要作用，共同推动了社会矛盾纠纷的解决。

三　构建基层社会矛盾治理平台

社会治理的重心在基层，基层社会治理能力和水平越高，社会发展的基础也就越牢固。换言之，提升基层社会治理能力和水平，对于推进河南社会治理体系和治理能力现代化具有非常重要的意义。近年来，河南通过积极推进基层综治中心、基层法律服务中心、基层司法所等基础平台建设，有效夯实了基层社会治理的基础。一是强化基层综治中心建设，将矛盾隐患防范化解作为综治中心的首要任务，加快推进纠纷调解中心、专业行业调解力量以及法律服务中心整合融入综治中心平台，推动群众矛盾纠纷调解“最多跑一地”。在工作格局上，构建了“综治中心+网格化+大数据”的新型基层社会治理体系，确保问题联治、工作联动、平安联创，把风险隐患解决在当地，将矛盾问题化解在基层。二是深入推进司法所强基计划。河南坚持“大司法行政”理念，全面加强乡镇、村（居）法治化建设，以“枫桥式”司法所创建为抓手，持续推进司法所标准化规范化建设，推动司法所成为乡镇、村（居）法治综合机构平台，为加快建设更高水平的平安河南、法治河南提供更加有力有效的法律服务和法治保障。三是积极发挥人民调解在基层社会矛盾治理中的主渠道作用，全面提升基层人民调解制度建设。通过政府购买的形式，发展专职人民调解员，河南积极推进了基层社会人民调解组织、人民调解队伍的建设，构建了横向到边、纵向到底的组织网络体系。同时，充分发挥基层人民调解中心的作用，积极开展矛盾纠纷排查及预警预防工作，建立了访调对接、警调对接、检调对接、诉调对接工作机制，通过分级联调机制，做好矛盾化解工作。

四 强化社会矛盾纠纷的源头治理

习近平总书记就做好基层治理工作深刻指出，要坚持源头治理，标本兼治、重在治本，以网格化管理、社会化服务为方向，健全基层综合服务管理平台，及时反映和协调人民群众各方面各层次利益诉求①。近年来，河南始终坚持以人民为中心的发展思想，着眼于人民群众的切实需求，强化基层社会矛盾纠纷的源头治理，畅通人民群众的诉求反映渠道，不断完善社会矛盾纠纷治理的体制机制，持续推进民生实事、改善民生问题，从而不断地将矛盾化解在基层，萌芽消失在基层，稳定创建在基层。一是坚持畅通人民群众的信访反映渠道，拓宽便民设施，积极做好信访工作。健全完善传统接访渠道，调整县乡两级接访方式，推行接访窗口错时上下班制度。重要敏感时期，各级信访部门 24 小时开门接访。创新新型接访渠道，建立健全“一网式”信访综合管理服务机制，推进基层信访工作，在全省信访系统倡导“让群众一次投诉解决问题”，提高信访事项一次性办结率。

① 《让老百姓过上好日子——关于改善民生和创新社会治理》，《人民日报》2021 年 5 月 6 日。

搭建便捷规范高效的网上信访平台，推进信访信息系统覆盖全、联通广、应用好，不断畅通和拓宽网上诉求表达渠道，以工作规范推动网上信访行为规范。二是扎实推进民生实事，改善民生问题，满足人民群众需求。社会矛盾多发生在生活领域，与人民群众的生产生活高度相关，解决人民群众看得见、摸得着的民生实事，让人民群众拥有良好的社会生活环境，可以从源头降低社会的不稳定因素，预防矛盾纠纷的发生。三是扎实推进基本公共服务均等化。推进公共法律服务体系、心理服务体系建设，增强公共服务的可及性和便捷性，满足人民群众对法律援助、公正司法、心理咨询等服务的需要。提升人民群众运用法律维护自身利益的能力，减少因缺少正确的表达方式、求助渠道以及应急措施而造成恶性社会矛盾纠纷事件的发生。

第五节　新形势下河南完善有效预防和化解社会矛盾体制机制的有效路径

随着全面深化改革的持续推进，社会发展的利益格局在进一步调整，给河南的社会治理带来更多新情况、新挑战。新时代，推动河南实现高质量发展，需要坚持系统治理、依法治理、综合治理、源头治理，不断创新社会治理实践，推动现代治理能力和水平的提升，切实提高有效预防和化解社会矛盾的能力，为河南实现更高水平的社会发展创造条件。因此，推进新形势下的社会矛盾治理，可以从以下几个方面着力：不断加强政策设计，强化平台建设，推动部门之间实现联动，协同开展社会矛盾治理；完善多元化解社会矛盾体制，不断提升化解机制效能；打通社会力量参与基层社会矛盾治理的路径，提升公众参与矛盾化解的能力；以数字技术为支撑，推动治理资源的互通互联，提高社会矛盾化解的精准性。

一　强化政策设计，规范推动社会矛盾治理工作

推动社会矛盾治理效能不断提升，需要在政策规划上做好设计与引导。现代社会治理理念的系统贯彻，需要各个政策相互配合支撑，而完善的政策设计，可以推进完整准确全面地贯彻新发展理念，在政策框架内坚持系统治理、依法治理、综合治理和源头治理，为推进社会治理实践提供参考。

目前，河南省关于预防和化解社会矛盾的法律条例较少，配套的政策体系也尚未建立。各个地方的社会矛盾纠纷化解政策，呈现相对分散化和碎片化的发展态势，难以为系统性、综合性的社会矛盾治理提供力量支撑。同时，与政策相配套的落实机制，也需要进一步细化。因此，不断提升河南社会矛盾治理水平，需要加强立法工作，完善政策体系，细化具体的落地措施，实现整体的政策优化。一是要加强社会矛盾化解的立法工作。推进社会矛盾治理的法治化，推进社会矛盾治理的制度化、规范化与程序化，不断提升全省社会矛盾治理的协调性与规范性。二是要加强社会矛盾化解的政策体系建设。目前，亟须按照社会矛盾的发展逻辑和化解规律，出台全方位的规划方案，更好地为社会矛盾治理筑牢制度基础。同时，推进完整的政策体系建设，也推动社会矛盾治理实现系统治理与综合治理。三是要加强具体落地措施的研究与出台。需要进一步细化落地政策，加强具体政策的协调性与互补性。四是要强化地方的政策执行。社会矛盾化解政策与措施的多维度、立体化的发展，对地方行政系统的政策执行提出了更高的要求。如何在整体政策的设计下，将政策高效率、不打折扣地转换为行政执行，推动社会矛盾治理政策与治理手段更好地服务于人民群众的需求，将成为社会矛盾治理的重点探索方向。

二　强化多元解决，深入推进社会矛盾治理工作

化解社会矛盾是社会治理的基础性工作[①]，其解决程度直接影响到社会治理的成效。新时代，推进河南社会矛盾的有效解决，需要进一步强化矛盾的多元解决机制，积极立足实际开展创新性实践，逐步建立多元化纠纷解决程序和制度体系，推动社会矛盾解决工作上一个新台阶。为此，一是要深化人民调解治理实践，推动形成人民调解、行政调解、行业性专业性调解、司法调解优势互补、有机衔接、协调联动的大调解工作格局。[②] 发挥调解的主渠道作用，坚持把非诉讼纠纷机制向前放置，推动更多治理力量向引导和疏导端用力。[③] 综合运用纠纷调处、权益保障、法治教育、心理疏

① 周强：《推进中国特色一站式多元纠纷解决机制建设》，《人民日报》2022 年 3 月 3 日。

② 《构建调解大格局 奋进时代新征程——新时代“东方之花”绚丽绽放》，“澎湃”百家号，2021 年 1 月 4 日，https：//m. thepaper. cn/baijiahao_10650304。

③ 《把非诉讼纠纷解决机制挺在前面》，《人民法院报》2022 年 10 月 20 日。

导、救济救助、法律援助等形式，及时化解矛盾纠纷，从源头上减少社会矛盾纠纷的诉讼。加强线上线下平台建设，提供更加便捷、多元的纠纷解决方式。二是健全矛盾纠纷一站式多元解决机制。做好专业人才配备工作，加强业务培训与考核，提升服务技能和规范，处理好复杂情况与危机事件。加强诉讼与仲裁、公证、行政裁决、行政复议等非诉讼解纷方式衔接，始终注重矛盾纠纷的多元解决，提升解决的合力。同时，在推进依法解决矛盾纠纷的过程中，也当结合中国人情社会的特征，讲求情理法统一、合情合理合法，以文明和谐的方式推进矛盾纠纷的解决。

三 强化社会参与，协同推进社会矛盾治理工作

基层是社会矛盾的易发多发地，把矛盾化解在基层，才能为社会的和谐稳定奠定坚实基础。也只有解决好基层社会中的矛盾与冲突，才能更好地将中国式现代化不断向前推动。习近平总书记指出，创新社会治理，要鼓励和支持社会力量参与社会治理、公共服务，激发社会活力。[①] 目前，基层社会依然面临着治理资源不足的实践困境，要做好社会矛盾的治理工作，需要整合社会资源，在心理疏导、法律服务、法律援助等方面发挥积极作用，有效预防和化解社会矛盾。因此，要积极引导社会力量参与社会矛盾纠纷化解，减轻政府的基层社会治理负担，减少司法资源被浪费的情况。一是加强党的领导，发挥党统领全局、协调各方的积极作用。坚持党建引领社会治理，增强多元主体的“协同度”，同时推动社会资源服务下沉，建立预防和化解社会矛盾的工作机制，激活开展基层社会矛盾治理工作的活力。同时，积极培育社会组织，支持其在参与社会矛盾纠纷化解中实现发展。二是发挥党员干部的积极作用。组织党员、群众开展志愿活动，联结区域内的志愿者、社会工作者、心理咨询师等群体，积极参与基层社会矛盾纠纷排查化解工作，及时对排查到的矛盾纠纷分类处理，及时化解在基层、化解在源头。深化心理服务，在基层社会中普及心理健康知识，做好重点人群的心理援助服务以及发挥心理危机干预的积极作用，防止群体性事件的发生，从而增强基层社会的稳定性。三是建立社会力量参与的激励机制。扎实做好社会力量参与社会矛盾治理的顶层设计，在参与的范围、

---

① 《让老百姓过上好日子——关于改善民生和创新社会治理》，《人民日报》2021年5月6日。

内容、路径以及保障上做好规范性设计，为社会力量常态化参与提供通道。完善政府购买服务制度，加大社会力量的专业组织培训，积极支持和引导社会力量参与社会矛盾治理。同时，做好典型案例的宣传与表彰工作，吸引更多的社会力量、专业人才加入社会矛盾治理工作，提升其参与社会矛盾治理的意愿和能力。

四　强化数字支撑，精准推动基层社会矛盾化解

近年来，数字技术发展步伐日益加快，应用范围不断扩展，涉及经济社会发展的各个方面，给人们的生产生活方式带来了全方位的影响。党的十九届四中全会提出，必须加强和创新社会治理，完善党委领导、政府负责、民主协商、社会协同、公众参与、法治保障、科技支撑的社会治理体系。[①] 不断发挥数字技术在社会治理中的重要支撑作用已经成为社会的共识。当前，河南各地立足实际和数字技术发展趋势，开展了社会矛盾化解的创新实践，在线上资源共享、数字系统建设等方面取得了显著成效。但是，需要加强综合运用大数据、云计算、物联网等数字技术对社会矛盾风险排查追踪的能力，还需要拓展对社会矛盾风险的预警分析能力，以及进一步消除政府横向部门、纵向体系中的社会矛盾治理数字化信息壁垒。因此，要做到精准化解基层社会矛盾纠纷，就需要进一步发挥数字技术对社会治理的支撑作用，推进社会治理机制优化与手段创新，推动数字技术在更广范围内的应用。一是加强基层社会矛盾纠纷治理中数字技术的应用。借助数字技术，推动调解、法律援助、心理咨询等服务资源突破地域条件限制，为基层人民群众提供更加优质的服务资源，弥补基层社会的资源困境。特别是，在人口跨区域流动增强的背景下，区域之间的数据信息互通互联成为精细化服务的必要条件。二是推动数字技术赋能平台建设。要着力推进基层综治中心数字化建设的标准化与规范化，本着一体化原则，在系统化建设、平台设计、数据采集和应用范围上实现对接，着力打破数字技术应用范围的壁垒，实现基层综治中心数据资源的上下互联和左右互通，

---

① 《中共中央关于坚持和完善中国特色社会主义制度 推进国家治理体系和治理能力现代化若干重大问题的决定》，中国政府网，2019 年 11 月 5 日，https：//www. gov. cn/zhengce/2019-11/05/content_5449023. htm？ trs = 1&ivk _ sa = 1024320u&wd = &eqid = 87fe55b8000001d300000004648023aa。

加强综治中心整合社会资源的能力，更好地在辖区内提供社会服务。三是加强数据开放，提升服务群众、回应群众关切的能力。随着民众参与社会矛盾治理的深度和广度的提升，人民对公共服务、民生保障的需求日益多样化，也对政府部门数据资源调取的效率、协同提出了更高的要求。因此，要加快信息和数据难题的破解，推动不同地区、不同部门、不同层级的数据开放，从而在满足群众需求的同时，促进公众在矛盾化解中不断提升参与能力，推动社会治理立体化发展。

第十章　全面推进社会治理数字化转型

社会治理是国家治理的重要方面，是中国式现代化总体布局的重要内容。在新一轮科技革命的推动下，以移动互联网、大数据、云计算、人工智能、区块链等为代表的新一代信息技术，不仅成为世界各国经济发展竞争中的战略制高点，也越来越多地被应用到社会治理实践中，成为治理现代化的重要表征和驱动力量。[①] 在新技术的广泛应用下，信息数据传播变得更加便捷、精准、畅通、有序，进一步加速了治理理念、思维方式、治理模式、组织机制的变迁，对现有治理体系及其支持系统提出了深刻挑战。数字思维、数字技术、数据资源赋能给社会治理带来新的增量收益，为实现高效治理提供了有力支撑。

当前，我国现代社会治理正处于数字化转型的快速发展阶段。党的十八届三中全会提出了“推进国家治理体系和治理能力现代化”的战略目标，强调要改进社会治理方式、创新社会治理体制。党的十九大报告明确提出，到 2035 年实现“现代社会治理格局基本形成”的战略目标，形成了比较系统和完整的社会治理现代化思想体系，指出要提高社会治理的智能化水平。[②] 中共十九届四中全会提出，必须加强和创新社会治理，完善党委领导、政府负责、民主协商、社会协同、公众参与、法治保障、科技支撑的社会治理体系。[③] 2020 年，党的十九届五中全会提出建设“数字中国”的

---

① 乔天宇、向静林：《社会治理数字化转型的底层逻辑》，《学术月刊》2022 年第 2 期。

② 《决胜全面建成小康社会 夺取新时代中国特色社会主义伟大胜利——在中国共产党第十九次全国代表大会上的报告》，中国政府网，2017 年 10 月 27 日，http：//www.moe.gov.cn/jyb_xwfb/xw_zt/moe_357/jyzt_2017nztzl/2017_zt13/17zt13_zyjs/201710/t20171031_317898.html？eqid=e42106fb00338eab00000004645fa64b。

③ 《中共中央关于坚持和完善中国特色社会主义制度 推进国家治理体系和治理能力现代化若干重大问题的决定》，中国政府网，2019 年 11 月 5 日，https：//www.gov.cn/zhengce/2019-11/05/content_5449023.htm？ivk_sa=1024320u&wd=&eqid=eaf71f3d00065c00000000066475aa87。

战略目标，指出要“加强数字社会、数字政府建设，提升公共服务、社会治理等数字化智能化水平”①。国家“十四五”规划纲要专门设置“加快数字化发展建设数字中国”章节，提出“加快建设数字经济、数字社会、数字政府”，“以数字化转型整体驱动生产方式、生活方式和治理方式变革”②，并对加快建设数字经济、数字社会、数字政府，营造良好数字生态做出明确部署。由此可见，将数字化转型嵌入社会治理全领域、全流程已经成为社会治理现代化的主要趋势。

把握当前数字化发展大趋势、探索数字化转型的区域模式是河南推进社会治理现代化的应有之义。近年来，河南深入实施数字化转型战略，提出“全方位推进数字基础设施建设，全链条壮大数字核心产业，全场景推进数字融合应用，全领域提升数字治理能力”，提出“推动数字产业化、产业数字化、数字化治理、数据价值化互促共进，加快建设数字强省”，为全面推进社会治理数字化转型提供了更广泛的社会基础和动力支持。理顺数字化嵌入社会治理的底层逻辑和重要意义，分析河南推进社会治理数字化转型的路径探索、现实基础和基本经验，对深化转型发展具有十分重要的理论意义和现实价值。

第一节　社会治理数字化转型的底层逻辑

数字治理是新一轮科技革命推动下的社会变革，以新一代信息技术，特别是数字技术作为重要表征和驱动力量。新技术的应用不仅提升了数据采集、分析、应用和保护的效能，提高了管理的规范性和精准性，还促进了跨部门、跨领域、跨层级的数据共享和交换，增强了主体间的连通性和协同性。数字化嵌入社会治理所带来的收益增量，是推动社会治理数字化转型的内生动力。与传统要素如人力、资金、物资等相比，这些收益增量

---

① 《中共中央关于坚持和完善中国特色社会主义制度 推进国家治理体系和治理能力现代化若干重大问题的决定》，中国政府网，2019 年 11 月 5 日，https://www.gov.cn/zhengce/2019-11/05/content_5449023.htm? ivk_sa = 1024320u&wd = &eqid = eaf71f3d00065c00000000066475aa87。

② 《中共中央关于制定国民经济和社会发展第十四个五年规划和二〇三五年远景目标的建议》，中国政府网，2020 年 11 月 3 日，http://www.gov.cn/zhengce/2020-11/03/content_5556991.htm。

具有更强的可持续性、可扩展性和可复制性，因此也成为推动治理转型的底层逻辑。

一　高效的数据运行

数据运行的效率是社会治理数字化转型的技术基底。数字技术使数据运行更加高效和便捷，从采集获取到开发利用再到储存管理，不仅能够降低运行成本、提高速度和精准度，还能应对复杂形态数据。从数据采集和获取看，各种搜索引擎、社交网站、电商平台、智能终端都能非常便捷地采集和获取日常生活中产生的海量数据，真实记录社会成员的行动痕迹，而采集和获取信息还具有即时性和精准性的特征。从数据开发和利用来看，自动语音识别、计算机视觉和图像处理等技术的快速发展，为处理文本、图像、音频、视频等非结构化数据提供了可行性，而与之相关的应用场景开发也更加丰富。从数据储存和管理来看，云存储、区块链等技术的成熟，彻底改变了传统的数据储存和管理方式，如今海量数据也能实现永久保存，去中心化、分布式的数据储存方式进一步保障了数据的完全性和可靠性。

二　规范的管理模式

组织和流程是管理模式的重要内涵，也是数字技术改变社会治理模式的重要方面。数字技术的应用改变了传统职能部门条块分割、各司其职的组织形式，实现了跨部门、跨领域的数据共享、资源整合和业务协同，使组织形式趋于扁平化和灵活化。这在一定程度上克服了人的认知因素和情感因素对流程规范性的影响，使各环节和各领域的流程趋于精准化和智能化。此外，在道德和伦理底线的保障下，数字技术的应用能够通过信息化和透明化的方式，减少社会价值和文化认同的偏差和误解，比如对价值引导、文化塑造、信任构建、文化冲突等预设影响因素进行干预，促使社会价值和文化认同回归理性，从而有效提高社会治理的行为规范性。

三　连通的主体关系

社会治理涉及政府、社会、公众等多元参与主体，他们以怎样的方式相互连通，决定了多元主体共建共治共享的成效。互联网特别是新一代数字技术，在一定程度上破解了时空距离、组织架构以及城乡差异带来的连通问题。在网络空间里，社会治理可以跨越时间或空间的隔阂，人们可以便捷地获取信息和资源，及时进行信息交流和资源共享，高效协同解决问题，共同监督治理成效；组织形式趋于扁平化和灵活化，社会治理的决策权、执行力以及监督监管不再局限于传统的组织架构内部，而是呈现分散和下沉的趋势，与民众的诉求和反馈一道，共同构成连通的协同治理关系；城乡之间的信息鸿沟和服务差距进一步缩小，城乡居民可以更公平地享受就业、教育、医疗、娱乐等各种社会福利。

第二节　数字化转型嵌入社会治理的重要意义

数字化转型是指将数字技术集成到经济、政治、文化、社会、生态等各领域和全过程的深度融合和创新变革，这既是一场技术革命，也是一种思想文化和组织方式的变革。数字化革命不仅深刻体现为经济领域的要素转型与发展，也深植社会治理领域的结构重塑。[①] 随着数字经济和数字社会的发展，数字化转型所构建的发展理念和治理图式正在被社会广泛接受，成为创新社会治理理念和方式的重要本源。社会治理数字化转型，既是夯实社会治理基础、创新治理服务机制的重要制度安排，也是推动社会治理精准化、高效化的迫切需要，更是全面提高社会治理体系和治理能力现代化的必然要求。

一　创新社会治理理念和方式的必然要求

在从工业时代向数字时代的转变过程中，数据已经成为生产生活的基本要素，信息化、数字化、智能化成为创新社会治理的核心驱动力，数字化转型所构建的发展理念和治理图式正在被社会广泛接受。一是体现以人民群众为中心的价值诉求。数字化转型的出发点和落脚点都是围绕人民群众的现实需求和情感体验展开的，旨在提供全场景、全周期、多元化的治理服务。二是实现全域数据融合。鉴于数据只有在流动和融合中才能创造最大价值，推动各领域、各行业、多平台的信息数据充分融合，才能形成

---

① 徐顽强：《数字化转型嵌入社会治理的场景重塑与价值边界》，《求索》2022 年第 2 期。

更加精准化和精细化的治理模式。三是实现可持续的高质量发展。社会治理数字化转型的目的是要实现可持续的高质量发展，区别于传统要素驱动的有限性和局限性，数字技术驱动能够持续提供新动能，不断创造新的增长点。

二　推动社会治理体系现代化的重要引擎

数字化转型既是一种技术赋能，也是一种制度创新。新的数字技术不断融入社会治理领域，既改变了社会治理的组织形式和运行模式，也深刻影响着治理理念和发展观念。从技术赋能来看，数字技术所提供的数据、算法和算力要素，成为区别于传统要素的新动力，促使大数据实现快速处理和高效利用。在大数据的辅助下，社会治理体系的专业性和智能性大幅提升，组织形式更加趋于扁平、协同和灵活，运行流程也更加凸显精准和智能。从制度创新来看，数字技术驱动社会治理的制度框架和体系建设发生重塑性变革。一方面，打破了传统社会治理的边界和壁垒，形成多元主体共建共治共享的治理格局，传统的层级式治理逐渐向网络式治理转变；另一方面，形成了更加系统、规范、高效的社会治理体系，从传统的单一制度向多元制度协调转变。

三　提升社会治理效能和水平的重要途径

社会治理数字化，意味着传统治理模式中的一些基础事项，将实现由人工处理向数字化处理或者人机协同处理转变。数字技术的增量式赋权以及重构式创新，共同推动了社会治理效能提升。在网格化管理模式中，增量式赋权有助于构建政府、市场和公众之间的利益共同体关系，通过下放社会治理的决策权和行动权，充分调动市场和公众的参与意愿和参与效能，显著降低边际成本和实现获益增量。重构式创新侧重于重组跨领域、跨部门、跨层级的体制机制，将传统的行政管理部门整合为综合性服务平台，以平台模式驱动社会治理创新和工作效能提升。数字化转型促使信息数据的动态化管理更加及时、便捷，公共服务的供给能力更加优质、高效，政府市场公众之间的协同合作更加开放、和谐，而社会治理的成本也能得到有效控制。

四　提升社会稳定性和安全性的重要保障

国之兴衰系于制，民之安乐皆由治。数字技术能够将社会治理所覆盖的人、事、地、物等要素广泛地纳入对应网格，借助大数据全面记录其发展轨迹和信息变化，并实现信息数据的永久储存，这为提高人民群众幸福生活水平、提升社会的稳定性和安全性提供了技术支撑。大数据的实时跟踪、靶向定位能够有效预测社会治理的潜在风险，提高社会治理的预见性和主动性，形成以预防为主的治理模式。这种模式将社会风险关口前置，能够有效降低社会治理的成本和难度。大数据的实时感知、精准分析能够提升应对社会问题和矛盾冲突的效能，提高社会治理的响应速度和适切性，形成突发事件快速反应机制。这种机制能够尽可能把不良影响控制在较小范围和较短时间内，及时疏导矛盾焦点、化解冲突危机，提升人民群众的安全感和信任感。

第三节　河南推进社会治理数字化转型的实践探索

在探索社会治理数字化转型的实践中，河南初步形成了集数字基础设施、核心产业、融合应用、治理能力和生态体系为一体的数字化转型新格局。具体来看，河南高度重视新型基础设施建设和数字产业生态建设，将其作为社会治理数字化转型的基础支撑；着重夯实公共平台支撑、数字安全保障、智慧应急网络，以数字政府建设全面引领驱动社会治理数字化发展。同时，结合城乡发展差异，统筹推进新型智慧城市和数字乡村建设，以促进城乡融合发展为基本方向。

一　深化基础设施和产业生态体系的支撑作用

河南对全省数字化转型战略前瞻布局，形成了以基础设施建设为支撑、核心产业壮大为突破、融合应用创新为引领、数治能力提升为关键、数字生态优化为保障的“五位一体”新格局，为推进社会治理数字化转型夯实了发展基础、营造了良好生态。其中，新型数字基础设施体系和数字产业生态体系建设，为推进全省社会治理数字化转型提供了坚实的基础条件和丰富的实践样本。

一方面，河南从网络基础设施、数据和计算基础设施、融合基础设施等方面，推进新型数字基础设施体系建设，为社会治理数字化转型奠定了坚实的硬件基础。例如，推进5G基站规模部署，加快互联网骨干网络升级，实施IPv6流量提升专项行动等措施，提高了网络覆盖范围和服务质量；加快数据中心集群建设，完善了集约高效、绿色智能、安全适用的乡村信息基础设施；构建计算中心应用生态，加强国家超级计算郑州中心建设，培育一批超算重大应用，开展智能计算中心布局，搭建公共算力服务平台。同时，推进交通设施、能源设施、生态环境设施智能化，开展现役基础设施数字化转型升级试点，完善覆盖全省的智能充电设施网络，加快电网数字化转型，推动重点行业自动监控现场端设备的智能化改造，构建“空天地”一体化信息采集和数据汇集系统。

另一方面，河南从构建协同创新体系、建立中小企业数字化赋能体系、完善网络安全保障体系着手，全面优化全省数字产业生态，丰富了社会治理数字化转型的应用场景和价值潜能。布局建设实验室技术向产品技术转移的中试平台，形成以市场化机制为核心的成果转移扩散机制；推动数字经济领域创新中心和产业研究院建设，建立符合数字化转型趋势的技术创新体系。实施“企业上云上平台”提升行动，推动“专精特新”中小企业研发设计、生产制造、经营管理、运维服务等关键环节广泛上云①；引进国内领先的数字化服务商，培育形成一批小型化、快速化、轻量化、精准化的中小企业数字化系统解决方案和产品。此外，河南还特别重视强化关键信息基础设施保障、加强数据安全保护、加强网络安全机制等方面的建设工作。

二　全面推进数字政府建设

数字政府建设是社会治理数字化转型的重要引领和支撑。河南将数字政府建设作为数字强省建设的基础性和先导性工程，牢固树立全省“一盘

① 《河南省人民政府办公厅关于进一步做好惠企纾困工作促进经济平稳健康发展的通知》（豫政办〔2022〕14号），河南省人民政府网站，2022年2月9日，https://www.henan.gov.cn/2022/02-09/2395965.html。

棋”思想，实施“一朵云”“一张网”“一道墙”专项方案，强化省市联动、整体协同、统分结合、条块贯通，统筹构建数字化履职能力、安全保障、制度规则、数据资源、公共平台支撑五大体系。数字政府建设为全省社会治理数字化提供了必要引领和支撑。

（一）夯实公共平台支撑基础

数字政府建设重视加强政务“一朵云”“一张网”建设，形成物理分散、逻辑集中、云边协同的全省一体化政务云体系，为推进社会治理数字化夯实了公共平台支撑基础。全省政务云对现有资源进行统筹调度、统一纳管，并按照实际需求进行扩展和延伸，有利于完善网上信访投诉平台、行政复议工作平台、在线矛盾纠纷多元化解平台等社会治理平台建设。河南法律服务网功能的优化提升，有利于推进矛盾调解、司法救助等领域信息化建设，为矛盾纠纷的咨询、评估、分流、调解畅通线上渠道，也为其源头预防和排查化解提供平台。新型基层管理服务平台和智慧化网格服务管理模式的应用，提高了处置各类社会案件和事故隐患、协商各类社区服务的即时性和协同性。

（二）筑牢数字安全保障基础

数字政府建设注重加强安全防护“一道墙”建设。通过统筹全省政务云、政务网络、政务信息系统安全防护和容灾备份能力建设，以及统一构建覆盖云、网、数、用、端的立体化本质安全技术防护体系，推进一体化安全防护配置。实施“雪亮工程”建设，推进政府部门间视频监控资源联网共建、共享、共治，通过县、乡、村三级综治中心建设把治安防范措施延伸到群众身边，动员广大人民群众共同参与社会治安防范。聚焦“智慧公安”建设总目标，推进全警全域数字化应用，推进公安大数据平台以及大数据合成应用建设，全面打造以信息合成、情报合成、手段合成为新生态的新型警务模式。①

---

① 《全力推进河南省公安大数据智能化建设应用》，河南省人民政府网站，2020 年 11 月 15 日，https：//www.henan.gov.cn/2020/11-15/1890396.html。

（三）加强智慧应急网络基础

依托卫星、无人机、地面基站等多种通信手段，构建“空天地”一体化应急通信网络，实现应急救援现场与指挥中心、专家组、相关部门之间的高效信息传输和协同作战，增强极端恶劣条件下应急救援的通信保障能力。建立以卫星遥感、雷达监测、物联网、人工智能等为核心的多源数据采集和分析平台，实现对重点行业领域、重大危险源、重点区域的实时监测和预警，共享监测预警信息，提升风险早期识别和智能监测能力。完善自然灾害和突发事件预警信息发布系统，推进精准靶向发布技术应用，建设集约化预警信息发布渠道资源池，加强跨部门、跨领域的协调配合，提高面向全域的预警发布能力。

三　加快建设新型智慧城市

建设新型智慧城市是提高城市治理精准度和细致度的重要措施。在推进新型智慧城市建设上，河南以省辖市和济源示范区为主体，建立了新型智慧城市统一中枢平台，构建了新一代信息基础设施体系、标准规范体系以及网络安全体系，重点拓展了城市治理、民生服务、生态宜居、产业发展四类智能化创新应用。[①] 通过发展智慧交通、智慧城管及智慧安防等措施，实现了城市管理、服务、运行、创新的精细化。

（一）发展智慧化的交通体系

近年来，河南加快建设了全面覆盖、泛在互联的交通基础设施体系、运载装备运行状态感知体系和智慧交通服务体系。聚焦城市交通拥堵、停车难等问题，河南大力开展实时路况、公交、地铁、铁路、航班、长途客运、停车场等数据获取和挖掘分析，推动“5G+北斗卫星”高精度定位应用，为社会公众提供预防拥堵、优化路径等出行服务。同时，推进汽车客运站终端设备改造以及道路客运电子客票应用，以智能视频监控报警装置

① 《河南省人民政府办公厅关于加快推进新型智慧城市建设的指导意见》（豫政办〔2020〕27号），河南省人民政府网站，2020 年 7 月 15 日，https://www.henan.gov.cn/2020/07-15/1740704.html。

为载体，集成模式识别、卫星定位等智能监控技术，实时干预驾驶行为和车辆安全状态，防范化解重大风险隐患。此外，还探索了“智能管控+自动驾驶+智慧公交”车路协同一体化交通模式，开展自动驾驶、车路协同等应用示范，促进了交通运输与5G、人工智能等尖端技术的深度融合。

（二）构建智慧化的城市管理体系

围绕打通政府内部和政府与社会各方之间的信息壁垒，推动跨部门数据的汇集联通，河南着力构建了“一个平台调度、一套流程处置”的数字化城市管理体系，优化了城市管理的业务流程和工作机制，实现执法、调度和服务全流程在线打通。从具体操作来看，建立统一的执法流程，对违法行为及时发现、快速处置、有效防范；建立统一的调度流程，对突发事件快速响应、有效处置、及时总结；建立统一的服务流程，对群众诉求及时受理、快速反馈、有效满足。在此基础上，进行全过程监督评估，实时反馈工作效果，不断改进工作方法。该体系全面覆盖城市管理综合执法、市政公用设施、园林绿化、市容环卫、便民惠民服务等领域，支撑城市管理决策科学化、治理精准化和服务高效化。

（三）推进智慧化的治安防控体系

依托新一代信息技术，推进公共安全视频监控和应急指挥信息的高效采集、快速分析、精准预警和智慧处理，为相关治理部门提供有力的技术支撑和数据保障。统筹布局公共安全视频监控系统，推进联网整合应用，构建覆盖全时空、智能化的科技防控网络；推进公共安全视频监控系统与政务外网、互联网等网络的互联互通，实现数据资源的共享共用；打造集视频监控、大数据分析、智慧应用于一体的综合指挥平台，实现信息的集中管理和统一调度。实施应急指挥能力提升工程，逐步形成“一中心六基地”、覆盖全领域、贯通各层级的一体化指挥体系；构建“空天地”一体化的应急指挥通信网，实现省、市、县、乡四级应急指挥通信网立体式全覆盖。[①]

---

① 《河南全面构建“一中心、六基地”应急指挥体系》，河南省人民政府网站，2022年2月28日，https：//www.henan.gov.cn/2022/02-28/2405160.html.

四　全力打造数字乡村

打造数字乡村是提升乡村治理体系和治理能力现代化水平的重要举措。近年来，河南坚持以政府为主导、市场为主体，坚持互联共享、便民利民的基本原则①，通过统筹城乡数字化融合发展以及增强乡村数字化发展能力，充分发挥政府在战略引领、规划指导、政策支持、公共服务等方面的作用，充分激发市场在资源配置中的决定性作用，让三农发展共享数字化红利，让广大农民在乡村治理现代化发展中不断提升获得感、幸福感和安全感。

（一）统筹城乡数字化融合发展

聚焦加强乡村信息基础设施建设和深化产业数字化转型，突出一体设计、同步实施、协同并进、融合创新等关键环节。实施新一代农业农村信息基础设施建设工程，加快宽带通信网、移动互联网、数字电视网和下一代互联网向农村延伸覆盖；实施信息进村入户整省推进示范提升工程，推动农业农村信息化服务平台和应用系统整合，创建一批数字乡村建设示范县、领军企业和创新中心。② 实施农业农村数字经济主体培育工程，开展农业农村信息化中小企业提速专项行动，支持骨干优势企业做大做强；依托国家生物育种产业创新中心、国家农机装备创新中心、国家超级计算郑州中心等，培育发展农业农村数字经济新产业，支持建设农业农村大数据交易中心。

（二）增强乡村数字化发展能力

实施农村电子商务推广普及工程和“互联网+”农产品出村进城工程。重点建设一批农村电子商务龙头企业和示范基地，打造一批特色品牌和优质产品，组织开展电子商务专项培训，提高农民、电商从业者、政府人员

---

① 《河南省人民政府办公厅关于加快推进农业信息化和数字乡村建设的实施意见》（豫政办〔2020〕10 号），河南省人民政府网站，2020 年 4 月 16 日，https：//www. henan. gov. cn/2020/04-16/1318713. html。

② 《未来五年咱的生活怎样变？河南“十四五”数字经济和信息化发展规划揭示答案》，河南省人民政府网站，2022 年 2 月 17 日，https：//www. henan. gov. cn/2022/02-17/2400572. html。

等的知识和技能水平。创新“电子商务+农村物流”模式，通过整合快递企业、邮政网点、农村电商服务站点等资源，加快乡村物流网络建设，畅通“农产品上行、工业品下乡”的双向渠道。同时，把数字化融入农业、农村、农民的生产生活全过程，让农民与城市居民共享数字经济发展成果。推进“互联网+”教育、医疗、文化等，不断提升公共服务均等化、普惠化、便捷化水平。充分运用农业农村部门在农村的已有站点资源，整合利用乡村各类信息服务站点服务内容，拓展乡村综合服务功能，科学实现信息服务全覆盖。

第四节　河南推进社会治理数字化转型的现实基础

目前，河南在建立相关政策机制、完善数字基础设施、提升数字经济发展水平等方面已经取得显著成效，构成了推进全省社会治理数字化转型的现实基础。其中，依托信息化组织机构进行的政策制度设计和协同联动机制是推进转型的重要保障，通信网络、移动物联网及卫星通信、算力平台等数字基础设施建设是推进转型的重要基石，而数字产业化和产业数字化的发展则为转型提供了强大的市场支撑。

一　相关政策机制基本建立

政策机制是推进社会治理数字化转型的重要保障。河南省坚持以党建引领为核心，以服务导向为目标，以资源整合为手段，以信息支撑为基础，以法治保障为原则，将社会治理数字化转型纳入各级政府工作总体部署，形成了党委领导、政府主导、部门协同、社会参与的工作格局，助推了社会治理数字化转型的政策机制基本建立。

（一）组织机构设置

河南成立了省委网络安全和信息化委员会，其相应的办公室作为省委工作机关，统筹协调全省网络安全和信息化工作，指导省、市、县三级网信体系建设。成立省建设国家大数据综合试验区领导小组，负责全省大数据发展的顶层设计，协调推进综试区建设重大事项；组建省大数据管理局，负责研究拟订并组织实施大数据战略、规划和政策措施，协调大数据发展和应用重大事项。

（二）政策制度设计

河南制定推进了国家大数据综合试验区建设实施方案、若干意见、产业发展引导目录和促进大数据产业发展若干政策等，明确了全省大数据发展思路、战略目标、主要任务和产业导向。[①] 根据国家数字经济发展战略部署，印发实施了《河南省数字经济发展工作方案》《河南省“十四五”数字经济和信息化发展规划》《河南省数字化转型战略工作方案》等政策文件，加快发展以数据为关键要素的数字经济。此外，还制定出台了《河南省人民政府办公厅关于加快推进农业信息化和数字乡村建设的实施意见》《河南省人民政府办公厅关于加快推进新型智慧城市建设的指导意见》《河南省政务数据资源管理办法》《河南省数字政府建设总体规划（2020—2022 年）》《河南省加强数字政府建设实施方案（2023—2025 年）》等一系列分项措施和规划方案，为全省社会治理数字化转型提供了较全面的政策制度设计。

（三）协同联动机制

河南建立了政务数据资源目录管理平台、政务数据资源共享交换平台、政务数据资源开放服务平台等系统，打破了数据壁垒和信息孤岛，实现了数据资源的整合共享和开放利用。同时，积极调动社会力量在社会治理数字化转型中的参与作用，鼓励企业、高校、科研院所等参与社会治理数字化转型的技术研发和应用创新，支持民间组织、志愿者等参与社会治理数字化转型的服务提供和监督评价，促进政府与市场、政府与社会的有效互动，激发各类主体的积极性和创造性。

二　数字基础设施更加完善

数字基础设施是推进社会治理数字化转型的重要基石。近年来，河南

① 《河南省人民政府关于印发河南省“十四五”数字经济和信息化发展规划的通知》（豫政〔2021〕51 号），河南省人民政府网站，2021 年 12 月 31 日，https：//www.henan.gov.cn/2022/02-16/2399852.html。

超前部署5G、千兆宽带等数字基础设施，推进数字应用服务普及完善；以完善通信网络设施、算力基础设施、融合基础设施为重点，加快构建泛在智联的数字基础设施体系。[①] 目前，河南已经初步具备构建区域数字化发展的优势基础环境，在数字基础设施建设方面已经和京沪浙苏津粤渝等地共同属于全国第一梯队。[②]

（一）通信网络基础设施全国领先

河南省加快推进了数字基础设施建设，通信网络基础设施在全国处于领先地位。全省网络基础设施覆盖率大幅提升，在全国率先实现20户以上自然村4G和光纤接入全覆盖；累计建设5G基站4.5万个，实现县城及以上城区5G网络全覆盖；互联网省际出口带宽达到26416G，居全国第10位；郑州国家级互联网骨干直联点总带宽达到1360G，居全国第3位；郑州、开封、洛阳互联网国际专用通道建设开通宽带达到320G，实现自贸区全覆盖。[③] 到2025年，预计将建成5G基站18万个，实现乡镇以上区域和重点行政村5G网络全覆盖，实现城市、乡镇和重点行政村普遍具备千兆光纤网络接入能力。[④]

（二）移动物联网及卫星通信连续覆盖

截至2021年底，河南物联网终端用户达到6655.7万户，居全国第7位，部分省辖市实现县城以上区域窄带物联网连续覆盖[⑤]；建成河南省物联网产业创新中心、河南省物联网工程技术研究中心等一批创新平台，开展

---

① 《河南数字基础设施建设居第一梯队》，中国网，2022年8月16日，http：//life.china.com.cn/web/cjsh/detail2_2022_08/16/3555807.html。

② 资料来源：国家互联网信息办公室发布的《数字中国发展报告（2021年）》。

③ 《河南省人民政府关于印发河南省“十四五”数字经济和信息化发展规划的通知》（豫政〔2021〕51号），河南省人民政府网站，2021年12月31日，https：//www.henan.gov.cn/2022/02-16/2399852.html。

④ 《河南省人民政府办公厅关于印发河南省大数据产业发展行动计划（2022—2025年）的通知》（豫政办〔2022〕90号），河南省人民政府网站，2022年9月21日，https：//www.henan.gov.cn/2022/09-21/2610744.html。

⑤ 《河南省人民政府关于印发河南省“十四五”数字经济和信息化发展规划的通知》（豫政〔2021〕51号），河南省人民政府网站，2021年12月31日，https：//www.henan.gov.cn/2022/02-16/2399852.html。

物联网标准制定、技术研发、产品开发等创新活动，形成了一批具有自主知识产权的核心技术和产品。河南建成启用了建站技术标准最高、站点数量最多、密度最大、完全自主可控的省级北斗地基增强系统，形成了由 247 个站点组成的卫星导航定位基准站网，建立了由 1 个省级数据中心、28 个市级分中心组成的运行架构和数据处理分发服务体系。①

（三）算力基础设施加快布局

河南已经建成国家超级计算郑州中心、中国移动（河南）数据中心、中国联通中原数据基地、中国电信郑州高新数据中心等一批新型数据中心，全省建成大型数据中心 3 个、中小型数据中心 84 个。② 目前，正着手推动郑州、洛阳培育超大型绿色数据中心集群，打造“两核多点”发展格局；推动中原人工智能计算中心建设，支持郑州、洛阳、许昌、濮阳建设智能计算中心；到 2025 年，预计全省数据中心机架数将达到 15 万，新建大型、超大型数据中心电能使用效率降至 1.3 以下；有望建成全国领先的智能计算中心集群和超算应用高地。③

三　数字经济发展水平显著提升

数字经济的蓬勃发展能够培育和壮大一批具有国际竞争力的数字产业，从而为社会治理数字化转型提供强大的数字技术和数字市场支撑。近几年，河南在探索数字经济与实体经济深度融合的过程中，实现了数字产业化和产业数字化的双向推进，数字经济发展水平显著提升。在数字产业化方面，着力培育数字产业、大数据产业、网络安全产业等；在产业数字化方面，着力推动农业、工业、服务业等产业的数字化转型。

---

① 《河南省人民政府关于印发河南省“十四五”数字经济和信息化发展规划的通知》（豫政〔2021〕51 号），河南省人民政府网站，2021 年 12 月 31 日，https：//www.henan.gov.cn/2022/02-16/2399852.html。

② 《河南省人民政府关于印发河南省“十四五”数字经济和信息化发展规划的通知》（豫政〔2021〕51 号），河南省人民政府网站，2021 年 12 月 31 日，https：//www.henan.gov.cn/2022/02-16/2399852.html。

③ 《河南省人民政府办公厅关于印发河南省大数据产业发展行动计划（2022—2025 年）的通知》（豫政办〔2022〕90 号），河南省人民政府网站，2022 年 9 月 21 日，https：//www.henan.gov.cn/2022/09-21/2610744.html。

（一）数字产业化发展快速推进

在培育数字产业方面，河南全面推进大数据、鲲鹏计算、网络安全、新一代人工智能等数字产业的发展，通过专题招商、政策扶持、项目引导等方式，吸引了华为、阿里巴巴、海康威视等国内外知名的数字产业领军企业在河南落地生根，形成了一批具有市场竞争力和创新能力的数字产业集群。搭建了互联网医疗系统与应用国家工程实验室等 60 个省级及以上大数据创新平台和 12 个大数据双创基地，为数字产业发展提供了技术支撑和人才支撑。构建了以龙子湖“智慧岛”为核心区、18 个大数据产业园区为主要节点的“1+18”发展格局，形成了以郑州为中心、辐射全省的数字产业发展网络，为数字经济发展提供了空间支撑。

在培育大数据产业方面，河南以建设国家社会信用体系与大数据融合发展试验区为契机，加快推进社会信用体系建设和大数据产业发展，促进数字技术与实体经济深度融合，实现数据资源的有效开发和利用。积极探索大数据在交通、扶贫、金融、能源、旅游等领域创新应用的模式和路径，取得了一系列重大成果，如全省交通运输行业大数据平台、精准扶贫大数据管理平台、信用大数据金融服务平台、能源大数据中心、旅游大数据服务平台等，并发展了一批行业应用型骨干企业。

在培育网络安全产业方面，重点培育了一批网络安全产业的骨干企业，如信大捷安、山谷网安等，形成集芯片设计、软件开发、终端制造、平台搭建、服务提供为一体的全产业链条，为网络安全产业发展提供了技术支撑和市场需求。同时，加快打造拥有多项自主知识产权和核心竞争力的网络安全产品和解决方案，其中安全芯片、不良信息监测等领域的技术已经达到全国领先水平，为保障网络空间安全提供了有力支撑。

（二）产业数字化转型持续深化

一是农业数字化试点示范成效显著。河南在全国率先实施“一村九园”数字化建设项目，打造包括数字村庄、数字田园、数字果园、数字菜园、数字茶园、数字菌园、数字药园、数字花园、数字牧场、数字渔场在内的多个数字化应用场景，推动物联网、三维地理信息、遥感、大数据等现代信息技术与农业生产、农村生活、生态深度融合。目前，正加快推进延津小麦、柘城辣椒、浉河茶叶等国家数字农业试点项目、“中原农谷”智慧农业示范区和内乡生猪等国家级数字农业创新应用基地，打造一批智慧田园、智慧果（菜）园等数字农业示范基地。通过实施这些项目，提高了农业生产效率和品质，增加了农民收入和福祉，试点项目为全面推进农业数字化转型探索了新路径、提供了有益经验。

二是制造业数字化进入全面提升阶段。河南分行业、分级推进了制造业数字化改造，以数字化转型赋能制造业增品种、提品质、创品牌，推动规模以上工业企业实现生产、管理、营销、供应链一体化，制造企业产品的附加值和市场竞争力有效提高，上下游产业链条和价值链条更加畅通。截至目前，河南省建设了一批智能工厂、数字化转型促进中心，选树了一批智能制造标杆企业，培育了一批新一代信息技术融合应用新模式项目，聚焦细分行业、特定领域和产业集群培育了一批省级工业互联网平台，全省制造业智能化水平实现全面提升。目前，中信重工矿山装备、一拖现代农业装备等 8 个工业互联网平台成功入选国家工业互联网试点示范项目；郑州、洛阳等中心城市工业智能化水平显著提升，已经基本实现规模以上工业企业智能化改造全覆盖。

三是服务业数字化转型全面展开。河南省积极推动跨境电商、共享经济等新型服务模式发展，形成了以中钢网为代表的 B2B 电子商务平台、以 UU 跑腿为代表的生活服务共享平台等一批平台经济企业。2020 年，河南省商品、服务类电子商务交易额达到 1.2 万亿元，居全国第 11 位；跨境电子商务进出口交易额达到 2209.2 亿元（含快递包裹），同比增长 9.5%。① 积极推进物流信息公共服务平台建设，探索利用区块链技术解决物流信息不对称、溯源难等问题，打造了“区块链+物流”示范应用。目前，基于大数据的物流信息全程监测、预警及需求对接服务平台覆盖了全省国内物流量的 86%②，不仅提升了物流效率还降低了物流成本，也为协助各类案件侦破与事件处置提供了有力支撑。

---

① 《2022 年河南电子商务稳定增长》，河南省统计局网站，2023 年 2 月 14 日，https：//tjj.henan.gov.cn/2023/02-10/2686609.html。

② 《河南省人民政府关于印发河南省“十四五”数字经济和信息化发展规划的通知》（豫政〔2021〕51 号），河南省人民政府网站，2021 年 12 月 31 日，https：//www.henan.gov.cn/2022/02-16/2399852.html。

第五节　河南推进社会治理数字化转型的基本经验

作为全国经济大省、人口大省、内陆大省，河南摸索出了一条符合省情、民情的社会治理道路，为持续推进社会治理数字化转型、进而实现社会治理现代化积累了宝贵经验。推进数字治理，要始终坚持服务人民的初心使命，充分激活权力的数字化延伸、释放数字化发展红利，对数字化转型给人们带来的安全风险和替代焦虑给予足够重视；要持续夯实制度基础，以制度创新为治理场景应用、多元主体参与、城乡协同发展提供体制机制保障；要坚持进行科学选配，充分考虑技术应用与治理需求、治理目标以及治理原则的适配性。此外，数字化和绿色化深度融合也是构建良好数字治理生态的重要支撑。

一　在发展理念上坚守服务人民初心

西方国家的治理理论奉行社会中心主义和公民个人本位，本质上是以理性经济人为基础的社会自我治理。与此不同，我国努力构建的是一个以人民为中心的社会治理共同体。以人民为中心是中国特色社会治理制度的独特优势，意味着社会治理的出发点和落脚点都是围绕满足人民的现实需求展开的，人民是社会治理过程最重要的参与者，也是社会治理成果最大的受益者。因此，无论是作为技术变革还是思想变革，数字化转型赋能社会治理的核心价值都在于为人民服务。在推进社会治理数字化转型的实践中，河南在发展理念上始终坚守服务人民的初心使命，从深层次挖掘数字化的工具性价值。一方面，充分释放数字化转型给基层社会治理带来的权力的数字化延伸。自治、法治、德治是我国基层社会治理体系的三重维度，其中，自治格外依赖对社会参与主体的赋权与赋能。数字化转型从技术层面打破了社会治理的物理空间阻隔以及不同层级间的权力壁垒，强化了不同层级协同处理繁杂社会事务的协调性，提升了人民群体参与共建共治的可操作性，即实现了权力的数字化延伸。河南通过在市县层面深化放权赋能改革，给予地方更多的社会治理权限，充分激发了地市、县域、乡村等行政层级在社会治理方面的自治活力。另一方面，充分重视数字化转型给社会治理造成的安全风险和替代焦虑。数字技术与社会事务的深度融合，不断构建出虚拟的、复杂多变的社会治理场景，而依托网络空间形成的虚拟场景在信息识别、数据流动、道德自律等方面仍然存在新的风险点。此外，数字技术的应用究竟能够在多大程度上替代人工的价值，以及是否会对实体经济产生持续的挤出效应，这些成为引发社会群体替代焦虑的新源头。河南始终把提升全民数字素养与技能作为重要突破口，把全面筑牢数字安全保障体系作为数字化治理的基础工程，消除公众顾虑、提振公众信心。

二　在支撑保障上持续夯实制度基础

社会治理数字化转型是基于数字技术和数据资源展开的技术变革，数字技术与数据资源的开发、利用、保护是推动转型的核心驱动力。然而，从发展效能上来看，转型的关键卡点并非数字技术或数据资源的滞后，而是体制机制保障层面的束缚。从运行意义上讲，社会治理是依法对社会事务、社会组织和社会生活进行引导和规范，最终实现公共利益最大化的过程。社会治理目标最终指向夯实制度基础，即在坚持中国特色社会主义基本制度的前提下，创新有利于释放生产力的体制机制，从而完善和发展中国特色社会主义制度。

河南始终坚持制度创新，持续夯实制度基础，为数字化转型提供引领和支撑。一是构建畅通高效的数字化治理工作运行机制。重视数字技术在日常性社会治理场景中的融合应用，强调对社会治理进行整体性布局，让合作更加有效，让服务更加精细。同时，重视数字技术在突发性社会治理场景中的协同应用，着力打造全面感知、精准识别、快速处置的应急信息化体系。二是深化社会多元主体参与制度。重视构建有利于市场主体和社会力量广泛参与的体制机制，促进政府与市场主体、社会力量之间的互信合作，形成共建共治共享的良好局面。重视推进数据开放共享，鼓励打破数据孤岛和信息壁垒，实现数字资源在社会不同领域的有序流动和高效利用。重视社会治理在不同层级、不同部门的广泛协作和响应联动，推动各级各部门相互配合、相互支持、相互制衡。三是统筹城乡协同发展机制。重视城乡一体化发展布局，以社会治理数字化转型为牵引，缩小城乡发展差距。统筹推进数字政府、新型智慧城市以及数字乡村建设，推动城镇和乡村在交通、健康、教育、养老等领域享有均等的数字化公共服务，在环保、监管、应急、安防、城管等方面共享数字治理的成果。

三　在技术应用上坚持进行科学选配

作为一种工具性存在，技术本身并不具有明显的价值倾向，但其算法背后的理念却隐含着设计者某种价值观的体现，因此技术能够在一定程度上影响或塑造使用者的价值观念。数字技术在社会治理中的开发应用涉及经济、政治、文化、教育、医疗等诸多社会场域的交织，体现了不同价值观念的融通与融合。

在推进社会治理数字化转型的技术应用方面，河南始终坚持科学选配原则，把数据资源开发、技术手段运用以及数据基础制度安排置于社会治理的框架之中，充分考虑技术应用与治理需求、治理目标以及治理原则的适配性。一是重视数据资源与治理需求的选配。数据资源是社会治理数字化转型的基础和核心，公共数据的开放共享能够推动实现数据资源的优化配置，有利于提升社会治理的协同性和包容性。基于全省社会经济发展不同领域、省市县不同层级以及社会多元主体的治理需求，河南特别注重数据资源的开发应用，通过科学规划和配置公共数据的开放共享，形成与治理需求相匹配的数据支撑。二是重视技术手段与治理目标的选配。技术手段是社会治理数字化转型的重要载体，是实现治理现代化目标的重要工具。区别于传统技术手段，数字技术具有独特的工具性价值，能够超越时间和空间的维度，有效提升社会治理目标的可达性。诸多数字技术的应用实践反复证明，根据场景、问题和对象的具体特征选择与之适配的技术手段，是破解治理难题和矛盾的最优法则。三是重视数据基础制度与治理基本原则的选配。数据基础制度事关发展和安全两个大局，是激活数据要素潜能、发挥数据要素作用的根本保障。数据基础制度与治理基本原则的交织点在于法治。在探索数据产权、数据要素流通和交易、数据要素收益、数据要素治理等数据基础制度的地方实践中，河南格外重视把这些制度建设纳入法治的轨道，与社会治理法治化建设形成同频共振。

四　在生态建设上坚持数字化和绿色化深度融合

数字化和绿色化是全球经济社会发展的基本趋势，两者相互融合、相互促进，共同成为构建良好数字治理生态的重要着力点和支撑点。其中，数字化全面提升生态建设的质量和效果，使其成为驱动社会治理数字化转型的动力之源；绿色化则把绿色低碳融入社会治理的全过程和全领域，进而推动社会治理方式的根本性变革。在深化数字治理生态建设的区域实践中，河南始终坚持数字化和绿色化深度融合，在二者彼此融合、相互促进的模式探索方面积累了较丰富的发展经验。

一方面，以数字化为社会各领域提供节能降碳的应用场景，推动社会治理向绿色低碳转型。河南省把数字基础设施建设和数字资源开发作为重点工程，从源头上化解自然资源有限性与人类需求无限性之间的矛盾，推动社会治理朝着绿色低碳的方向发展。例如，从构建新型电力系统、推动数字化节能降碳、提升技术装备信息化转型、开展低碳能源试点建设等方面着手，推动能源全领域、全环节数字化发展，加快推动实现能源数字化升级和碳达峰碳中和的目标。再比如，通过构建智慧高效的生态环境信息化体系，大幅提升生态环境治理的及时性和精准性；同时改变以往重在治理已经造成的环境污染和生态破坏的做法，强化以监测、预警、防控为主的事前治理能力。

另一方面，以绿色化引领数字化转型，倒逼社会治理技术不断升级。绿色发展是一种新的治理范式，是社会治理方略的前瞻性调整和战略性转型。河南坚持以绿色化引领数字化转型是基于对绿色经济发展、生态风险加剧、环保意识觉醒的深刻洞察，也是对全省经济社会发展从重效率向重均衡转换的科学把握。目前，全省社会治理领域的绿色发展已经从单一诉求的环境治理，发展到覆盖所有社会要素的生态综合治理；从治理结果延伸到规划、设计、布局等社会治理的全周期和全链条。绿色发展理念在社会治理中的全场景应用在一定程度上对社会治理技术发展提出了更高要求，算法设计以及技术迭代都要围绕经济、社会和环境治理的可持续发展而展开和演进。

第六节　河南深化社会治理数字化转型的趋势展望

深化社会治理数字化转型是现代社会治理的基本方向，大致经历了信息化、数字化、数智化三个发展阶段，并最终形成了兼具执行能力和决策特征的智慧治理模式。在数智化阶段，人工智能深度嵌入社会治理的全领域和全过程，构建智治、共治、善治的治理新格局。不同于以往的“中心—边缘”式治理结构，去中心化结构推动政府职能由管理转向服务。同时，还形成了数字场景与现实场景并存的治理场域，制度和伦理成为规范社会治理生态、实现公共利益最大化目标的重要支点。此外，法治与数治相结合也为社会治理数字化转型夯实了基础保障。

一 社会治理由“数字化”向“数智化”演进发展

从本质来看，数智化是信息化、数字化的必然趋势和终极目标，三个阶段在整体上呈递进关系，但并非彼此割裂、完全独立的取代式递进，而是交织式递进。其中，信息化是以现代通信、网络和计算机技术为基础，对物理世界的信息进行数字化描述，并将线下的流程和数据迁移到计算机上进行处理。然而，信息化的基础是流程驱动，物理世界的信息迁移并不涉及流程的整合性重构或数据的资产化处理，只是提升了信息存储、处理和传递的效率和可靠性，降低了运作成本。此外，信息化通常局限于单打独斗，很少有跨部门、跨领域的整合与集成，其价值主要表现为有限的管理精进和效率提升。数字化主要是以数据、算法、算力为基础，除了对物理世界的信息进行数字化描述，还依托数据模型增加了流程重构和数据处理。数字化的基础是数据驱动，通过对全领域、全流程、全链条的数据资源进行结构性重塑，将数据资源转化为数据资产，从而介入管理模式、业务流程、运营决策等环节的全面创新。数字化阶段，流程和系统不再是核心驱动要素，而只是产生数据的过程和工具，模式、流程和决策创新带来了新的收益增长点，拓展了提升收入和创造价值的空间。

未来，社会治理将沿着信息化、数字化的路径继续向数智化演进。数智化是数字技术的开发与应用，是在数字化基础上实现更高层次的精细化管理和智能化决策。它一方面具备执行的功能，能够按照既定的理论、方法、技术替代人工执行流程性操作或处理复杂信息；另一方面具备决策的特征，在一定程度上能够感知、思考、学习、创新，为解决问题提供决策方案。这是社会治理数字化转型的终极阶段，即以数据应用驱动创新与变革。如果说信息化和数字化阶段已经成功实现了数字技术在社会治理领域的应用和集成，并实现了全领域、全流程、全链条的数字资源重塑，那么，在数智化阶段则将进一步实现为社会治理提供多元化智慧解决方案的发展目标。

二　人工智能与社会治理深度融合

人工智能是引领新一轮科技革命和产业变革的战略性技术，其研究对象包括但不限于机器学习、计算机视觉、自然语言处理和数据分析挖掘等方向，正在对经济发展、社会进步和生活质量提升产生深远影响。作为一种新的治理技术，人工智能能够带来新的发展机遇，推进社会治理在理念、方式、效能等方面发生根本性变革，但人工智能技术本身的局限性对人类社会发展也会带来前所未有的挑战。未来社会，智治、共治、善治将成为引领社会治理发展的核心格局，即基于互联网、大数据、云计算等现代信息技术，实现治理方式的智能性、治理主体的多元化以及公共利益的最大化。社会治理不再是由单一行政手段及主体主导的粗放式发展，而是由多种综合手段、多元主体推动的精细化发展。这种运作模式，不仅能够充分实现多元主体参与对话、平等协商，还能从源头层面追溯、从系统层面处理社会治理中的各种复杂问题，从而实现公共利益最大化。未来社会，维护网络安全及人的主体地位将成为人工智能嵌入过程中至关重要和极具挑战的问题。从网络安全看，维护数据安全和隐私安全是核心。鉴于数据和算法是人工智能的底层逻辑，而算法又是基于数据样本训练生成的，样本数据就成为影响人工智能质效的关键因素。数据采集和应用、数据共享与开放构成数据滥用和隐私泄露的主要风险点。此外，人工智能应用过程中存在的系统性风险也可能对个人数据安全和隐私安全造成威胁。从人的主体地位看，维护社会结构稳定和伦理道德秩序是关键。人工智能嵌入社会治理的终极目标是在多个维度上延展治理空间，通过解放低层次劳动力，促进人类更高层次的创新思想和创新意识的觉醒。尽管人工智能是一个解放人类而非替代人类的技术变革，但在其演进过程中很可能引发结构性失业、社会阶层分化等社会问题，从而影响社会公平正义或者人的主体地位。

三　去中心化与中心化治理交织呼应

现代社会治理体系的“中心—边缘”结构是依托管理型政府，随着工业化进程成长与发展起来的。[①] 在“中心—边缘”结构框架下，尽管政府的管理职能是以市场交换为基础确立的，并通过持续加大自身开放和向社会赋权的力度来推进改革，但政府一直处于社会治理的核心地位，其他治理主体则相对边缘化。随着大数据时代的到来，信息的流动和传播脱离了由中心向外层逐步扩散的运动轨迹，任何组织或个人都能在网络平台进行信息的传播与交流，形成了多中心、扁平化的网络结构。政策问题的构建突破了时间和空间的局限，比如那些在网络空间引起公众热议的社会问题会迅速进入政策构建的视野。由此，社会治理也表现出高度的复杂性和不确定性，以政府为主导的“中心—边缘”的治理结构因无法快速、有效响应各种社会矛盾和危机而遭遇解构。当下，有利于充分激活多元主体能动性的去中心化的治理结构已经成为发展趋势，政府职能由管理向提供服务转型，社会组织、公众、企业等其他主体在社会公共事务中的定位和作用也在发生根本性变化。

值得注意的是，尽管去中心化结构确实能够破解“中心—边缘”结构下的治理困境，但也会因其自身的开放性和扁平化特征带来一些新的问题。例如，信息的可信性与准确性无法优先保障、系统运作效率降低、系统运作具有不可控风险，一些极端的反人类、反社会、反国家的思想和信息获得了生存和滋长的空间。因此，去中心化与中心化治理应是交织呼应、相伴而行的，要以积极的方式实施中心化治理，尽量避免出现极端的社会隔离和社会撕裂。推进社会治理去中心化以及中心化治理的关键是把握度的问题，即基于社会治理系统运作效率、风险防范以及预知可控的综合考虑，在何种程度上扩大社会治理的开放性以及在何种程度上保持治理层级的功能性。

四　形成数字场景与现实场景并存的治理场域

本质上，社会治理是不同治理场景模式的总和，它通常存在于物理空间的现实场域之中。然而，大数据、云计算、人工智能等前沿数字技术的嵌入构建了新的场域模式，形成数字场景与现实场景并存的治理场域。数

① 耿亚东：《服务型政府的促进型治理：在去中心化中谋求合作》，《治理现代化研究》2020年第1期。

字场景打破了社会行为的空间界限，使其在虚拟空间不断显现文化和价值方面的深层诉求，进而延伸了社会行为的空间格局并形塑着现代生活秩序。数字场景的嵌入导致社会治理主导权的转移，即不断由集中转向分散，由依托科层结构转向依靠信息网络，增强了公众的参与性和对政策的影响力，形成了去中心化以及扁平化的治理形态。然而，数字场景的嵌入也存在加剧公平公正失衡的风险。虚拟的数字场景具有难识别、无组织、弱伦理的典型特征，其主体具有诸多复杂要素，老年人、残疾人、儿童等弱势群体具有天然的使用性数字鸿沟，虚拟空间与物理空间的行为动机可能存在严重撕扯或断裂，从而导致治理结果与公平公正的初衷背道而驰。

在数字场景与现实场景并存的治理场域中，制度与伦理将成为规范社会治理生态、实现公共利益最大化目标的重要支点。制度支持是数字化转型的动力保障，从底层逻辑上影响着数字化转型的广度和深度，也框定了技术应用的边界。因此，创设与数字化治理相匹配的制度体系和机制内容将成为学界研究的重点领域，这是一个系统化的制度设计方案，既要关注数字化转型的普适规律，也要重视社会治理所涵盖的不同社会领域的典型特征。伦理规制是数字化转型的价值底线。在虚拟空间如何保持数字技术应用与社会公众利益的一致性，如何维护公众的数据安全和隐私安全，以及如何消除弱势群体的使用性数字鸿沟，这些问题都以伦理规制为底线寻找技术应用的平衡点。同时，良好的个体行为修养和社会责任感是有效参与社会治理的重要因素，个体在虚拟空间的社会行为也应遵循伦理规制的要求。

五　在法治轨道上推进社会治理数字化转型

法治是人类社会进入现代文明的重要标志，是治国理政的基本方式。在推进数字化转型的过程中，法治是规范数字赋权、维护数据安全、广泛凝聚共识的重要依托，法治与数治相结合、在法治轨道上推进数字化转型，是社会治理数字化转型的必然趋势。

一是在法治框架下进行数字赋权。数字赋权的本质是一种技术赋权，不同于传统的赋权形态，数字赋权基于新兴技术带来的虚拟空间和数字资源，而并非依赖有限的物理空间和物质资源。鉴于虚拟空间和数字资源都是用之不竭的，数字赋权就具有去中心化和弱层级化的典型特征，容易导致权力过度扩张的倾向，比如权力技术化或技术权力化。同时，巨大的数字收益在多元利益主体之间的分配以及数据平台公权与私权的平衡问题，也成为数字赋权的难点，而以法治手段框定数字赋权的张力以及推动公权私权平衡成为必然趋势。

二是在法治框架下深化数据开发应用。深化数据开发应用是数字政府建设的重要内容，也是社会治理数字化转型的重要支点。对于社会治理而言，数据的核心价值是基于大数据分析生成的应用价值，而并非数据本身的共享价值。在政府公共数据中，只有那些具有典型群体性特征的数据才具备大数据分析的价值，但这些数据囊括了大量的个人信息和隐私，一旦被滥用或泄露就会直接危害公众个人安全。因此，完善以“最小够用”为基本原则的法治框架，对于维护数据开发应用的安全性和稳定性，以及维护公共和个人利益至关重要。

三是在法治框架下广泛凝聚共识。数字世界是一个与物理世界平行发展的虚拟空间，尽管它与物理世界对真、善、美的价值追求基本一致，但物理世界的伦理秩序、道德规范、素养能力以及公平正义等概念在数字世界却存在另一种呈现方式和标准尺度。面对这种新的制式表达，既不能过度强化技术的工具性价值，将其凌驾于人类的价值之上，也不能过度推崇个体利益，使其优先于公共利益或与公共利益相对立。因此，应当在法治框架下，将物理世界的伦理秩序、道德规范、公平正义嵌入数字世界的算法、算力、算据，培养公众的数字素养与技能，推动共识的广泛凝聚与形成。

后　记

社会治理是社会领域建设的重大任务，关系民生事业发展与民生福祉，关联河南现代化建设全局。习近平总书记曾深刻指出，创新社会治理，要以最广大人民根本利益为根本坐标，从人民群众最关心最直接最现实的利益问题入手。这要求我们从实现“人民群众对美好生活的向往”的根本旨归来看待“加强和创新社会治理”，从切实保障和改善民生着手，做好社会治理工作，不断增强人民群众的获得感、幸福感、安全感。新时代以来，河南与时俱进加强和创新社会治理，不断推进社会治理体系和社会治理能力现代化，助推了河南经济社会快速发展并取得显著成绩，使全体人民的生活质量和共享改革发展成果的水平大幅提高，走出了具有河南特色、时代特征的社会治理之路。

《加强和创新社会治理的河南实践》是“习近平新时代中国特色社会主义思想的河南实践”系列丛书之一。本书深入贯彻习近平新时代中国特色社会主义思想，阐述落实习近平总书记关于加强和创新社会治理的重要论述，聚焦河南推进社会治理现代化建设的理论与实践，深入总结了河南健全城乡社区治理体系、创新社会组织治理、推进市域社会治理现代化、推进生态环境治理、提高公共安全治理水平、强化社会治安整体防控、积极应对老龄化和少子化背景下的人口问题、完善有效预防和化解社会矛盾体制机制、推进社会治理数字化转型的实践探索、进展成效、经验启示等，探寻了新时代河南加强和创新社会治理，推进社会治理现代化发展的路径方向。

本书在编撰过程中得到了中共河南省委宣传部的悉心指导和大力支持。河南省社会科学院党委书记、院长王承哲，党委副书记李同新，副院长王玲杰高度重视系列丛书的创研工作。王承哲院长多次提出指导性意见，李同新副书记对该书的编撰提出了意见，王玲杰副院长全程参与指导督促编撰工作。院科研管理部给予了大力支持与帮助。人口与社会发展研究所所长陈东辉提出了全书的创研思路，陈东辉、张侃对本书进行了总体设计与章节拟定，张侃、李三辉承担了全书统稿和修订工作，陈东辉承担了最后的审核和定稿工作。本书具体章节撰写如下：李三辉撰写第一章，潘艳艳撰写第二章、第四章，邓欢撰写第三章，韩晓明撰写第五章，闫慈撰写第六章、第七章，叶亚平撰写第八章，郝莹莹撰写第九章，李钰靖撰写第十章。谨向所有为本书撰写出版做出贡献的同志表示衷心的感谢！

由于时间紧、任务重，加上水平所限、资料有限，文中不妥之处在所难免，真诚希望广大读者批评指正。

编　者

2023 年 9 月

图书在版编目(CIP)数据

加强和创新社会治理的河南实践 / 陈东辉主编 ; 张侃, 李三辉副主编. -- 北京: 社会科学文献出版社, 2023.12

ISBN 978-7-5228-2824-4

Ⅰ.①加… Ⅱ.①陈… ②张… ③李… Ⅲ.①社会管理-研究-河南 Ⅳ.①D676.1

中国国家版本馆 CIP 数据核字(2023)第 219865 号

加强和创新社会治理的河南实践

主　　编 / 陈东辉
副 主 编 / 张　侃　李三辉

出 版 人 / 冀祥德
组稿编辑 / 任文武
责任编辑 / 方　丽　张丽丽
责任印制 / 王京美

出　　版 / 社会科学文献出版社 · 城市和绿色发展分社(010) 59367143
地址: 北京市北三环中路甲 29 号院华龙大厦　邮编: 100029
网址: www.ssap.com.cn
发　　行 / 社会科学文献出版社 (010) 59367028
印　　装 / 三河市龙林印务有限公司

规　　格 / 开　本: 787mm × 1092mm　1/16
印　张: 19.25　字　数: 313 千字
版　　次 / 2023 年 12 月第 1 版　2023 年 12 月第 1 次印刷
书　　号 / ISBN 978-7-5228-2824-4
定　　价 / 68.00 元

读者服务电话: 4008918866